多彩贵州文化书系

贵州逻辑史论

张学立 盛作国 等/著

社会科学文献出版社
SOCIAL SCIENCES ACADEMIC PRESS (CHINA)

2011年国家社会科学基金西部项目

"中西方必然推理比较研究——以《九章算术》刘徽注为对象"

（编号：11XZX009）

贵州省2008年度优秀科技教育人才省长专项资金项目

"贵州逻辑史——西方逻辑在贵州的传播及影响"

（编号：黔科教办[2008]04号）

西南大学2010年度中央高校基本科研业务费专项资金重点项目

"西方逻辑在贵州的传播和影响"

（编号：SWU1009013）

作者简介

张学立，男，彝族，南开大学哲学博士，贵州民族大学原校长，贵州省社会科学院院长，二级教授，博士生导师。任教育部高等学校哲学类本科专业教学指导委员会副主任委员、中国逻辑学会副会长和中国逻辑史专业委员会主任委员。系"国家高层次人才特殊支持计划"哲学社会科学领军人才、全国文化名家暨"四个一批"人才、"新世纪百千万人才工程"国家级人选、国家有突出贡献中青年专家，贵州省核心专家，享受国务院政府特殊津贴。曾在英国威尔士大学、米德塞克斯大学，澳大利亚悉尼大学、阿德莱德大学、新南威尔士大学和美国加州大学伯克利分校、戴维斯分校、河滨分校及旧金山州立大学等国外高校学习访问。主要研究方向为逻辑史、跨文化逻辑与认知。主持国家和省部级项目12项，其中教育部哲学社会科学研究重大课题攻关项目2项，国家社会科学基金重大项目子项目2项，出版著作、教材19部，发表论文近100篇，获国家和省部级奖励10项。

盛作国，男，汉族，贵州赫章人，哲学博士。贵阳学院副教授、硕士生导师，孔学堂签约入驻学者。主持国家社会科学基金青年项目"儒家经典中的逻辑思想研究"和其他各级各类科研项目共8项，发表论文15篇，参编著作（教材）3部。

贵州逻辑史论

主要完成人

张学立　盛作国　李　琦
杨岗营　余军成　王东浩
甘　进　丁　阳　胡　红

目 录

前 言 ·· 1

第一章 西方逻辑传入贵州的历史背景 ································· 1
  第一节 明朝晚期西方逻辑的输入及传播 ························· 1
  第二节 清朝末年西方逻辑的再度输入与发展 ·················· 5

第二章 传统逻辑在贵州的传播与发展 ································ 11
  第一节 传统逻辑的引入 ·· 11
  第二节 传统逻辑在贵州的传承 ······································ 18
  第三节 贵州学者对传统逻辑的贡献 ······························· 27

第三章 现代逻辑在贵州的传入和创新 ································ 39
  第一节 经典逻辑的引进与发展 ······································ 39
  第二节 "四论"和非经典逻辑的输入与发展 ················· 56
  第三节 制约逻辑及其在贵州的传播与影响 ···················· 76
  第四节 贵州籍学者对现代逻辑的贡献 ··························· 107

1

第四章　认知逻辑的学科框架与心理逻辑研究 …………… 118
第一节　认知逻辑的学科框架 …………………………… 120
第二节　认知逻辑学科框架下心理学、逻辑学的
　　　　　交叉融合与发展 ……………………………… 134
第三节　科学发现的心理逻辑模型 ……………………… 148

第五章　逻辑比较与逻辑史 ……………………………… 163
第一节　比较逻辑研究背景 ……………………………… 163
第二节　比较逻辑研究 …………………………………… 168
第三节　比较逻辑学科建构探讨 ………………………… 172
第四节　逻辑史研究 ……………………………………… 187

第六章　逻辑哲学思想 …………………………………… 192
第一节　金岳霖逻辑哲学思想研究 ……………………… 193
第二节　弗雷格逻辑哲学思想研究 ……………………… 196
第三节　杜威逻辑哲学思想研究 ………………………… 199
第四节　王延直逻辑哲学思想研究 ……………………… 201

第七章　应用逻辑与逻辑应用 …………………………… 206
第一节　言语行为与语言逻辑研究 ……………………… 206
第二节　法律推理与法律逻辑研究 ……………………… 218
第三节　逻辑应用于数学证明研究 ……………………… 222
第四节　逻辑应用于计算机科学与人工智能研究 ……… 224

第八章　逻辑教学与学科建设 …………………………… 228
第一节　逻辑学精品课程建设 …………………………… 228
第二节　逻辑通识教育 …………………………………… 233
第三节　逻辑学科建设 …………………………………… 245

第九章　西方逻辑在贵州传播的价值和展望 ………… 261
第一节　西方逻辑在贵州传播的历史价值 …………… 261
第二节　西方逻辑在贵州传播的现状 ………………… 264
第三节　贵州逻辑学科的未来发展 …………………… 274

附录一　贵州省逻辑学术团体机构名录 ………………… 280

附录二　贵州省逻辑学会名录 …………………………… 281

主要参考文献 ……………………………………………… 286

前　言

本书主要研究西方逻辑在贵州的传播发展，中国古代名学辩学、印度因明及其他类型的逻辑不是本书的研究重点。

西方逻辑传入中国始于明末李之藻译《名理探》。该书神学色彩浓厚，叙述繁琐，以至问津者寥寥。因此，在当时及尔后的数百年间，该书对西方逻辑的传播并未产生多少实际效用。直至鸦片战争爆发后，以严复为代表的一批有识之士移译《穆勒名学》（1905）、《名学浅说》（1908）和《辩学》（1908）等西方逻辑名著，将逻辑视为"一切法之法，一切学之学"加以传播，西方逻辑才得以在中国扎下了根。西方逻辑在中国的传播和发展真正辉煌的时期是在当代。

西方逻辑传入贵州的历史与其他发达省份相比并不算晚，1905年贵阳学者王延直在贵州研习和讲授论理学（逻辑学），于1912年著成《普通应用论理学》公开出版，由贵阳论理学社发行，真正开启了西方逻辑在贵州传播的历史。王延直所著《普通应用论理学》语言简练，内容丰富，不仅阐述了西方逻辑的基本原理，还有对原理的评述以及对其他逻辑学家在某些问题上的看法所作的评论，因而此书不仅是一部教科书，还是一部供学者研究的论著。该书在当时中国学术界产生过一定影响，对西方传统逻辑在贵州乃至全国的传播和发展起到一定的作用。其后，近70年间，西方逻辑在贵州的传播和发展较为缓慢。

20世纪30—40年代，国内有不少重要的逻辑成果问世，对逻辑学的传播、发展有着重要的推动作用；50年代初国内的逻辑教学和研究不加选择地照搬苏联模式，大学课程全采用当时苏式的普通逻辑，这种普通逻辑是传统逻辑加古典归纳逻辑，再加认识论论证，以及各种无充足理由的对新逻辑的批评，就逻辑学的发展来看，相对于30—40年代的逻辑教科书如金岳霖的《逻辑》等，这是一个历史大倒退；50年代末至"文革"前，在毛泽东同志"学点逻辑"的号召下，钱耕森等人在贵州从事逻辑教学和研究，发表了一些逻辑成果，培养了一批逻辑人才，如王明祥、刘宗棠等人后来成为贵州逻辑教学和研究有重要影响的教授；60年代有著名的全国逻辑大讨论，对逻辑学的传播与发展产生了一定的负面影响，其间，贵州学术界鲜有逻辑成果问世，对20世纪60年代全国逻辑大讨论的反响甚微。这是教育欠发达省份逻辑传播的一个共同现象，应当予以必要的关注。

直至80年代，逻辑学的普及和发展迎来了前所未有的机遇。此后，国内大部分高校的人文社科类专业开设了逻辑课程，贵州高校开设逻辑课程的情况亦如此，全国逻辑教学与普及工作成效显著；逻辑学研究硕果累累，出版和发表了大量的研究成果。其间，贵州学者不乏高水平的研究成果问世。在传统逻辑方面，邱觉心的《形式逻辑纲要》（贵州人民出版社1980年版）颇具代表性，该书根据授课讲义修改而成，是一部"博采众说之长时而杂以己意"的专著；王明祥、刘宗棠合编的《逻辑知识与题解》（贵州人民出版社1985年版），是一部为初中以上文化程度的读者提供自学逻辑的读物，为普及逻辑知识提供了条件。在现代逻辑研究方面，张明义关于非单调逻辑的研究在国际上居于领先地位。李祥关于递归函数论的研究，蔡曙山运用现代逻辑构造了一个与卢卡西维茨（J. Lukasiewicz）形式系统不同的亚里士多德三段论系统，均在国内处于领先水平。蔡曙山在贵州教育学院（现贵州师范学院）任教期间开展了语用逻辑研究，为其完成力作《言语行为和语用逻辑》（中国社会科学出版社1988年版）一书奠定了基础。该著关于语用逻辑的研究系国内首创，受到了当代语言哲学大师塞尔（J. R. Searle）的高度赞誉，在国际上产生了一定的影响。龚启荣对制约逻辑的研究在国内领先，在国际上亦有论文发表。此外，刘宗棠对非形式逻辑和符号学的研究颇有建树，丁家顺、刘路光对逻辑哲学进行了可贵的探索，王明祥、向容宪等对贵州逻辑史进行了初步的研究，向容宪对逻辑与语言的关系以及逻辑在语言分析中的应用等发表了系列成果，等等。在逻辑学的学科建设方面，贵州大学于2003年申报逻辑学硕士学位授权点获得批准，2004年正式招生，改写了贵州无逻辑学硕士点的历史。在逻辑学研究机构建设方面，毕节学院（现贵州工程应用技术学院）于2006年成立逻辑与应用逻辑研究所（现为贵州工程应用技术学院逻辑与文化研究中心），该所系新中国成立以来贵州首家逻辑学研究机构。该所研究人员对描述逻辑、比较逻辑、逻辑思想史，尤其是金岳霖逻辑思想等领域的研究在国内有一流的成果。2014年10月，贵州民族大学逻辑、文化与认知研究中心挂牌成立，为贵州逻辑学研究提供了新平台。2015年11月，贵州民族大学逻辑与认知交叉学科硕士点获得批准，2017年正式招生，成为继贵州大学之后第二家设立逻辑学硕士点的贵州高校。2015年12月，贵州民族大学成立民族文化与认知科学学院，清华大学认知科学基地主任、心理学与认知科学研究中心主任蔡曙山受聘为院长，中国逻辑学会会长邹崇理研究员出席成立仪式。贵州民族大学民族文化与认知科学学院的成立，为贵州省逻辑学科建设注入了新的力量。在逻辑成果发表阵地建设方面，《黔南民族师范学院学报》于2004年设置逻辑学研究专栏，系全国高校学报中首家每期均设逻辑专栏的学术期刊，后因专栏主持人调离，该专栏没有很好地继续下去。其后，《毕节学院学报》（综合版）于2006年设置逻辑学研究专栏，是继《黔南民族师范学院学报》后全国唯一每期均设逻辑研究专栏的连续性学术期刊，至今刊发了许多著名学者的文章。同时，该刊还注重培育新人，为全国逻辑学专业研究生提供成果发表阵地。由于国内尚无专门的逻辑学研究刊物（2008年前），《毕节学院学报》（综合版）开办逻辑学研究专栏得到时任中国逻辑学会会长张家龙等人的充分肯定，在国内逻辑界产生良好的影响。2015年1月，《贵州民族大学学报》（哲学社会科学版）增设"逻辑与认知"专栏，并特聘蔡曙山教授为栏目主持人。该栏目是《贵州民族大学学报》"创建'名栏'、'名刊'工程"的重点建设专栏之一。

需要提及的是，20世纪80年代初至今，制约逻辑创始人林邦瑾在贵州讲授制约逻辑，在贵州成立了全国首家省级制约逻辑学会，在贵州出版其逻辑专著《制约逻辑》（贵州人民出版社1985年版），他所创立的制约逻辑体系直接影响了贵州的一大批逻辑学者。迄今为止，贵州制约逻辑学会会员在国内外已发表论文200多篇，其中在国外发表数十篇（发表在美国的逻辑学刊物《符号逻辑杂志》2篇），出版著作10余部，完成国家及省级科研课题10余项，受到国际逻辑学、方法论与科学哲学大会，世界哲学大会，世界泛逻辑大会等10余次国际学术会议邀请，共50多人次发表论文。此外，在林邦瑾的倡导下，还创办了专业学术交流刊物《当代逻辑》（内刊）。贵州学者接受国际逻辑学领域高规格会议邀请人数之众、次数之多，在全国亦居前列。

总之，1912年王延直著《普通应用论理学》至今，西方逻辑在贵州的传播已逾百年。其间，西方逻辑在贵州的传播、发展既有辉煌的历程，也有坎坷的经历，既凸显了西方逻辑在中国传播、发展的共同性，同时又呈现出差异性。从学术史研究的维度看，西方逻辑在贵州传播、发展的百年历史，无疑是中华学术史宝库中的重要个案，同时也是贵州学术史研究的重要内容之一。通过考察这一个案，揭示其发展规律及特点，总结得失，既丰富了中国逻辑史的研究内容，又增添了贵州学术史的研究成果，对于推进贵州学术史研究，吸收西方优秀文明成果，增强贵州文化的国内外影响力具有特殊重要的借鉴作用和意义。然而，时至今日，学术界对这一重要课题的研究仅限于少量散见的文章，尚无全面、系统、深入的研究成果问世，因此这一状况亟待改变。本研究旨在对该课题进行全面、系统、深入的探讨，以期在这空白点上做必要的填补。

本书在2011年底业已完成初稿，其后又根据新近西方逻辑在贵州的传播发展情况进行补充完善，加之项目负责人的工作单位和岗位变动，给项目成果的完善在时间保障上带来了影响，因此，成书历时较长。

全书由贵州民族大学教授、博士生导师，贵州省社会科学院院长张学立研究员拟定提纲，盛作国、余军成和李琦先后协助张学立完成统稿。本书分为前言、正文九章和附录二则，详细分工如下：

前　言		张学立
第一章	西方逻辑传入贵州的历史背景	张学立、丁　阳
第二章	传统逻辑在贵州的传播与发展	张学立、丁　阳、盛作国
第三章	现代逻辑在贵州的传入和创新	张学立、盛作国、胡　红
第四章	认知逻辑的学科框架与心理逻辑研究	李　琦、张学立
第五章	逻辑比较与逻辑史	王东浩、盛作国
第六章	逻辑哲学思想	胡　红、盛作国
第七章	应用逻辑与逻辑应用	张学立、盛作国、甘　进、胡　红
第八章	逻辑教学与学科建设	余军成、李　琦
第九章	西方逻辑在贵州传播的价值和展望	杨岗营、李　琦
附录一	贵州省逻辑学术团体机构名录	胡　红、盛作国
附录二	贵州省逻辑学会名录	杨岗营、李　琦
主要参考文献		胡　红、盛作国、李　琦

本书限于篇幅，众多专家、学者的成果未能一一列举，只能择要介绍，同时所列代表性成果难免挂一漏万，恳望谅解。限于水平，书中错漏不审之处在所难免，恳请读者批评指正。

本书的撰写得到蔡曙山、王明祥、刘宗棠、丁家顺、龚启荣、张连顺、刘路光、向容宪、曾庆华等逻辑界同仁的大力支持；贵州民族大学逻辑、文化与认知研究中心和贵州工程应用技术学院逻辑与文化研究中心的人员为本书的资料收集做了大量工作；安徽大学钱耕森教授为本书提供了颇具价值的素材；颜中军博士为书稿提出了宝贵修改建议；社会科学文献出版社编辑人员为本书的出版付出了辛劳。本书由贵州民族大学"多彩贵州"文化省部共建协同创新中心资助出版。特此致谢！

第一章

西方逻辑传入贵州的历史背景

众所周知，中国与古希腊、古印度并称逻辑学三大发源地。春秋战国时期，是中国古代逻辑思想的发端时期。在这一时期，除了邓析论"两可"之说，孔子创"正名"论、墨翟等著《墨经》、荀子作《正名》篇和孟子倡论辩术外，惠施、庄周、尹文、公孙龙、吕不韦、韩非等对中国古代逻辑（名辩学）均做出过各自的贡献。其中，《墨经》被视为"中国历史上第一部名辩学著作"[①]，它"标志着中国古代名辩学的创立"[②]。至两汉魏晋，名辩之风不衰，仍旧有新的创新和收获。至唐宋元明，受汉代独尊儒术延续的影响，思想上受到禁锢，学术讨论之风处于低潮，中国古代逻辑思想亦趋势微。明朝晚期，西方逻辑始传入中国。当时，徐光启译《几何原本》和李之藻译《名理探》，将古希腊的欧几里得几何学与亚里士多德的逻辑学介绍到我国。《名理探》一书，是传入中国的第一部西方逻辑著作。至清末，西方逻辑再次输入中国。这一时期大量的西方传统逻辑著作在中国翻译出版，推动了西方逻辑在中国的传入传播。

第一节 明朝晚期西方逻辑的输入及传播

明朝晚期，生产技术和自然科学有了较大的发展，商品经济初现端

---

① 张家龙主编《逻辑学思想史》，湖南教育出版社2004年版，第4页。
② 张家龙主编《逻辑学思想史》，湖南教育出版社2004年版，第4页。

倪。在思想领域也悄然发生着些许变化，一些思想家、科学家渐渐摒弃原来的王学末流和佛教末流的空疏学风，而主张和注重"实学""实行"的经世致用之学。与此同时，西方世界发生了巨大的变化，航海技术的迅速发展和地理大发现使全球范围的经济、文化交往成为可能，西方传教士纷纷来到中国，传播西方文化思想，拉开了中西文化的第一次交流和碰撞的序幕，同时也开启了西方逻辑传入中国的历程。追溯西方逻辑传入中国的历史，不得不提到徐光启译《几何原本》和李之藻译《名理探》。徐光启发端于前，翻译《几何原本》，首次把一种全新的演绎方法介绍给中国知识界。李之藻紧承其后，穷数年之精力，与西方传教士傅汎际（Francois Furtado，1587－1653）通力合作，把集中体现亚里士多德逻辑思想的《名理探》译成汉文，这是第一部传入中国且较为系统地介绍西方逻辑的学术著作。

一 徐光启译《几何原本》

徐光启（1562—1633），字子先，明代科学家，官至礼部尚书、文渊阁大学士，同耶稣会传教士利玛窦（Matteo Ricci，1552－1610）等人共同翻译了许多科学著作，成为介绍西方近代科学的先驱。

1601年，意大利传教士利玛窦来到北京传教，他带来了自鸣钟、三棱镜、日冕仪以及《几何原本》《逻辑》等中国士大夫闻所未闻、见所未见的西物、西学。这些西物、西学令中国士人大开眼界，而更令中国高士服膺的是利玛窦的学识与辩才。一种外来的宗教要征服遵奉儒学的中国士大夫谈何容易。然而，利氏善于形上思维与逻辑推理，在与中国士大夫的论辩中，从思维方式、方法上便占据了上风，这让徐光启、李之藻等人极为钦佩。1606年，徐光启与利玛窦合译《几何原本》。该书由公理、公设、定义出发，配以严密的逻辑推理形式，将古希腊的几何学知识建构为一个相当完备的体系，这与中国古代数学著作的叙述方法大相径庭。难能可贵的是，徐光启作为首先接触这一严密逻辑体系的人，就立即发现西方演绎方法的独到之处。他说："此书有四不必：不必疑、不必揣、不必试、不必改；有四不可得：欲脱之不可得，欲驳之不可得，

第一章 西方逻辑传入贵州的历史背景

欲减之不可得，欲前后更置之不可得。……（此书）有三至、三能：似至晦，实至明，故能以其明明他物之至晦；似至繁，实至简，故能以其简简他物之至繁；似至难，实至易，故能以其易易他物之至难。……易生于简，简生于明，综其妙，在明而已。"①徐光启敏锐地发现《几何原本》的突出特点就在于其体系的自明性。他还进一步认识到西学方法的精髓在于，探讨科学命题，是从系统的观察和实验开始的，达到普遍的有限认识，通过逐次归纳达到更为广阔的概括，在归纳综合的基础上通过演绎而得到比较复杂的观念。并且，他认为这种方法可以融会贯通到"十事"中，即天文气象、水利、音律、军事、理财、建筑、机械、地理测量、医药、钟表制造。就当时的国人来说，这可谓是一种全新的思维模式。

《几何原本》的深刻意义远远超出了几何学本身，有的论著将它视为人类历史上第一部真正代表科学理论结构的教科书。例如，歌德（Johann Wolfgang von Goethe，1749－1832）就把它看作"是哲学的最完善的引言和入门"②。爱因斯坦（Albert Einstein，1879－1955）在致友人的信中，认为西方文明之飞速发展，就是以欧几里得（Euclid，约前330—前275）几何学的推理方法和进行系统实验的方法这两大成就为基础的。徐光启也意识到，此书的重要价值远不止是一部数学教材。他认为，《几何原本》能使钻研理论者"祛其浮气，练其精心"，从事实践者"资其定法，发其巧思"；指出中国人无一人不当学并且预言"百年之后必人人习之"③。这种预言不能不说极富远见卓识。令人遗憾的是，这一与近代科学相符合的思想倾向，当时几乎找不到能够真正理解它的知音，只有《四库全书总目》的作者，精辟地把《几何原本》称为"西学之弁冕"。

几近两个半世纪后，《几何原本》的价值方受到有识之士的普遍重视。例如，谭嗣同在《石菊影庐笔识》中专门讨论了《几何原本》中有

---

① （明）徐光启撰《几何原本杂议》，王重民编著《徐光启集》，上海古籍出版社1984年版，第76页。
② 《歌德的格言和感想集》，程代熙等译，中国社会科学出版社1988年版，第82页。
③ （明）徐光启撰《几何原本杂议》，王重民编著《徐光启集》，上海古籍出版社1984年版，第76页。

关三角形定理。梁启超在《中国近三百年学术史》中感叹此书"字字精金美玉，为千古不朽之作"①。康有为则按照《几何原本》的论证方式撰写了《实理公法全书》。《几何原本》以一种非常简洁的演绎方法，道出自然的和谐与合理的法则之所以然。及至清末民初，几何学已成为新式学堂的必修课，作为演绎的典范逐渐为世人知晓、传承和研习，时至今日它仍然是初等数学的重要内容之一。追根溯源，徐光启译《几何原本》可谓功莫大焉。

二 李之藻译《名理探》②

李之藻（1565—1630），字振义，又字我存，浙江仁和人。明万历举人，进士，明末著名学者。他与徐光启一样，十分倾慕西方先进的科学文化，积极学习西方的科学知识。1623年，李之藻与葡萄牙传教士傅汎际开始合作翻译《名理探》一书，由傅汎际译义，李之藻达辞，于1629年完稿。《名理探》原名《亚里士多德辩证法概论》，此处所谓辩证法系指纯抽象的推理方法，实际上是传统形式逻辑。该书是16世纪葡萄牙高因盘利（Coimbra）大学耶稣会会士的逻辑讲义，原版系拉丁文，主要内容是解释亚里士多德的逻辑学说，基本上代表了经院逻辑的面貌。原书分为上下两篇，共25卷。上篇分为"五公"论和"十伦"论。下篇分亦为两部分：一是有关名词、概念、范畴等逻辑问题的论述和解释，二是对命题、三段论及逻辑规律等问题的介绍。

李之藻所译总计十卷。在译本中，李之藻指出了"名理探"即逻辑学，就是"循所以明，推而通诸未明之辩也"。他还进一步把"名理探"分为"性成之名理探"和"学成之名理探"，认为"性成之名理探，乃不学而自有之推论"，"学成之名理探，乃待学而后成之推论"；逻辑学主要探讨"待学而后成之推论"。该译本主要探讨的内容是"五公""十伦"。"五公"，又名"五称"，指宗、类、殊、独、依；严复则译为"五旌"，即类、别、差、撰、寓；用当今流行的术语来说就是"五类概念"，

---

① 《梁启超论清学史二种》，朱维铮校注，复旦大学出版社1985年版，第99页。
② 《名理探》，傅汎际译义，李之藻达辞，生活·读书·新知三联书店1959年版。

即类、种、种差、固有属性、偶有性或偶有属性。"十伦"是指自立体、几何、互视、何似、施作、承受、体势、何居、暂久、得有，它基本上是根据亚里士多德的十范畴划分的。严复译为物或质、数或量、伦或对待或相属、德或品、感或施、应或受、形或势或容、位或方所或界、时或期或世、服或习或止。相当于今译的实体、数量、关系、性质、主动、被动、姿势、地点、时间、状态。李之藻认为，要想掌握推论方法，必须先以"五公""十伦"为其预备知识，只有具备了这些基础知识才能推论名理。

《名理探》全书近30万字，而在亚里士多德的《工具论》中只有3.5万字，充分反映了中世纪经院哲学的烦琐特点。然而，《名理探》的影响在逻辑史上却是相当持久的。这部书达辞"艰深邃奥"，李之藻与傅汎际反复琢磨、字斟句酌，整个译述过程持续了三年之久。这种一丝不苟的翻译作风，为中国留下了一批逻辑名词，如以直通、断通及推通来译概念、判断与推论；以明辩、推辩来译释演绎、归纳；以致知、致明、致用，分别来译科学、理论、实用等，至今看来在达辞方法上仍很有科学意义。根据中国逻辑史上的名词名字，结合西方逻辑术语，把物理学译为形性学，数学译为审形学，形而上学译为超形性学，自然科学译为明艺，精神科学译为韫艺，逻辑学译为辩艺、名理等等。终因译本语言艰涩难懂，以致读者不多，影响不大。尽管如此，但作为西方逻辑学的第一次系统输入，它使国人对西方逻辑学有了一定程度的了解。可以说，如果"没有李之藻翻译的《名理探》，中国学者就会推迟对西方逻辑学的接触和了解"[①]。因此，李之藻译《名理探》的首功是毋庸置疑的。

第二节 清朝末年西方逻辑的再度输入与发展

清朝末年，西方列强的坚船利炮不仅打开了清朝紧锁的国门，同时也将西方文明渗入了陈腐落后的旧中国，西方科技和文化再度输入中国。

---

① 曹杰生：《略论〈名理探〉的翻译及其影响》，《中国逻辑史研究》，中国社会科学出版社1982年版，第293页。

伴随"西学东渐"的兴盛，西方逻辑进入了全面传入和广泛传播的第一个高潮时期。这一时期大致可以分为两个阶段。第一阶段主要是大量翻译西方逻辑经典著作。其中，不少译著仍然是传教士翻译的，如《辩学启蒙》等。到了第二阶段，中国学者已开始不满足于单纯的翻译，而是在翻译原著的基础上结合自己的学习研究体会，有了自己的诠释和反思，如《穆勒名学》《论理学》《辩学》等。总之，清朝末年大量的西方逻辑著作被译介到中国，为西方逻辑在中国的广泛传播和深入研究打下了良好的基础，同时也产生了许多著名的逻辑研究者。

一 艾约瑟译《辩学启蒙》

《辩学启蒙》（*Primer of Logic*）是清光绪年间，由传教士艾约瑟（Joseph Edkins, 1823-1905）译成汉文，原著者为英国著名逻辑学家耶方斯（W. S. Jevons, 1835-1882），书名直译应为《逻辑初级读本》或《逻辑入门》。该书在内容上分为五个部分。第一部分，引论；第二部分，讲述演绎逻辑；第三部分，介绍归纳逻辑；第四部分，介绍逻辑谬误；第五部分是附录：辩学考课诸问。全书理论浅显、叙述通俗，涵括了西方传统逻辑中的主要问题。然而，由于译者不是逻辑学家，所以译著在一些逻辑术语上与当今通行的译法相去甚远。在这一时期，传教士是西方逻辑在中国社会传播的主体，传播形式也仅仅表现为译介。

二 严复译《穆勒名学》

《穆勒名学》（*A System of Logic: Ratiocinative and Inductive*）原著者为英国经济学家、哲学家、逻辑学家约翰·穆勒（John Stuart Mill, 1806-1873）。该书原名直译是《逻辑体系：演绎与归纳》。从1843年到1879年共印行了10版。在西方逻辑史上，这本书是一部里程碑式的著作，占有极为重要的地位。原书包括六个部分：名与辞、演绎推理、归纳推理、归纳方法、诡辩、伦理科学的逻辑。严复于1902年译出全书的主要部分，即前三部分及第四部分的大部分内容，1905年由金陵金粟斋木刻出版。译本分为首、甲、乙、丙四个部分：首部是引论，主要介绍名学的界说

(定义)。甲部着重阐述名（概念）与词（判断）。乙部是推理概述，还介绍了互转（简单换位）、取离之转（限制换位）即更端之转（换质换位）。丙部是全书重点，详细介绍了归纳推理和归纳方法。严复译著的《穆勒名学》还新创了一些逻辑术语的译名，例如：将归纳译为"内籀"，演绎译为"外籀"，"名"为概念，"辞"或"词"判断译为"辞"或"词"，"推证"推理译为"推证"，三段论译为"联珠"，等等。

值得一提的是，严复在书中首次将"Logic"直译为"逻辑"。严复译书的态度十分严谨，译笔典雅，用的是文言，因而新的逻辑术语并未流传开来。其深奥的文言句辞削弱了这部译著在现实生活中的传播，但这并没有淹没这部译著在当时的重要影响。在该书中，严复充分表达了自己的逻辑思想，并不仅仅局限于单纯的翻译。书中按语70余条，充分表达了他对原著观点持批评性态度，并且他还将中西方逻辑进行比较。他不仅阐发了归纳、演绎两种科学方法，而且针对中国旧学弊端，特别强调归纳方法。严复认为吾国向来为学，偏于外籀，而内籀能事极微。中国传统思维方式中虽有演绎推理，但缺乏演绎推理的大前提，即由逻辑归纳得来的"公例"（规律性的结论）。

总之，严复译《穆勒名学》，对西方逻辑在中国社会的传播产生了深远的影响，开创了研究逻辑学的新时期，促进了中国逻辑学的发展。郭湛波在《近三十年中国思想史》一书中对严译《穆勒名学》的历史贡献做过非常中肯的评价，认为自《穆勒名学》出版后，"形式论理学始盛行于中国，各大学有论理学一课……论理学始风行国内，一方学校设为课程，一方学者用为致学方法"[①]。实际上，这一评价不仅适合于《穆勒名学》，同时也道出了清末西方逻辑学翻译热潮的历史作用。

三 王国维译《辩学》

1908年，时任京师图书馆编译的王国维（1877—1927）将英国逻辑学家耶方斯的《逻辑基础教程：演绎和归纳》（*Elementary Lessons in*

---

① 郭湛波：《近五十年中国思想史》，山东教育出版社1997年版，第183页。

Logic：Deductive and Inductive）翻译成中文，取名为《辩学》。该书所翻译的原著，在当时西方是一本颇具影响的教科书。王国维的译本比较忠实于原文，以直译为主，语言简洁明快，常当作教材使用。书中的逻辑术语与现在通用的大体相同，十分简练精确。就翻译水平而言，与《辩学启蒙》《穆勒名学》相比有极大的进步。内容上演绎与归纳并重，所介绍的逻辑理论更为全面和系统。王国维翻译逻辑著作是建立在对逻辑科学的深刻认识基础之上的。他在盛传一时的名文《奏定经学科大学文科大学章程书后》中指出："今日所急者，在授世界最进步之学问之大略，使知研究之方法。"① 因此，普遍译介西学的主要目的是学习掌握西学的研究方法。显然，这里的"研究之方法"即指逻辑学。王国维亲自讲授逻辑学，翻译逻辑学教科书，就是贯彻他这种主张的具体实践。

此外，在清末时期还有一批留学生为西方逻辑在中国的传播起到了重要作用。例如，田无熌的《论理学纲要》，1902 年由商务印书馆发行，原著由日本文学学士十时弥所作，是日本当时最为流行的逻辑教科书。译本内容与当前我国讲解的传统逻辑大体相同，逻辑术语也大体上与今文无异。又如，胡茂如的《论理学》，原著由日本文学博士大西祝所作，1906 年胡茂如的译本出版。"这本译著内容全面，对演绎和归纳都作了同等重要的介绍，因而对推动西方传统逻辑的全面传入和普及也起到了较好的作用。"②

四　19 世纪末 20 世纪初贵州接受新学的历史背景

贵州地处云贵高原，虽然自古以来人们都以偏远、闭塞和落后来形容它，但这并没有影响 19 世纪中叶贵州的仁人志士接受新思想、追求新学的积极性，这为西方逻辑在贵州的传播和发展提供了良好的思想基础和教育阵地。以下介绍当时贵州的政治、经济与文化状况。

1840 年鸦片战争后，列强打开了中国社会禁闭的大门，中国沦为了

---

① 王国维：《论新学语之输入》，载周锡山编《王国维文学美学论著集》，北岳文艺出版社 1987 年版，第 111 页。
② 周云之：《西方逻辑史》，山西教育出版社 2004 年版，第 369 页。

第一章 西方逻辑传入贵州的历史背景

半封建半殖民地社会,贵州也发生了千年未曾有过的变局。一方面,列强的疯狂掠夺和封建地主的剥削,加速了中国农村自然经济的解体,引起了全国经济结构的变化;另一方面,在列强的影响下,中国封建自然经济内部的商品经济因素得以滋生和发展,孕育了资本主义的萌芽。这时期,清政府为改变当时的局面开始了"洋务运动"。贵州在其影响下,出现了资本主义的生产方式。在此状况下,西方新学开始影响贵州,贵州逐渐敞开胸怀去学习新知识,以期改变当时落后的社会状况。

维新思想大规模传入贵州始于戊戌变法。但在此前,特别是洋务运动时期,就已有一些蕴含新思想的书籍流入贵州。例如,张之洞的《劝学篇》,提倡"中学为体,西学为用",主张政治上拥护中国的皇权,经济上采用西洋的学术,深得全省绅士的拥护。在1895年康有为率领的"公车上书"运动中,全国共有612人题名,其中95人为贵州人,约占全国的15%。可见,贵州虽地域偏远,但有识之士的爱国救亡思想和革新创新意识并不落后。1897年,贵州学政严修改贵阳古书院为贵州经世学堂,又于贵阳资善堂设书肆,售卖各种新学书籍。严修在1894年至1897年任贵州学政期间,深受维新思想的影响,经常阅读梁启超编写的《西学书目表》和《读西学书法》,大开眼界。在经世学堂中,讲授内容以史、算为主,同时还教授时务、政要等,首开了贵州新学风气。实际上,在戊戌变法前,西方的政治、哲学书籍,诸如《民约论》《天演论》《进化论》等早已在经世学堂学生中传阅。1898年戊戌变法开始,光绪皇帝任用康有为、梁启超等人推行新政,废科举、兴学校,全国风靡,贵州也深受维新思想感染。变法失败后,康、梁逃往日本。前礼部尚书、贵阳人李端棻是维新派重要官吏,梁启超的内兄。他思想开明、进步,变法失败后回到贵阳,1901年任教于贵州经世学堂,1902年参与创办贵阳公立师范学堂。他在贵阳任教期间,娓娓而道西学,介绍新的学术思想,如孟德斯鸠的三权鼎立论、达尔文的进化论、赫胥黎的天演论等,传播了维新思想。1897年到1920年,贵州建立了大学及专科学校7所,为西方逻辑在贵州的传播提供了极为有利的阵地。在全国上下掀起学习西学的热潮中,贵州选派留学生出国或游学的风气亦盛极一时。1905年,通过官方选派或自费的留学生便有151名之多。

  总之,尽管贵州地处偏远山区,交通闭塞,但先天的不利条件并没有阻挡住贵州仁人志士学习西学的热情和实现救国图强的理想。如前所述,新学在贵州的传播不仅具有良好的思想基础,而且一定程度上也丝毫不逊色于其他发达省份,许多知识分子和开明绅士纷纷走上了学习西方新学的道路。正是在这样的环境下,西方逻辑开始在这片土地上生根发芽,并逐渐传播开来。

第二章

传统逻辑在贵州的传播与发展

西方逻辑传入贵州，至少可以追溯到 1905 年至 1912 年期间。在这七年间，王延直在贵州讲授论理学，并纂著《普通应用论理学》一书。当时，国人在译介西方传统逻辑已有成果的基础上，已不再满足于单纯的翻译，而是开始在翻译的基础上融入自己的批判性反思。后来，不少学者自己撰写并出版逻辑著作。这标志着中国引进西方传统逻辑的工作进入一个新的时期——从"译"到"著"。王延直就是这一时期的一位代表人物，他的《普通应用论理学》是这一时期的代表作之一。

第一节 传统逻辑的引入

一 王延直和《普通应用论理学》

王延直（1872—1947），原名王怀彝，字穆若，号仲肃，又号剑秋，贵州贵阳人，清末举人。曾往日本留学，回国后任教于贵州省公立中学、贵州省优级师范两所学校。这两所学校分别成立于 1905 年和 1907 年，正值西方新学在贵州传播时期。王延直在两校主讲论理学。从 1905 年至 1912 年的七年间，王延直先生教授论理学达 19 次之多。其间，王延直纂著的《普通应用论理学》于 1912 年 7 月由云南印刷局印刷，贵阳论理学社发行。这是贵州省，乃至西南地区的第一部逻辑学著作。但由于在该书出版时，国内也有一批逻辑学著作相继问世，加之贵州、云南地处偏远,信息流通不便,因此,在当时该书并未得到学者们的足够重视。例如,在汪奠基所著《中国逻辑思想史》附录的1631年至1928年国人逻辑著作目录中,就没有收录王延直的著作。尽管如此,作为迄今为止所发现的贵州学者最早学习和研究西方逻辑的成果,对于贵州这样的僻壤,其作用和意义是不容忽视的。

《普通应用论理学》一书的主要内容包括:"绪论"和三编"本论"。"绪论"由五章组成,各章标题分别为:论理学之定义、论理学之效用、论理学之源流、论理学之区别、论理学与各科学之关系。三编"本论"的标题分别为:思考概论、演绎的论理学、归纳的论理学。第一编,思考概论,共五章。第一章,思考之原理;第二章,思考之本质;第三章,名词说;第四章,命题说;第五章,推测式略说。第二编,演绎的论理学,共八章。第一章,直接推理之方法;第二章,间接推理本质;第三章,推测式及其格之规定;第四章,推测式之变体;第五章,约结的推理;第六章,离摄的推理;第七章,两刀论法;第八章,关于演绎推理之误谬。第三编,归纳推理概说,共四章。第一章,归纳推理的论理学;第二章,归纳推理本质;第三章,归纳术中之研究法;第四章,关于归纳推理之误谬。

二 当代逻辑学者对《普通应用论理学》的评价

1981年,云南逻辑学者黄恒蛟在昆明的旧书摊上意外发现了一本1912年出版的《普通应用论理学》,纂著者:贵阳王延直,发行者:贵阳论理学社,代印者:云南印刷局,总发行所:贵阳省城蔡家房论理学社,分售处:云南省城四版坊务本书局和开明书局。这本书被带到当时正在昆明召开的云南省逻辑学会成立大会上,受到了与会者的高度重视,并由应邀参加大会的贵州省哲学学会逻辑组副组长张同生借回贵阳复印了几份供有关人员研究。之后,贵阳师范学院(现贵州师范大学)又尽量按原样制作成油印本,供大家阅读和研究。此后,许多逻辑学者开始关注和研究此书。

首先,金建国、黄恒蛟发表了《论王延直的〈普通应用论理学〉——

云南近代的第一本普通逻辑》。在文中，作者认为："王延直的《普通应用论理学》是在昆明发现的云南近代第一本普通逻辑。这本书对研究中国近代逻辑史，特别是云南近代逻辑发展问题具有较大的参考价值。"①接着，贵州逻辑工作者开始更加深入的调查和研究，并发表了多篇论文。例如，刘宗棠走访了曾经师从王延直先生的两位前辈和部分亲属，掌握了许多鲜为人知的历史资料，撰写并发表文章专门论述《普通应用论理学》一书的重要意义。其中，《王延直先生与逻辑学》一文，比较详细地介绍了王延直和《普通应用论理学》的有关情况。此后，贵州逻辑学者陆续发表多篇论文阐发王延直的逻辑思想及其历史地位。例如，向容宪撰写了《王延直〈普通应用论理学〉研究》②和《王延直〈普通应用论理学〉再研究》③。在这两篇文章中，作者指出："王延直撰著的《普通应用论理学》是贵州省第一部逻辑学著作，也是中国最早的国人自己撰著的几部逻辑学著作之一。"这两篇文章对该书中几个较为突出的内容和特点作了分析和评述，并与当今的形式逻辑体系进行了比较。州辑发表了《贵州几本传统逻辑著作简介》一文。在文中，作者将该书列为贵州重要的传统逻辑著作，认为："《普通应用论理学》这是贵州人学习研究西方传统逻辑的最早成果。"④文中作者对该书的主要内容作了简要介绍。王延直的逻辑思想不仅引起了云贵地区逻辑学者们的高度重视，也引起了国内其他学者的关注。例如，湘潭大学王向清教授撰文《王延直逻辑思想述要》指出："王延直是我国现代第一位吸收国外逻辑学研究成果，并自行撰写逻辑学教科书的著名学者。在他纂著的《普通应用论理学》一书中，关于名词即概念的划分理论；关于命题主、宾词充满与不充满的理论；关于命题对当的理论；关于逻辑误谬的理论等，有相当领先水

---

① 金建国、黄恒蛟：《论王延直的〈普通应用论理学〉——云南近代的第一本普通逻辑》，《云南师范大学学报》（哲学社会科学版）1984 年第 3 期。
② 向容宪：《王延直〈普通应用论理学〉研究》，《贵阳师专学报》（社会科学版）1993 年第 1 期。
③ 向容宪：《王延直〈普通应用论理学〉再研究》，《贵阳师专学报》（社会科学版）1993 年第 3 期。
④ 州辑：《贵州几本传统逻辑著作简介》，《安顺师专学报》（社会科学版）1995 年第 3 期，第 57 页。

平，对推动我国逻辑学的发展有不可磨灭的贡献。"①

上述观点和评价大致可以归纳为以下几个方面。

第一，撰书目的明确，目标高远。王延直撰写该书期间，恰逢中国处于内忧外患之际，新文化运动开展得如火如荼，许多仁人志士满怀爱国之心投入这场运动中，期盼能够为中华民族的崛起作出贡献。王延直也不例外。他在自序中直抒胸怀："予纂著普通应用论理学一书即竟，不禁喟然而叹曰：'呜呼！比年以来，世界文明各国讲学之士，辄以"程度不足"訾议吾国人民矣！斯言也，吾闻而耻之，吾闻而深耻之！其欲一雪之而后快也久矣！'"②王延直强烈的民族自尊心使他对外国人关于中国人的评价深感耻辱，也欲以此书来提高国人的文明程度，以雪被辱之耻。可以说这是王延直撰著此书的最主要目的。此外，王延直还提出了要提高国人的文明程度就必须学习论理学，只有学习了论理学才能获得真理，充分肯定了逻辑学的作用。"吾国人欲程度增高，必自政学两界始。而欲增高程度，又必自服从真理始；欲服从真理，又必自推求真理始；欲推求真理，又必自研究论理学始。"③

第二，别开生面的书名。从 1903 年严复译《穆勒名学》到 1912 年国内的逻辑学著作和译著的书名中都没有冠以"普通应用"字样。"普通"的意义可能是"该书是作为一种供一般人学习的普及教材"④。但最主要的是应用上的普通性和普遍性，该书列举了逻辑学的七种直接效用："1. 为研究各种科学之要素；2. 于自己之思想确有论证者可得其自信力；3. 于语言文字之使用可得精确之法；4. 能增长读一切书之识力；5. 能不被一切似是而非之说所摇惑；6. 可以悟教授一切学科之妙用；7. 养成容易辨别所推测之事物之真伪之能力，倘遇批判辩难等时，可得巧于处置

---

① 王向清：《王延直逻辑思想述要》，《湘潭大学学报》（哲学社会科学版）1997 年第 2 期，第 75 页。
② 王延直：《普通应用论理学》，贵阳论理学社中华民国元年七月版，第 1 页。
③ 王延直：《普通应用论理学》，贵阳论理学社中华民国元年七月版，第 1 页。
④ 向容宪：《王延直〈普通应用论理学〉研究》，《贵阳师专学报》（社会科学版）1993 年第 1 期，第 20 页。

之法。"① 四种间接效用："1. 可以增高自己之人格；2. 可以辨识他人之是非；3. 可以保存社会之秩序；4. 可以促进国家之文化。"② 由此可以看出，王延直所列举的直接效用和间接效用，在当时无论是对有学识的人还是对普通的民众在生活和学习中都是有用的，也可以吸引更多的人来学习论理学。这也不辜负《普通应用论理学》的书名。

第三，揭举思考和语言的关系。在王延直的著作中，第一编第二章第二节专门讨论了"思考和语言的关系"。在阐明思考和语言的关系时王先生层层深入。首先，他指出思考和宇宙中的万物一样都要具备实质，而思考的实质有二："一活动于心意之上者；一发于语言间者。论理学上使用之思考，以后者为主，然用之时，亦不能离心意之活动而别为思考。是则虽有二致，仍一以贯之者也。"③ 因此，在王延直看来，思考和语言是相互贯通不可分开的。接着，王延直又就思考和语言的关系作了进一步的说明。他指出："概念判断和推理乃思考之成果，欲将发表是等成果，必不可以无记号，言语者，即发表思考成果最便之记号也。"④ 在这里，充分指出了思考（概念、判断、推理）和语言的关系，即语言是思考的载体，要将思考的成果表达出来就得借助语言，可见二者的关系密不可分。同时，王延直还指出了语言是怎样对思考（概念、判断、推理）进行表达的，"存于心意中之概念、判断、推理，遂得发表于语言而称为名词、命题、推测式矣"⑤。名词表达概念，命题表达判断，推测式表达推理。

第四，强调世界三大逻辑源流。王延直在书中明确肯定了中国、印度、希腊为世界三大逻辑的源流："有人类即有思想，有思想即有论理；思想较高者，论理亦较高；故古代文明诸国，莫不有论理学之萌芽，其

---

① 向容宪：《王延直〈普通应用论理学〉研究》，《贵阳师专学报》（社会科学版）1993年第1期，第18页。
② 向容宪：《王延直〈普通应用论理学〉研究》，《贵阳师专学报》（社会科学版）1993年第1期，第18页。
③ 王延直：《普通应用论理学》，贵阳论理学社中华民国元年七月版，第16页。
④ 王延直：《普通应用论理学》，贵阳论理学社中华民国元年七月版，第18页。
⑤ 王延直：《普通应用论理学》，贵阳论理学社中华民国元年七月版，第18页。

中最著名者三：曰中国、曰印度、曰希腊者也。"① 此外，他还对中国古代逻辑思想的萌芽做了分析："论理之学于中国古代，无可考证。春秋之季，孔子首倡正名之说，其言曰：名不正则言不顺。荀子踵之，作正名篇。于是有大共之说，即今之所谓归纳也。有大别之说，即今之所谓演绎也。惜乎荀子而后，无人继起而光大之，以致中国名学，历久失传。亦可慨矣"②。对孔子和荀子作了肯定的评价但认为惠施、邓析、尹文、公孙龙等人是徒逞诡辩，取一时之快，不能算是论理学家。而韩非子、墨子诸家的文章，苏秦、张仪的辩论，只是偶尔符合逻辑罢了。从王延直先生的论述中可看出，王本人及这一时期对先秦辩学的研究不够充分，存在诸多局限性乃至误读，对此不可不察。

第五，注重逻辑理论的历史演变。王延直先生在撰写的过程中，常常将历史上的名家对某一理论的不同看法加以比较，或者指出某一理论为历史上某人所创。例如，划分中两分法系希腊论理家彼和里氏所创之分类之名称。

三　王延直《普通应用论理学》对贵州逻辑发展的影响

1. 开启贵州的逻辑教学和研究

王延直先生在自序中说："予之纂著是书也，起乙巳秋，讫壬子夏，阅岁凡七，中间担任是科教授者凡十九次，稿凡十易，而后仅仅得此。"③ 这说明从1905年到1912年，他在贵州省公立中学等校执教时，教了十九次逻辑课，修改了十来次书稿，才完成了这部书。可以说，这是融会了王延直拥有的逻辑知识和丰富的逻辑教学经验的一部力作。这部书被发现后，立即受到逻辑学界的重视。贵州大学哲学系和贵阳师范学院政教系复印了全书以供研究。1982年，中国逻辑与语言研究会在贵阳召开年会，我国的部分著名逻辑学家看到这部书，认为该书内容丰富、体系严谨，特别是演绎推理部分很有特色。为了满足逻辑研究工作者的需要，

---

① 王延直：《普通应用论理学》，贵阳论理学社中华民国元年七月版，第9页。
② 王延直：《普通应用论理学》，贵阳论理学社中华民国元年七月版，第9—10页。
③ 王延直：《普通应用论理学》，贵阳论理学社中华民国元年七月版，第2页。

第二章 传统逻辑在贵州的传播与发展

贵阳师范学院完全按照原石印本的样式复制了油印本若干册，供逻辑工作者参考。

2. 彰显贵州逻辑学人及逻辑成果在全国的一定地位

《贵州省志·社会科学志》中讲到"逻辑学"的第一章，开首一句话就是："关于贵州省的逻辑学研究，迄今为止，我们所发现的最早的成果是贵阳留日学者王延直的著作《普通应用论理学》。"1990 年，《普通应用论理学》被贵州逻辑学会①评定为 20 世纪 80 年代优秀成果奖特等奖。

此外，中国逻辑史研究的一些重要学术著作也对《普通应用论理学》进行了论述和评论。特别是在由全国哲学社会科学规划办公室批准立项的重点项目成果《中国逻辑史》（近代卷）中对该书作出了这样的结论："《普通应用论理学》突出地代表了西方逻辑系统输入成熟阶段所达到的水平。其特点是：一是内容丰富，演义归纳并重；二是注重历史沿革，明确肯定中国名辩、印度因明、希腊亚氏逻辑为世界三大源流；三是逻辑术语好记易懂，已趋稳定；四是理论系统，强调应用。"②

1999 年底，《中国学术百年》丛书出版，其中"概述 20 世纪中国逻辑学发展的重要成果并探讨其发展基本脉络的学术专著"——《逻辑学百年》一书也多次提及并高度评价王延直和他纂著的《普通应用论理学》。《逻辑学百年》指出，"严复等人译著的问世及严复、王国维、王延直等亲自讲演或授课，受到学界、思想界热烈欢迎，'一时风靡，学者闻所未闻，吾国政治之根柢名学理论者，自此始也'"③。

由此可以看出，作为贵州乃至全国较早的逻辑学著作，王延直撰著的《普通应用论理学》在中国近代逻辑史上具有非常重要的地位。

---

① 当时的贵州逻辑学会是贵州省哲学会下属的二级学会，2014 年成立省一级学会——贵州省逻辑学会。
② 李匡武：《中国逻辑史（近代卷）》，甘肃人民出版社1989年版，第180页。转引自刘宗棠《贵州逻辑文化的传承与创新——2012年在贵州的三个重要会议》，《毕节学院学报》（综合版）2013年第11期。
③ 赵总宽：《逻辑学百年》，北京出版社1999年版，第19页。转引自刘宗棠《贵州逻辑文化的传承与创新——2012年在贵州的三个重要会议》，《毕节学院学报》（综合版）2013年第11期。

第二节　传统逻辑在贵州的传承

一　传统逻辑在贵州传承的历史背景

20世纪30—40年代，我国不少学者受苏联哲学界的影响，把西方传统逻辑视为形而上学加以批判。一些人提出形式逻辑是唯心主义世界观、形而上学和方法论，是毫无用处的，是为辩证法所否定的。形式逻辑是关于思维形式及其规律的科学，不能与哲学世界观、认识论、方法论混同。这些错误的观点对中国的学术界产生了很大的影响，导致50—60年代中国学术界就形式逻辑的对象、性质和作用，客观基础与辩证法的关系，真实性和正确性的关系发生了激烈的争论。这样的局面引起了毛泽东的注意，并开始重视逻辑知识的普及。1955年，毛泽东在为一次中央会议做结论时说："写文章要讲逻辑。……总之，一个合逻辑，一个合文法，一个较好的修辞，这三点请你们在写文章的时候注意。"[①] 1958年他把"学点文法和逻辑"作为一条"工作方法"提出。在毛泽东的倡导下，中国的逻辑学研究受到了很大的重视。到1966年"文革"发生前，全国逻辑工作者仅有300人左右。20世纪60—70年代，贵州学者在逻辑研究上并没有取得多少成就，仅在《贵州日报》上发表了几篇传统逻辑的短文。例如，钱耕森的《学点逻辑》（1961年9月9日，第3版）和《思维要合乎逻辑的规律》（1961年10月14日，第3版），刘宗棠的《什么是概念》（1962年9月1日，第3版），等等。"文革"时期，中国的逻辑研究基本上停顿了。

直到改革开放，科学的春风吹遍神州大地。1978年、1979年两次全国逻辑讨论会召开，逻辑工作者迅速从"文革"的停顿中走出来，踏上了恢复发展逻辑研究的新征程。张同生在《贵州日报》（1978年11月11日，第2版）发表的《逻辑证明与实践》再次唤醒贵州逻辑学人。贵州的逻辑科学研究开始走上一个蓬勃发展的新阶段。20世纪80年代到21

---

① 转引自倪鼎夫等编《学点逻辑》，人民出版社1978年版，第3页。

世纪可谓是传统逻辑在贵州传播迅速、影响深远的时期。此间,贵州逻辑学者经历了从学习逻辑理论到出版自己的逻辑著作,从邀请知名学者讲学到走出国门交流学术思想的过程。研究内容不断丰富,传播和影响范围遍及贵州省内各大高校。从20世纪80年代起,贵州各高校陆续开设逻辑课程,使得年轻学子对逻辑学这一学科有了一定的认识和了解。

二 传统逻辑在贵州传承的基本情况[①]

20世纪50年代末至"文革"前,虽然贵州逻辑学研究成果不多,但在教学传承方面仍有诸多开创性贡献。钱耕森等人积极响应毛泽东主席"学点逻辑"的号召,不仅积极撰写逻辑文章,还开启了这一特殊时期贵州逻辑教学的新征程,为改革开放背景下贵州逻辑教学和研究储备了重要的逻辑教学资源。在这一时期做出传承贡献的除钱耕森外,主要还有陈若夫、杨信祥、张怀治、颜怀钧、任吉悌、刘诗钟、王明祥、霍壮如、于泽滨、刘宗棠等人。

钱耕森,男,1933年10月生,安徽省巢湖市人,1951年考入清华大学,1952年肄业于清华大学哲学系,1958年毕业于北京大学哲学系,师从金岳霖、冯友兰、张岱年、江天骥等逻辑学家、哲学家,北京大学毕业后分配到贵州从事逻辑学教学研究工作,现系安徽大学资深教授、国际知名学者。钱耕森在贵州工作期间,曾给贵州大学与贵阳师范学院(今贵州师范大学前身)两校学生以及贵州省军区团以上干部和机关干部、铁四局总部的干校讲授逻辑课。1958年,钱响应毛主席到"一穷二白"的地方去工作的号召,由北京大学哲学系毕业分配到贵州大学从事中国哲学史的教学工作,并参与筹建哲学系(当时,刚重建的贵州大学尚无自己的校舍,暂在贵阳师范学院内办学。因此,两校联合成立一个党委,统一领导两校)。钱来贵州工作时,正值全国人民为建设社会主义,掀起"大跃进"高潮的峥嵘岁月。毛主席为了提高干部的素质,在

---

① 本小节素材主要由钱耕森教授提供,大部分内容根据钱教授在"第十六次中国逻辑史全国学术研讨会"(中国·贵阳·花溪)上提交的大会报告《贵州逻辑学教育开创之筚路蓝缕》(2015年11月26日初稿,2015年12月18日定稿,写于安徽大学)整理。

工作方法层面，特地于 1958 年 1 月亲自撰写并下达《工作方法六十条（草案）》。他在有关条例中向广大干部提出了要学习有关的文化、知识与理论。例如：（三十九）学点自然科学和技术科学，（四十）学点哲学和政治经济学，（四十一）学点历史和法学，（四十二）学点文学，（四十四）建议在自愿的原则下，中央和省市的负责同志，学一种外国文，等等。（四十三）学点文法和逻辑中的"学点逻辑"则缘于毛泽东主席深刻洞悉逻辑学的特殊重要价值，而被其重视和强调，并予特别提出。

1958 年底 1959 年初，贵阳师范学院院长陈若夫，为了积极响应毛主席关于学点逻辑学的号召，决心亲自给全校教职工和文科学生上逻辑课。他上大学时曾经学过逻辑课。但是，几十年过去了，再没有学过，更没有教过，也就差不多忘了，需要人帮助他备课。于是，他把两校（贵州大学与贵阳师范学院）学过逻辑学的年轻的助教抽调到他身边组成一个逻辑学备课小组，由杨信祥（北京师范大学毕业分配来贵阳师范学院的）、张怀治、颜怀钧（西南政法学院毕业分配来贵阳师范学院的）、任吉悌和钱耕森（北京大学毕业分配来贵阳大学的）① 共同组成，由钱耕森执笔撰写逻辑学讲授提纲。至 1959 年 4 月，集体编写出逻辑学讲授提纲（初稿）的一部分，即第一章绪论，第二章思维的基本规律，第三章概念的前 5 节，并铅印成讲义发给学生。至今钱耕森还保存着一份当年作为集体教学成果寄给弟弟的铅印逻辑学书稿，让他也分享这份成果，同时也想培养他的逻辑兴趣。钱耕森在第 1 页上题记："这是我们集体一九五九年上半年为贵州大学和贵阳师范学院同学编写的。更生（耕森）寄于一九五九（年），四（月）。"② 团队集体编写逻辑教材一段时间后，便由钱耕森个人继续这项工作。钱一方面继续往后编写，一方面在陈若夫院长每次讲课之前的晚上去他家帮他备课（实际上是一起讨论和交流）——陈白天忙于办公，没有时间备课，钱只能在晚上和他交流，经常讨论到深夜才把课备好。陈坚持把逻辑课从头到尾讲完一遍。陈若夫的逻辑课，讲完了一遍以后，就交给钱耕森了。钱耕森随后就给贵州大

---

① 据钱耕森回忆，好像还有一两位。
② 括号内的文字为钱耕森教授为注释而增加。

学和贵阳师范学院两校的中文系和历史系的四个班级开设逻辑课。贵州大学、贵阳师范学院分开时，一些名校分配来的助教被留在贵阳师范学院，钱耕森也继续给该校的中文系和历史系以及 1960 年成立的政教系讲授逻辑课。钱耕森教逻辑课不久，学院便将数学系毕业留校的刘诗钟分配来做钱耕森的助教。此外，青年教师王明祥等也跟钱耕森学过逻辑。据钱耕森介绍，他们对逻辑课很感兴趣，听课、课堂讨论、做练习、考试都很认真，学习成绩提高也很快。钱耕森至今还保留着 1962—1963 学年第 2 学期政教系一年级学生霍壮如同学听逻辑课的笔记本。霍壮如聪明爱学，并对逻辑学十分感兴趣，仅课堂笔记就记了 10 多万字。此外还有钱耕森进行了认真批阅的课堂作业，以及钱耕森对霍壮如同学笔记的评语。这本笔记本已保留了半个世纪，非常珍贵，基本上记录了钱耕森 50 多年前上逻辑课的主要内容。

由于钱耕森在贵大与贵师院上逻辑课的影响较大，《贵州日报》编辑部前来约稿。于是，钱撰写了《学点逻辑》一文，发表于《贵州日报》(1961 年 9 月 9 日第 3 版)，该文实为《贵州日报》上发表逻辑学专文的第一篇。钱撰写的《思维要合乎逻辑的规律》一文，发表于《贵州日报》(1961 年 10 月 14 日第 3 版)。《贵州日报》拟续刊载逻辑学文章，后由刘宗棠继续撰写并发表。

钱耕森在黔教学期间，贵州省军区为了响应毛主席学点逻辑的号召，也邀请钱去讲逻辑学，讲给团以上干部和机关干部听。钱每周去讲两次，从头到尾讲了一遍，他们也坚持从头到尾认真听完。随后，驻在黔灵山脚下的铁二局（原西南铁路工程局）干校为了响应毛主席学点逻辑的号召，也邀请钱去给他们的干部讲逻辑学。那时，讲课是没有课时费的，但是，管吃饭（正是三年困难时期，吃粮特别紧张，有钱也无处买，有饭吃也就很实在了）。

贵州省教师进修学校的于泽滨老师和贵阳市干部业余大学的刘宗棠老师等对逻辑学很感兴趣，主动来贵大和贵师院听钱耕森的逻辑课，并不时和钱讨论逻辑问题。后来，他们都在各自的学校里开设了逻辑课，并成长为专业的逻辑工作者，当上了逻辑学教授。

刘宗棠（1954年毕业于北京大学经济系）回忆说："20世纪50年代中后期，提倡'学点逻辑'，而且，有关逻辑学的学术讨论，在全国蓬勃开展。当时我在贵阳市干部业余大学工作，学校也要求开'逻辑课'，我到贵大和贵师院听钱耕森老师讲逻辑，并得到钱老师的讲义，边学边教，得到很大的帮助，后来成为专业的逻辑教师。曾主编和参编三、四部逻辑教材。在《贵州日报》《贵州民族学院学报》《贵州社会科学》《哲学研究》等报刊上发表过几十篇逻辑学文章。对于钱耕森教授引导入门，后来成为专业的逻辑工作者，非常感谢！"上述回忆系刘宗棠录于2015年11月28日召开的第十六次中国逻辑史全国学术研讨会（钱耕森提供）。刘宗棠教授现为贵州省逻辑学会顾问、贵州省儒学研究会理事、中国逻辑与语言函授大学（中国逻大）贵州校友会荣誉会长。

钱耕森的逻辑课一直开到1964年四清运动后期，当时学校领导受极左思潮影响，对钱和其他由于家庭成分"高"或者所谓社会关系复杂的教师搞一刀切，统统调出政教系，钱本是政教系哲学教研室主任，教哲学与逻辑等专业课。钱被调到外语系后，也就和逻辑与哲学等课的教学无缘了。

由上所述，在1958年毛泽东"学点逻辑"的号召下，贵州也步入了这一特殊时期的逻辑学教育的道路，在这过程中，陈若夫应当是这一时期贵州大学和贵阳师范学院开设逻辑学教学的第一人。钱耕森在这一时期贵州逻辑学教育新征程中，也做了实质性贡献，他不仅帮助陈若夫备逻辑课（实为逻辑教研活动，一起讨论逻辑教学问题），还独立讲授逻辑课多年，编写逻辑学讲义，培养了一批学生、老师与干部，撰写并发表了一批逻辑学文章，为改革开放背景下的逻辑学教学和研究储备了重要资源。

三 传统逻辑在贵州传承的主要特点

1. 时间较早，赓续不断

时间较早是西方传统逻辑传入贵州的显著特点。1905年王延直在贵州开始讲授论理学，为西方传统逻辑在贵州的传播开启了大幕。此后一百多年，西方传统逻辑在贵州传承传播，其影响日益扩大。传统逻辑从王延直开始在贵州省公立中学、贵州省优级师范两所学校教授至今，逻辑课程已经成为贵州省各个本科高校中部分本科专业学生所学习的课程。更值得一提的是，2004年贵州大学获准设立文科逻辑学专业硕士学位授权点，实现贵州文科逻辑学专业硕士点零的突破。这标志着贵州省开始以自己的师资力量来培养逻辑学专业人才，为贵州逻辑的发展提供了重要平台和后备力量。2006年9月，毕节学院成立了"逻辑与应用逻辑研究所"，此后又发展壮大为"逻辑与文化研究中心"，积极引进逻辑学科高级专门人才，逐步形成了在贵州省内多领域首屈一指、在国内具有一定影响力的逻辑学教学和研究团队。2014年10月，贵州民族大学成立"逻辑、文化与认知研究中心"，由张学立教授兼任中心主任，以此为标志，贵州民大逻辑学科建设被提上学校的重要议事日程。2015年11月，逻辑与认知交叉学科硕士点顺利获批，该硕士点以逻辑学理论、人类学（民族学）理论、认知语言学理论、人工智能理论和心理学理论为基础，通过逻辑学和认知科学的研究方法，以及认知过程的人工模拟，对人类语言意识、常识积累、信仰确立等认知问题进行分析研究，揭示不同民族文化背后的逻辑差异，探究逻辑差异与认知规律之间的关系，促进跨文化的认知与交流。开设的逻辑学相关课程包括中西方逻辑史、认知逻辑、模态逻辑、心理逻辑、数理逻辑、人工智能等。作为当代逻辑学研究、文化研究和认知研究的前沿学科，弥补了单一学科的局限性，是研究人类心智的开创性方式，对于逻辑学、民族文化和认知科学的发展具有重要意义。2015年12月，贵州民族大学成立民族文化与认知科学学院，聘任蔡曙山教授为首任院长。民族文化与认知科学学院是全国首家以民族文化与认知科学相结合并以认知科学冠名的学院，下设四系二中心（认知科学与技术系，心理学系，教育学系，民族语言与文化系；阳明心学与认知科学研究中心，逻辑、文化与认知研究中心），拥有"民族文化与认知科学"省级重点学科，"逻辑与认知""民族文化与认知""人类学"和"教育学"四个硕士点，主要建设学科覆盖心理学、哲学和逻辑学、语言学和民族语言学、文化学和民族文化学等领域。该学院的成立既为逻辑学、认知科学在贵州的发展创造了条件，也为贵州高校的逻辑与认知学科建设搭建了新的平台。

2. 研究深入，成果颇丰

中国逻辑学会成立之初，逻辑界展开了一场关于逻辑研究对象、传统逻辑现代化等问题的论争。在这个大背景下，贵州学者对逻辑学学科名称、研究对象、逻辑学教学改革、逻辑学研究内容等问题展开了热烈的讨论。就传统逻辑的研究而言，其内容得到进一步的深化和扩展。一批学者就概念、词项、命题和判断、推理方式、论证方式和逻辑规律等进行了探讨，并取得了一批成果，出版了多部著作，发表了大量的论文，不少成果被 CSSCI 和中国人民大学复印报刊资料及 SCI、EI、ISTP 收录。逻辑学科研项目立项数不断增多，其中不乏国家级项目，如蔡曙山教授主持的 2015 年度国家社会科学基金重大招标项目"语言、思维、文化层级的高阶认知研究"，张学立教授主持的 2014 年度国家社会科学基金重大招标项目"八卷本《中国逻辑史》"第五子项目"中国逻辑的深化发展"、2011 年度国家社会科学基金西部项目"中西方必然推理比较研究——以《九章算术》刘徽注为对象"、2016 年度中宣部文化名家暨"四个一批"人才专项资助自主选题项目"贵州世居少数民族传统思维与论证模式研究"、2012 年度教育部国家哲学社会科学研究重大课题"黔西北濒危彝族钞本文献整理和研究"，张连顺教授主持的 2012 年度国家社会科学基金一般项目"佛教量论研究"，盛作国副教授主持的 2016 年度国家社会科学基金青年项目"儒家经典中的逻辑思想研究"，等等。此外，多项优秀学术成果获政府及国家与地方学术团体的奖励，如张学立教授的教材《大学逻辑》获贵州省第七届高等教育省级教学成果一等奖（2008）、论文《试论比较逻辑成为独立学科的合理性》获贵州省第八次哲学社会科学优秀成果奖（论文类）二等奖（2010）、论文《从温公颐墨辩逻辑研究看中国逻辑的理论属性》获贵州省第十二次哲学社会科学优秀成果奖（论文类）二等奖（2018）、著作《金岳霖逻辑哲学思想研究》获中国逻辑学会第二届优秀成果二等奖（当届一等奖空缺，2008）和贵州省第六次哲学社会学优秀成果著作类三等奖（2005）、论文《回溯推理独立存在的合理性问题探微》获贵州省第二届高校人文社科成果奖论文类二等奖（2007），等等。

3. 开明开放，引智搭台

西方传统逻辑在贵州传承传播的又一重要特点是，坚持开放办学，引进逻辑教学科研人才，同时搭建了必要的逻辑学人才培养、科学研究和学科建设平台。

1980年，以高校文科逻辑课程教师为主的贵州逻辑小组在贵阳师范学院（现贵州师范大学）政教系成立。时隔7年，贵州逻辑学会（贵州省哲学学会下的省二级学会）成立。其后，在省高等教育研究会之下又成立了贵州省逻辑教学研究会，同属省二级学会。1990年成立省一级学会贵州制约逻辑学会。2011年12月底，成立了省一级学会贵州省逻辑学会，挂靠贵州师范大学和毕节学院，常设机构在毕节学院。2004—2006年，《黔南民族师范学院学报》开辟了逻辑学专栏，每期刊发逻辑学论文。2006年起，《毕节学院学报》开辟逻辑学专栏，不仅为毕节学院的校级重点学科、省级重点支持学科、省级重点学科——"逻辑学"学科的建设提供支持，也为广大逻辑工作者提供了一个不可多得的成果发表和学术争鸣的宝贵阵地。2015年1月，《贵州民族大学学报》（哲学社会科学版）增设"逻辑与认知"专栏，由蔡曙山教授担任栏目主持人，该栏目于2015年首期刊发，成为高校学报中每期发表逻辑学术论文的连续性期刊。《贵州民族大学学报》（哲学社会科学版）"逻辑与认知"专栏以逻辑学理论与应用研究，语言学、心理学、文化人类学、计算机科学等与认知科学相关学科的研究为征稿内容，学报至今已发表逻辑学术论文50余篇，这些都为贵州逻辑学的发展搭建了良好的学术交流和学术活动的重要平台。

自20世纪80年代起，贵州开始举办全国性和地方性逻辑学术会议，1982年7月20日至8月4日，中国逻辑学会逻辑与语言研究会和贵州省哲学学会逻辑组、贵州大学哲学系在贵州大学联合举办"语言逻辑讲习班"；1982年8月，中国逻辑学会逻辑与语言研究会和贵州省哲学学会逻辑组在贵阳召开了中国逻辑学会逻辑与语言研究会年会；1995年7月，中国逻辑学会法律逻辑专委会主办的第七届全国法律逻辑学术讨论会在贵阳召开；2009年9月，贵州大学举办了"当代中国逻辑学史"学术研讨会；同月，国际逻辑会议（LOGIC，2009）暨著名数理逻辑学家、新加坡国立大学庄志达教授60华诞庆祝活动在贵州大学举行。2010年由中国逻辑学会中国逻辑史专业委员会主办的"回顾与前瞻：中国逻辑学史30年"全国学术研讨会在毕节学院召开。2012年11月，由中国逻辑学会主办，毕节学院、贵州逻辑学会等单位和学术团体承办的"中国逻辑学会第九次全国代表大会"在贵阳隆重举行。2014年10月，由清华大学心理学系、清华大学心理学与认知科学研究中心、《科学通报》杂志社和《科学中国人》杂志社联合主办，贵州民族大学、贵州省逻辑学会和贵州省计算机学会共同承办的第六届全国认知科学会议在贵州民族大学召开。2015年11月，由中国逻辑学会中国逻辑史专业委员会、贵州民族大学、贵阳孔学堂文化传播中心、贵州省逻辑学会联合主办，贵州民族大学文学院、"逻辑、文化与认知研究中心"、科研处共同承办的第十六次中国逻辑史全国学术研讨会在贵阳孔学堂召开。2016年10月，由中国社会科学院哲学研究所逻辑室、芬兰赫尔辛基大学皮尔士研究中心、贵州民族大学、贵阳孔学堂文化传播中心联合主办，贵州民族大学民族文化与认知科学学院、"逻辑、文化与认知研究中心"、科研处共同承办的皮尔士逻辑与哲学国际学术研讨会在贵阳孔学堂召开。在"走出去"的同时，也注重"请进来"。例如，1982年7月，邀请周礼全、诸葛殿同和江天骥在语言逻辑讲习班讲学；比利时鲁汶大学的简·库辛勒兹（Jan Coossenacts）、中山大学的鞠实儿和熊明辉、南开大学的任晓明等一批知名学者也应邀来黔讲学。此外，贵州民族大学聘请清华大学博士生导师蔡曙山为全职教授，担任该校民族文化与认知科学学院院长、逻辑学科首席专家和"逻辑与认知"硕士点负责人，开启了与清华大学逻辑与认知科学学科的合作；贵州大学引进中山大学博士生导师鞠实儿教授作为贵州省"候鸟人才计划"学者，加强了与中山大学逻辑与认知研究所的合作。这些工作拓展了贵州逻辑学者的视野，同时提高了他们与国内外知名专家对话交流的水平及能力，扩大了贵州逻辑学界在国内外的影响，促进了贵州逻辑学事业的发展。毕节学院还聘请了 18 位国内知名逻辑学者为其客座教授或兼职教授，贵州民族大学也聘请了多名国内外知名学者为逻辑学科客座或兼职教授。

第三节　贵州学者对传统逻辑的贡献

在西方逻辑传入贵州的百年间，贵州学者在传统逻辑的研究中，艰苦攀登，努力探索，作出了自己的贡献。

一　主要著作

1.《形式逻辑纲要》，贵州民族学院（现贵州民族大学）教授邱觉心著，1980 年 9 月贵州人民出版社出版。"这是一本修改授课讲义，'博采众说之长时而杂以己意'的专著。"① 全书由导论、形式逻辑的对象和性质、基本规律、论概念、论判断、推理、三段论式、三段论式的变例、假言推论式和选言推论式及双肢推论式、归纳推理、确定现象间因果联系的方法、类比推理与假说、证明与反驳、关于逻辑中的谬误等共十四章组成。其主要观点认为"形式逻辑是研究思想基本形式的逻辑结构及其规律和规则的科学"②，将概念、判断、推理称为思想形式，其原因在于它们"在形式过程中不是截然划分和互不相容的，只有在它们凝结成以语言文字表现出来的时候，才是可以清楚地划分的。"③ 不难看出，这与王延直对于这三者的看法是一致的。另外，作者还认为排中律是同一律和矛盾律的结合，认为概念的内涵是概念所反映的对象的共同属性的总和，认为模态判断、关系判断、存在判断、性质判断都是直言判断，假言判断包括理由、结果、关系观念、联辞等四部分。该书作为高等院

---

① 州辑：《贵州几本传统逻辑著作简介》，《安顺师专学报》（社会科学版）1995 年第 3 期，第 59 页。
② 转引自州辑《贵州几本传统逻辑著作简介》，《安顺师专学报》（社会科学版）1995 年第 3 期，第 59 页。
③ 转引自州辑《贵州几本传统逻辑著作简介》，《安顺师专学报》（社会科学版）1995 年第 3 期，第 59 页。

校文科形式逻辑教材，充实和发展了形式逻辑学的基本内容，科学性有了很大的提高。

2.《逻辑知识与题解》，作者为张同生（时任贵州省社会科学院院长）、王明祥（贵州师范大学教授）和刘宗棠（贵阳学院教授），贵州人民出版社1985年1月出版。该书是一本为具有初中以上文化程度的自学者提供的普通逻辑读物。由于其内容浅显易懂，出版后受到了很多读者的欢迎。全书由对象和作用、概念、判断、基本规律、演绎推理（上、下）、归纳推理、类比推理和假说、论证等九章组成。本书的特点主要是：首先，二至九章的内容都包括"逻辑知识"和"逻辑题解"两部分。题解部分，精选出1000多个典型有趣的例题，并做了细微的分析和正确的回答。其次，知识部分多数章有不同于别人的观点。例如，关于普通逻辑的对象，书中指出，"普通逻辑主要使用自然语言研究思维的结构形式及其规律以及与之有关的思维方法的科学"。对"概念"是这样定义的："概念是反映事物及其本质属性的思维形式。"认为"一个语词究竟表达什么概念，要结合特定的语境进行分析，而语境又要从一句话或上下文或整篇文章、整篇讲话所形成的语言关系来确定"①。还指出逻辑规律"只在思维领域起作用"等观点。

3.《普通逻辑教与学便览》，刘宗棠为4个主编之一，贵州共有8人参加撰稿，由56人集体写的，由陕西人民出版社1992年11月出版。全书由"名词解释""疑难问题简析""主要争论问题简析""逻辑病例分析""逻辑史资料选介""练习题与参考答案""附录"等7个部分组成。

4.《普通逻辑概要》，王明祥编写，贵州师范大学教材科1992年7月铅印。全书由"知识"和"各章习题与题解示范"两部分组成。知识部分的特点是：术语使用词项，而不使用概念，使用命题而不使用判断；一类命题的知识介绍完之后，接着就讲该命题为前提或结论的推理；论

---

① 转引自州辑《贵州几本传统逻辑著作简介》，《安顺师专学报》（社会科学版）1995年第3期，第60页。

第二章　传统逻辑在贵州的传播与发展

述了蕴涵与推出、等值与互推；详细讨论了负命题及其等值命题公式的正逆运用；扩展了归纳推理的内容；完全归纳推理给出部分推整体、单称推全称、子类推母类、数学归纳、汇总归纳等五种形式。"习题与题解师范"部分的特点是：习题的类型和难度近似全国高等教育自学考试试卷。

5.《形式逻辑导引》，贵州大学逻辑学教授龚启荣编著，贵州人民出版社 1995 年 10 月出版。全书分为两个部分，第一部分是形式逻辑语义学基础，包括六章内容：客观世界的集、客观世界的 n 元关系、客观世界的 n 元函数关系、客观世界的真值函数关系、客观世界的逻辑结构和客观世界的逻辑规律；第二部分是形式逻辑思考，包括逻辑思考概述、词、命题、逻辑定理、证明、悖论剖析六方面内容。该书在哲学指导思想和内容上都和以往的传统形式逻辑教材有着很大的不同。作者以传统形式逻辑当代发展的制约逻辑思想来统领全书，是对传统形式逻辑及其教材改革的初步尝试。力图在充分继承传统形式逻辑长盛不衰之理论成果的同时，摈弃留存于当今一些传统形式逻辑读本中的陈陈相因的积弊。该书的特点是：（1）全书自始至终坚持辩证唯物主义。（2）始终坚持亚里士多德传统形式逻辑深刻而正确的主导思想，逻辑理论步步深入。（3）对传统直言命题作正确的分析和处理，为辩证唯物主义可知论提供了逻辑的理论依据。（4）推、导分明将二者严格区分，突出了推理作为能从已知得出新知的逻辑工具的特点。（5）清晰地规定了一系列重要的逻辑术语，从初始概念到导出概念，从初始命题到导出命题都作了严格而清楚的规定。（6）研究多元名词，从一元、多元名词，一元、多元关系命题到真正普遍有效的一元、多元关系推理，分别从外延和内涵的角度进行探讨。（7）对语义、语构和语用三者进行了清晰的论述。重点是进行语义研究，在研究语义时采用一系列语构的成果，将沟通理论与实际的语用的研究酌情分散开来，适当地穿插在语义的讨论之中。该书是高校传统形式逻辑教育和教材改革的一种新的尝试。

6.《大学逻辑》（第一版和第二版）是以毕节学院逻辑学教师为主，贵州大学、贵州师范大学等省内高校部分逻辑学教师共同参编的《大学逻辑》（第一版和第二版）一部将现代逻辑与传统逻辑衔接的教材。① 该教材作为贵州省教育厅 2008 年高等学校教学质量与教学改革工程项目"地方新建本科院校逻辑教学改革与研究"结项成果之一，强调知识性、趣味性和实用性，力求使学生通过逻辑训练和逻辑精神的培养，提高其思维水平和思维能力。因此，该书一出版便得到贵州省内外部分逻辑学专家的好评，并于 2008 年荣获贵州省第七届高等教育省级教学成果奖一等奖。

7.《大学逻辑教程》由张学立、余军成等编著，在《大学逻辑》（第二版）的基础上，增添了"逻辑学的发展""关系命题及推理""重言式及判定方法""复合命题推理的判定及综合应用"等内容，去掉了"现代逻辑初阶"等内容，重写了"谬误"章和"批判性思维"章，更新了案例，为了使学生掌握与日常思维密切关联的逻辑学基础知识，并通过行之有效的思维训练，提高逻辑思维素养，提升分析问题和解决问题的能力，在编写理念上更加强调知识性、趣味性、实用性和人文性的结合。该教材的编写出版，既是高校逻辑学教学改革不断深化的成果，也是贵州高校第三批省级教学团队"逻辑学通识教育教学团队"的系列成果之一。

二　主要论文

1. 关于概念、词项和命题

邱觉心的《略论传统形式逻辑概念论的问题》② 论证了以下几个问题：（1）把概念作为形式逻辑的研究对象，既不是始于亚里士多德，也不符合亚里士多德的愿意。提出了在亚里士多德《工具论》一书的主要内容范畴中，并未提及概念一词。亚氏的范畴绝不是现代意义的概念。（2）如何从哲学的意义上去研究概念是形式逻辑的重要课题。从哲学的角度对概念作出了分析，从康德到黑格尔到列宁，关于概念的哲学论述

---

① 张学立：《大学逻辑》，贵州人民出版社 2009 年第二版。
② 邱觉心：《略论传统形式逻辑概念论的问题》，《贵州民族学院学报》（社会科学版）1985 年第 2 期。

作出了比较详尽的分析，概念在哲学上探讨直接影响着形式逻辑的概念论。（3）逻辑教科书中关于限制与扩大概念所采用的方法、概念的分类、定义、划分等语词意义大于逻辑意义。作者对当时的传统逻辑教科书中关于概念的定义和划分等方面进行考察，认为概念的分类在事实上是难以摆脱语词表达形式的影响的，比如概念分为单独、普遍、集合，其中所谓单独概念大多是个体对象的语词符号；而普遍概念与集合概念之分，往往是因为表达它们的同一语词的用法不同，或者是同一语词在不同命题里有不同含义。（4）分析了概念和语词的关系。提出概念和语词同属思想过程的范围，都是一个整体的认识过程，语词表达的是概念的物质形象，概念的形成是一系列的抽象过程，而概念到语词的表达也是一系列的抽象过程，因此二者是属于同一认识过程中的。还提出了概念形成过程所要经历的三个层次：首先是自然界的存在和它的存在对人脑的影响，其次是人脑对自然界的认识，最后才有自然界在人的认识中的反映形式，即概念。

王明祥的《关于词项的两个问题》[①]，对当时国内关于词项的一些观点予以反驳。他提出了自己的看法，认为："第一，词项不仅仅是能充当直言命题主谓项的概念；第二，直言命题的量项、联项、非直言命题的所有组成部分也都是词项；第三，语词不都是词项。"也分别就自己的观点进行了论述。直言命题中的量项、联项决定一个命题的类型，作用重大；非直言命题中的变项也应和直言命题中的变项一样叫词项。主张一切命题或命题式中的每一个组成部分都是词项。语词只有在表达命题的语句中充当命题元素时，才是词项，在命题中的语词作为词项是没有歧义也不能有歧义的，这就是词项与有歧义语词的最根本的区别。此外作者还提出了"自然语言逻辑不能离开命题来研究词项"的观点，提出应将词项取代概念一词，指出"一个词项就是一个命题或命题式中可以分解出来的无歧义的词语或符号"[②]，将词项放到了命题中去定义。此外，对词项的内涵和外延也作了详细的论述。

[①] 王明祥：《关于词项的两个问题》，《贵州社会科学》1990年第4期，第18—20页。

[②] 王明祥：《关于词项的两个问题》，《贵州社会科学》1990年第4期，第19页。

张学立的《重读否定命题》，重新审视关于否定命题的一些流行观点：如，否定命题的逻辑形式是"S 不是 P"，E 命题可用"没有 S 是 P"表达等等。《重读否定命题》认为这些观点欠妥，提出异议并给出合理的解决方案。哲学史和逻辑史上曾把否定命题视为某种"偶然的"或"副次的"东西加以贬斥，如康德就把否定命题解释为完全没有内容的东西，柏格森主张科学上没有否定命题，等等。《重读否定命题》从分析否定命题的逻辑形式入手，区分了否定命题与命题的否定，进而探讨了全称否定命题与"没有 S 是 P"，认为"没有 S 是 P"是否定命题，只能从内容分析得出，违背了逻辑的宗旨——从形式上而非内容上即可确定一命题是否定命题还是肯定命题。"No S are P"完全有必要再机械地套用英语中的句子模式进行直译，直接按照汉语习惯将"No S are P"翻译为"所有 S 都不是 P"也未尝不可。如此，可更加清晰地表示出否定命题的逻辑特征。文章最后举反例驳斥了否定命题可有可无的观点，认为"否定命题作为一种独特的思维形式，有着重要的逻辑功能和认识价值"①。

刘路光、郑永扣在《试论辩证概念与非辩证概念的区别》② 中探讨了如何在实际思维过程中区分"辩证概念"与"非辩证概念"以及"辩证概念"与"非辩证概念"的关系。具体论及三个问题，分别为：区分辩证概念与非辩证概念的根据、辩证概念与非辩证概念的区别以及辩证概念与非辩证概念的联系。刘路光的《分析综合的两种主要类型及其特征》③ 和《论分析综合两种不同类型的区别》④ 等文论及两种主要类型的分析与综合（概念）——抽象的分析综合与辩证的分析综合。他认为抽象的分析综合方法属于抽象思维的领域，是认识从感性具体到思维抽象的逻辑方法；而辩证的分析综合则是辩证思维的产物，是认识从思维抽象上升到思维具体的逻辑方法。作者认为，抽象的分析综合与辩证的分

---

① 张学立：《重读否定命题》，《黔南民族师范学院学报》2004 年第 4 期，第 18 页。
② 刘路光、郑永扣：《试论辩证概念与非辩证概念的区别》，《贵州师范大学学报》（社会科学版）1985 年第 2 期，第 55—59 页。
③ 刘路光：《分析综合的两种主要类型及其特征》，《贵州教育学院学报》（社会科学版）1989 年第 3 期。
④ 刘路光：《论分析综合两种不同类型的区别》，《贵州社会科学》1989 年第 6 期。

析综合存在如下一些根本的区别：第一，抽象的分析综合是从事物的相对稳定状态研究对象的方法；辩证的分析综合是从事物的运动、变化状态研究对象的方法。第二，抽象的分析综合是研究对象的各种抽象规定，即对象的质的不同方面或本质的较浅层次及其结合的方法；辩证的分析综合则要揭示对象的深层的本质即矛盾，各种规定和联系以及形成多种规定性统一的过程。第三，抽象的分析综合是在事物纯粹的、隔离状态下，对事物属性的分解和把获得的对象的部分、方面的质的规定性按其外部联系合成整体的方法；辩证的分析综合则是把整体与部分，部分与部分联结起来进行认识，在认识部分的过程中时时与整体的认识和其他部分的认识结合在一起。同时，在事物的联系上，不仅考虑到因果性这一联系，而且考虑到结构联系、功能联系和层次联系等。第四，抽象的分析综合建立在同异分离的基础上，而辩证的分析综合则以同异结合为自己的出发点。第五，抽象的分析综合是分析与综合交替使用，在实际思维中表现为形式的、外在的结合，实质上是彼此独立、互相分离的认识方法，辩证的分析综合则把二者从内容上结合起来使用，在思维中表现为彼此缺一不可、共同完成反映客观本来面目的认识过程。

此外，蔡曙山的《词项逻辑与亚里士多德三段论——兼复王路同志》[①]、丁家顺的《判断真假的相对性与绝对性》[②]、龚启荣的《传统直言命题存在的理论问题和解决方案》（与刘路光合著）[③]、《对现行传统逻辑读本中命题逻辑推理的几点剖析》[④] 和《传统概念问题的当代形式逻辑剖析》[⑤] 等文也分别在传统逻辑概念、词项和命题方面做了探讨。

[①] 蔡曙山：《词项逻辑与亚里士多德三段论——兼复王路同志》，《哲学研究》1989 年第 10 期。
[②] 丁家顺：《判断真假的相对性与绝对性》，《渤海学刊》1989 年第 2 期。
[③] 龚启荣、刘路光：《传统直言命题存在的理论问题和解决方案》，《贵州教育学院学报》（社会科学版）1997 年第 3 期。
[④] 龚启荣：《对现行传统逻辑读本中命题逻辑推理的几点剖析》，《贵州大学学报》（社会科学版）1997 年第 2 期。
[⑤] 龚启荣：《传统概念问题的当代形式逻辑剖析》，《黔南民族师范学院学报》2005 年第 5 期。

2. 关于论证

关于论证，刘宗棠于 1993 年发表的《论"承认"——逻辑论证中的一个重要因素》一文在当时的逻辑学界引起了热烈的讨论，河南、安徽、四川、陕西和贵州等地的逻辑学者就此文纷纷撰文发表自己的观点，既有赞成的，也有反对的。在这样的情况下刘宗棠先后又撰写了两篇关于"承认"的文章与大家商榷，以下就简要介绍这三篇文章的内容。

《论"承认"——逻辑论证中的一个重要因素》[①]（简称《论"承认"》）首先列举了六种当时逻辑学界对"什么是论证"这一问题的看法，并对这些看法提出了质疑，进而提出了自己的观点：判定一个论证是否"正确"，要根据两点：其一，论据是否已确知为真；其二，论据是否能正确地推出论题。而判定一个论题对某人是否"有效"，要根据论据是否被某人承认和论据是否能正确地推出论题。也就是说，一个论证是否正确或者有效要根据第二点，但第一点"论据是否已确知为真"，这个判定论证是否正确的标准不能作为判定"论证是否有效"的标准。因为判定"论证是否有效"的标准是"论据是否被某人承认"。作者认为论证就是：论题 A 成立，因为论据 B 成立，并且 B 能推出 A。谁承认了论据 B，就一定导致承认 A，而 B 是否"真实判断"并非重要问题。因为前提的真实性只有靠具体科学和实践来解决，而逻辑学本身只能够提供关于前提与结论的逻辑规则，只能解决推理的逻辑性问题。逻辑学能解决的是"承认"问题。解决了承认 B，就得承认 A 的问题。即解决逻辑真理问题。

此文发表之后引起了激烈的讨论，有不少人赞同作者的观点，也有人对之提出质疑，如张盛彬发表的《从"承认"说到"共许"》[②]，基本上赞同"承认"说的观点，并有所发挥。马佩、李振江发表的《究竟什么是论证——与刘宗棠同志商榷》[③]（简称《究竟什么是论证》），坚持我

[①] 刘宗棠：《论"承认"——逻辑论证中的一个重要因素》，《贵阳师专学报》（社会科学版）1993 年第 1 期。

[②] 张盛彬：《从"承认"说到"共许"》，《贵阳师专学报》（社会科学版）1993 年第 4 期。

[③] 马佩、李振江：《究竟什么是论证——与刘宗棠同志商榷》，《贵阳师专学报》（社会科学版）1994 年第 1 期。

国逻辑论著中流行极广的《普通逻辑》(《普通逻辑》编写组：《普通逻辑》，上海人民出版社1979年版，1982年版，1986年版）中有关论证的讲法，不同意《论"承认"》中的观点。张盛彬的《究竟什么是成功的论证》①和杨世秀的《关于论证、论据与"承认"——对刘宗棠、马佩先生论争之我见》②，都支持《论"承认"》的观点，并对马佩、李振江的《究竟什么是论证》提出商榷。不久，马佩又撰写《再论究竟什么是论证——复张盛彬、杨世秀同志》，对张盛彬、杨世秀文章中的主要观点进行反驳。此外，何向东、袁正校撰写《关于论证的反思》③，对刘宗棠的《论"承认"》提出的论证定义及《普通逻辑》（1979年版，1982年版，1986年版）④中所表述的有关论证的定义和规则都提出商榷。

鉴于此，刘宗棠又发表了《再论"承认"——关于论证的定义、特征、功能和方法》⑤作为前文的续篇。这篇文章就是刘宗棠教授针对不同的声音所作的关于论证这一问题的进一步阐述，就与之持不同观点的同仁进行商榷。在文中作者从论证的定义、外延和方法几个方面论证了自己在第一篇文章中所提出的观点。即"X必须承认论题A，因为X承认论据B，并且B能推出A——这就是论证"，选定论据必须考虑到"承认"，否则，无论论据多么真实，论证多么科学，多合乎逻辑，对方也不会"承认"。

2001年，刘宗棠撰写的《论辩逻辑的复兴与创新——三论"承认"》⑥又从论辩入手，强调了"承认"说的论证意义，并提出用"承认"来理解和指导人们的实际思维的需要，有效地理解和指导论辩或辩论。

---

① 张盛彬：《究竟什么是成功的论证》，《贵阳师专学报》（社会科学版）1994年第3期。
② 杨世秀：《关于论证、论据与"承认"——对刘宗棠、马佩先生论争之我见》，《贵阳师专学报》（社会科学版）1994年第4期。
③ 何向东、袁正校：《关于论证的反思》，《自然辩证法研究》1995年增刊。
④ 截至2011年，《普通逻辑》出版至第五版，第五版沿用"论证就是用一个（或一些）真实命题确定另一个命题真实性的思维过程"这一定义。
⑤ 刘宗棠：《再论"承认"——关于论证的定义、特征、功能和方法》，《贵阳师专学报》（社会科学版）1997年第2期。
⑥ 刘宗棠：《论辩逻辑的复兴与创新——三论"承认"》，《逻辑研究文集》2001年第1期。

从上可看出,"承认"说作为一种不同于以往的论证方法,已基本上形成了自己的一套理论。其关于论证定义为"X(某人或某些人)必须承认论题 A,因为 X 承认论据 B,并且 B 能推出 A——这就是论证"。其论证规则,在很多方面不同于现行教材中的论证规则。首先,增加了关于立论的规则,必须明确立论者,特别是受论者。其次,在有关论题的规则中,增加"论题应是受论者有待承认,并且可能承认的命题"。最后,在论据规则上将"论据应当是真实命题"改为"论据应当是受论者承认的命题"。"承认"说——这一关于论证的新理论,无论对传统逻辑关于论证理论的研究,还是关于语言逻辑的研究,都有其独到见解和一定价值。

丁家顺的《论证的本质》(署笔名李黔)从考察人类证据史和司法审判的历史入手,结合对现代数学和现代逻辑论证理论的研究,提出"论证是由确定一个或一些判断出发而确认另一判断的推演过程"① 的定义,并在《广义的论证与狭义的论证》(署笔名李黔)认为这一定义与"刘文定义有共同之处"②。《广义的论证与狭义的论证》经过认真思考和研究,认为两种似乎互不相容、针锋相对的观点,其实并非针锋相对,而是可以相容并存的。《普通逻辑》关于论证的定义可以看作狭义的论证,而刘宗棠等人的论证可以看作广义的论证,这如同散文的定义有宽严两种一样,相对论也有狭义的相对论和广义的相对论之分,"这种区分是科学研究和发展的需要,是研究事物普遍性和特殊性的需要"③。丁家顺《从〈论持久战〉看辩证逻辑的论证原则》再次强调论证的重要性,认为"论证是逻辑学研究的重要内容"④。然而,与形式逻辑和符号逻辑(数理逻辑)相比,辩证逻辑"对论证的研究显得很不够……国内出了不少

---

① 李黔:《论证的本质》,《贵阳师专学报》(社会科学版)1997 年第 2 期,第 26 页。
② 李黔:《广义的论证与狭义的论证》,《贵阳师专学报》(社会科学版)1997 年第 4 期。中国人民大学复印报刊资料《逻辑》专辑 1998 年第 2 期,第 33 页。
③ 李黔:《广义的论证与狭义的论证》,《贵阳师专学报》(社会科学版)1997 年第 4 期。中国人民大学复印报刊资料《逻辑》专辑 1998 年第 2 期,第 33 页。
④ 丁家顺:《从〈论持久战〉看辩证逻辑的论证原则》,《贵州师范大学学报》(社会科学版)1992 年第 3 期,第 85 页。

辩证逻辑的理论著作，不仅没有设专章研究论证，而且不少著作在论证方面简直就是空白。……这不能不说是辩证逻辑研究中的一个重要缺陷，也是辩证逻辑理论不够成熟的表现之一"①。鉴于此，《从〈论持久战〉看辩证逻辑的论证原则》联系毛泽东同志的《论持久战》来探讨辩证逻辑的论证原则，指出辩证逻辑的论证原则应包括全面性原则、本质性原则、在矛盾对立中进行论证的原则以及辩证性原则。

3. 关于逻辑规律

在《逻辑矛盾四类型辨析》②中，作者丁家顺不同意将自相矛盾作为逻辑矛盾的唯一类型，逻辑矛盾的外延除自相矛盾这一类型外，还有两相矛盾、言行矛盾和悖论即逻辑矛盾的四类型。作者分别对两相矛盾，言行矛盾和悖论进行了辨析。首先，指出两相矛盾是由两个思维主体（两个人、两群人），或两个集团、阶级、民族、国家在同一时间，从同一方面对同一思维对象作出了互相否定（矛盾关系或反对关系）的两个命题（判断）。作者认为两相矛盾的思维主体不是同一人作出，但矛盾律的核心内容是在同一时间、同一类系下对于同一对象所作的两个互相否定的命题不同真。这两个互相否定的命题来自两个思维主体就构成两相矛盾。其次，言行矛盾表现为说的是一套，行的是另外一套，说话的内容和思维者的行为相抵牾，构成逻辑矛盾。这和一般自相矛盾的区别在于，不像自相矛盾那样对两个互相否定的思想同时加以肯定，或对某一思想肯定之后又加以否定。最后，悖论是一种更特殊的逻辑矛盾。作者指出，无论是"某个原则"或"某种说话方式"或"某个更一般的原则"都把对立的条件和因素即 A 与非 A 包含其中，然后分别从对立的条件出发推出对立的结论，所以也属于逻辑矛盾。

关于逻辑规律，至少存在三种观点：其一，逻辑规律是思维的规律；其二，逻辑规律是符号的规律；其三，逻辑规律是客观世界的规律。向

---

① 丁家顺：《从〈论持久战〉看辩证逻辑的论证原则》，《贵州师范大学学报》（社会科学版）1992 年第 3 期，第 85 页。
② 丁家顺：《逻辑矛盾四类型辨析》，《贵州教育学院学报》（社会科学版）1998 年第 1 期。

容宪关于逻辑规律的两篇论文《逻辑规律的客观实在性》[①]和《逻辑规律是客观世界的规律而不是思维的规律》[②]被中国人民大学复印报刊资料《逻辑》全文转载。作者不仅指出逻辑规律具有客观实在性，并且论证了逻辑规律是客观世界的规律而不是思维的规律。李国富的《韩非的"矛盾之说"所揭示的逻辑规律》[③]认为，对于韩非提出的"矛盾之说"，传统逻辑未能分析出其所包含的丰富的逻辑思想。作者分析了"矛盾之说"所揭示的不自相矛盾定律、不矛盾定律，并从自相矛盾得出矛盾法则、分离法则等一系列逻辑规律。

---

① 谷先：《逻辑规律的客观实在性》，《贵阳师专学报》（社会科学版）1991年第1期。
② 向容宪：《逻辑规律是客观世界的规律而不是思维的规律》，《贵阳师专学报》（社会科学版）1991年第3期。
③ 李国富：《韩非的"矛盾之说"所揭示的逻辑规律》，《中共贵州省委党校学报》（社会科学版）2005年第3期。

第三章

现代逻辑在贵州的传入和创新

本章所指西方现代逻辑不仅包括经典的两个演算（命题演算和谓词演算）和四论（公理集合论、证明论、递归论和模型论），还包括各种非标准逻辑（如模态逻辑、直觉主义逻辑、相干逻辑、衍推逻辑等）。鉴于侧重点不同，本书不涉及归纳逻辑及其发展的内容。

第一节 经典逻辑的引进与发展

经典逻辑（classical logic）亦称"标准逻辑"。主要指由弗雷格、罗素所创立的以二值逻辑为基础的命题演算和谓词演算系统。[①] 其特征是：（1）有真假二值的逻辑；（2）以实质蕴涵为基础的真值函数逻辑；（3）设定个体域非空，即量词无例外地具有存在的涵义；（4）单称词项总是指称个体域中的某个个体，不允许出现不指称任何实存个体的空词项。凡去掉上述特征即限制性条件中的一个或多个，或通过对之进行扩张而得到的新的逻辑系统，一般皆不称为经典逻辑。尽管西方传统逻辑传入贵州并扎根的历史与其他发达省份相比并不算晚[②]，但西方现代逻辑

---

① 冯契主编《哲学大辞典》（修订本），上海辞书出版社 2001 年第 1 版，第 664 页。
② 1912 年贵州学者王延直撰成的逻辑著作《普通应用论理学》公开出版，并由贵阳论理学社发行，真正开启了西方（传统）逻辑在贵州的传播历史。林可培的《论理学通义》与王延直的《普通应用论理学》问世，标志着西方逻辑系统输入我国已进入成熟阶段。

是在20世纪80年代逻辑学在我国迎来发展春天的大环境下传入贵州的。比较系统地介绍经典逻辑两个演算的著作也不多见。主要有：吕传汉编写的《逻辑代数初步》（贵州人民出版社1980年版），林邦瑾带入贵州的数理逻辑著作手稿《数理逻辑基础》（共三卷，中央民族学院1983年10月打印本），赵春高编著的教科书《数理逻辑基础与应用》（贵州人民出版社1986年版），刘宗棠、陈维翰、王明祥等翻译的 I. M. 柯丕著《符号逻辑》，张学立、陈锐编著的《现代逻辑导论》（贵州人民出版社2004年版）和张学立、董英东等编著的《哲学逻辑引论》（科学出版社2013年版）等。

一 吕传汉编《逻辑代数初步》

吕传汉（1938— ），男，教授，贵州兴义人。中共党员。1959年毕业于贵阳师范学院（现贵州师范大学），曾任贵州师范大学副校长、数学教育硕士研究生导师，兼国际交叉文化教育协会（IAIE）中国理事、全国第二届高等学校数学与力学教学指导委员会委员、中国《数学教育学报》副董事长等职，在高校任教39年，曾于1960—1962年在复旦大学数学系进修，1991年赴英国南安普敦大学做访问学者。吕传汉曾主讲数学专业本科课程《复变函数》《理论力学》《高等数学》《数理方程》等10余门和硕士研究生课程《科技发展史》《自然辩证法概论》《数学教育学》《数学教学心理学》《数学教育哲学》等，指导培养了"数学教学论"硕士研究生14人，全部获硕士学位。在国内率先提出并开展民族地区的"跨文化数学教育"研究工作，获得国内外同行专家好评。发表《初论跨文化教学教育研究》《再论跨文化教学教育》等论文36篇，独立编著出版《逻辑代数初步》（贵州人民出版社，1980年版），《数学的学习方法》（高等教育出版社，1990年版），主编、参编《文化背景与民族教育》等著作9部，承担省、部级科研项目"贵州民族地区跨文化数学教育研究""西南贫困（含特困）地区基础教育调研"等4项。获国家级教学成果一等奖1次，省级教学成果二等奖2次，三等奖1次，省科技进步奖四等奖1次，省哲学社会科学优秀成果奖1次。

第三章　现代逻辑在贵州的传入和创新

吕传汉教授编写的《逻辑代数初步》由贵州人民出版社于1980年11月出版，该书属于普及性读物。当时的《中学数学教学大纲》将逻辑代数安排在高中二年级上学期教学，讲授"逻辑运算的'与'、'或'、'非'的意义及其基本性质；逻辑代数的几个基本定理"和"简单逻辑式化简"。该书就是为了便于中学数学教师和高中生教好、学好这部分内容而编写的一本小册子，供中学数学教师参考和高中生阅读。鉴于电子计算机应用的日益广泛，所以书中以较多篇幅介绍逻辑代数的初步应用。因此，该书也供初学电子计算机原理和数字控制的读者自学参考。全书共七章129页。第一章介绍三种逻辑运算；第二章为逻辑式及其逻辑函数；第三章为"逻辑运算的基本性质"，介绍基本公式和形式定理；第四章讲解逻辑函数的完全性；第五章讲解逻辑式的化简；第六章和第七章是逻辑代数的应用。其中第七章由贵州大学数学系赵春高老师补编。

逻辑代数（布尔代数）是以命题为研究对象，并包含三个逻辑运算（"与""或""非"）的一种代数，它的奠基者当推英国数学家乔治·布尔（George Boole，1815 – 1864）。在布尔的名著《思维规律的研究——逻辑和概率的教学理论基础》（1854年版）中，首次引入了这种代数的基本概念和性质，从而确立了后人以其名命名的"布尔代数"之数学体系。逻辑代数思想原则可以远溯到笛卡尔（René Descarter，又译笛卡儿，1596 – 1650）和莱布尼茨（Gottfried Wilhelm von Leibniz，1646 – 1716）。可是在很长的时间中，它并未得到人们的普遍重视和广泛应用。1946年，电子计算机诞生以后，特别是近几十年来在计算机技术、自动化理论、仿生学、数字通信以及逻辑学、集论等许多学科的迅速发展中，逻辑代数方才受到普遍重视和广泛应用。吕传汉的《逻辑代数初步》就属于这一类普及性的读物，具有通俗易懂的特点，因此，可供中学数学教师参考和高中生阅读，也可供初学电子计算机原理和数字控制的读者自学参考。

除了审阅吕传汉的《逻辑代数初步》全书并补编第七章外，赵春高还在《贵州教育学院学报》1981年第1期上发表了《用数理逻辑知识解应用题》一文，介绍数理逻辑的基础知识及其用于解决现实生活中复杂逻辑问题的一般方法。该文列举了在农业、工业、侦破、教学安排、人员调配等方面的一些应用实例。

二　林邦瑾著《数理逻辑基础》

20世纪80年代初期①，林邦瑾开始与贵州逻辑界学者接触，除了讲述制约逻辑思想外，还向贵州学者讲授数理逻辑相关理论，其未公开出版的学术专著《数理逻辑基础》（中央民族学院1983年10月打印本）②随即传入贵州。该书在贵州逻辑史上不仅第一次比较系统深入地研究经典的两个演算（命题演算P和狭谓词演算F）③，而且作者把数理逻辑定性为离散的二值数学，认为数理逻辑是数学而不是逻辑，该书还对数理逻辑发展简史——从莱布尼茨到哥德尔做了梳理，对中国先秦逻辑史做了简略回顾，对传统逻辑与数理逻辑的关系、广义数理逻辑的范围都做了清晰的界定，对符号语言进行语义的、语构的和语用的研究，对数理逻辑基础的介绍从语义的研究入手，在此基础上转而介绍语构的研究，并把有关语构的研究穿插在上述二者之中。在可读性方面，该书文笔清新、洗练，可算是深入浅出的一部著作，一改逻辑专著文字呆板苍白的通病，且内容基本自足，阅读时并不要求读者受过专门的逻辑训练。这实际上是一本富于探索性、创造性和挑战性的数理逻辑论著，却采用讲义的方式写出，这至少能部分地解决可读性的问题。

1. 关于数理逻辑的性质

数理逻辑（mathematical logic）具有众多的名称：符号逻辑（symbolic logic）、理论逻辑（theoretical logic）、数学逻辑（mathematical logic）、

---

① 据王明祥先生介绍，林邦瑾与贵州学者的接触最初是在1982年，当年在贵阳师范学院（现贵州师范大学）举办全国性的逻辑培训班，国内多位知名逻辑学专家学者应邀来黔讲学，林邦瑾参加并被安排与王明祥同住，之后不断有学术交往。林邦瑾与王明祥还合作发表了《普通（形式）逻辑推理应是演绎的一统天下》（1983）和《关于推理分类的对话》（1983）。1984年，贵阳师范学院政教系和数学系联合举办全国性第一次"制约逻辑"讲习班。
② 该书系林邦瑾为中央民族学院和复旦大学讲授数理逻辑时所使用的教材，属未公开出版的学术专著手稿，中央民族学院1983年10月打印本共三卷。
③ 林邦瑾承认其"正统"的地位，但不认同"经典"的桂冠，因此其通常称经典逻辑为正统数理逻辑，经典的两个演算相应地称为正统的两个演算。

现代逻辑（modern logic）、逻辑斯蒂（logistic）。这中间，数理逻辑和数学逻辑是同一个英文词组 mathematical logic 的两种不同的汉译名。林邦瑾指出，尽管数学逻辑这个译法是完全忠于原意的，然而，不那么忠于原意甚至颇有点儿"玄"的数理逻辑这个译名却是在国内较为流行的名称。数理逻辑不仅具有众多的名称，而且对每一个名称可以有不同的理解和用法。这倒是完全符合在自然语言中司空见惯的一义多词和一词多义的常情的。数理逻辑之所以采用不同于自然语言的符号语言（因而也称符号逻辑），其动因是为了避免自然语言的同义和歧义现象。

林氏在《数理逻辑基础》中把数理逻辑界定为一门特殊的数学，这门特殊的数学隶属于离散数学的范围。数理逻辑通常指正统的命题演算和狭谓词演算（合称两个演算），以及集合论、模型论、递归论和证明论（统称四论）。鉴于正统的两个演算构成四论的共同基础，通常将两个演算视为数理逻辑基础（basis of mathematical logic）。可见，林的《数理逻辑基础》核心内容就是两个演算。正统的命题演算也称为二值演算，研究表达真值函数关系的命题联结词的性质，研究真值函数的构造和从真值函数中区分出而且只区分出恒真的真值函数的算法；正统的狭谓词演算又叫一阶谓词演算，研究真值联结词、跟真值联结词一起刻画个体－真值函数的个体变元的量词的性质，研究真值函数、个体－真值函数的构造和从其中区分出而且只区分出恒真的真值函数、恒真的个体－真值函数的方法。鉴于正统的两个演算以真值函数、个体－真值函数为自己的研究对象，林邦瑾认为，它是一门特殊的数学。而上述函数的定义域（真值域，或个体域）、值域（真值域）是离散的，因此，这门特殊的数学应隶属于离散数学的范围。

指称两个演算和四论的数理逻辑还有另外两个别名——数学基础（mathematical basis）和基础数学（basic mathematics）。林邦瑾认为，后面那个别称即基础教学是最能反映数理逻辑性质的，是给数学的各个分支提供共同基础的数学的一个特殊的分支。因此，被称为数理逻辑基础的两个演算是一门作为基础数学的基础的离散数学。

2. 数理逻辑发展简史

数理逻辑倘若从莱布尼茨算起，约有300年的历史；若自布尔算起，只有100多年的历史。林邦瑾用简明的列表对照方式,对构成数理逻辑早期发展里程碑的一些重要著作给予简要介绍,从中依稀可以获得数理逻辑的产生和形成阶段的历史的一个梗概。

德国自然科学家、数学家、哲学家莱布尼茨的《论组合的技巧》(1666):提出了用数学方法来处理逻辑问题,将逻辑思维数学化、形式化的设想。产生了系统地采用通用符号语言和逻辑演算的思想。

英国数学家、逻辑学家布尔的《关于分析中的一个普遍方法》(1844)、《逻辑的数学分析,论演绎推理演算》(1847)和《思维规律的研究》(1854):认为一些逻辑推导关系和某些数学运算很相似,于是采用通常的代数符号并以等式来表示逻辑关系。他把抽象代数系统的解释推广到逻辑领域,构造出一种逻辑的演算。由他建立的可以解释为命题逻辑的抽象代数系统后来称为"布尔代数"或"逻辑代数"。

德国数学家、数理逻辑学家舒罗德（Ernst Schröder,1841－1902）的《逻辑代数讲义》(1890—1895):继承和发展了布尔和德摩根的成就,继续用代数方法处理逻辑推理,提出了关系逻辑的一系列基本概念（如2元关系、全关系、空关系、关系的复合等),奠定了关系逻辑的基础,为谓词演算的建立提供了条件。

德国数学家、数理逻辑学家弗雷格（Gottlob Frege,1848－1925）的《概念文字》(1879)、《算术基础》(1884)和《算术的基本规律》(1893—1903):构造了命题演算的第一个公理系统,提出"复合命题的真值是它的支命题的真值的一个函数"（弗雷格原理)。林邦瑾认为这远离了普通的逻辑思考,和传统逻辑分道扬镳。弗雷格最早使用量词,并引进"约束变元"的概念,草创了谓词演算。他试图把算术形式化,并从逻辑推导出全部算术,从而奠定了数学证明论的基础。

英国哲学家、数理逻辑学家罗素（Bertrand Russell,1872－1970）的《论数学原理》(1903)、《数学原理》(三卷,与怀特海合著,1910—1913)和《数理哲学导论》(1919):建立了完整的、自足的数理逻辑两个演算的形式化公理系统——命题演算和谓词演算的形式系统；进一步深化和发展了弗雷格的逻辑主义思想:把所有的数学概念都归结为算术概念，而算术概念则用逻辑概念来定义，并由他完善地构造的逻辑演算公理系统推出算术，进而推出全部数学。《数学原理》就是为这个目的而写作的，然而不曾实现：在从数理逻辑公理推导算术的过程中就不得不引用两条非逻辑公理（选择公理和无穷公理）；第四卷准备推导出几何的部分则不曾写出。尽管《数学原理》没能实现把数学化归为数理逻辑的目标，但因此强化了数理逻辑的数学化倾向，在事实上使两个演算成为数学的一个分支。罗素把一系列对普通逻辑思考来说是不可思议的数理逻辑定理叫作"蕴涵怪论"（paradoxes of implication）。林邦瑾认为，正统的数理逻辑发展至此就完全背离了传统逻辑作为从已知进入未知的工具这种主导思想。

德国数学家、数理逻辑学家希尔伯特（David Hilbert，1862－1943）的《几何基础》（1899）、《数理逻辑基础》（与阿克曼合著，1928）和《数学基础》（与贝尔纳普合著，1934—1939）：建立了几何的现代公理系统。进一步完善了作为数理逻辑基础的两个演算。他在1922年提出了著名的希尔伯特计划，草创了数学证明论（也称为元数学），以最终证明数学理论的无矛盾性为目标。不久，相继证明了命题演算、狭谓词演算、自然数论（只有加法的算术）的无矛盾性。1931年哥德尔不完全性定理发表后，希尔伯特计划宣告失败：数学的无矛盾性不可能在数学中获得证明。

美籍奥地利数理逻辑学家哥德尔（Kurt Gödel，1906－1978）的《逻辑谓词演算公理的完全性》（1930）、《论〈数学原理〉及其相关系统的形式不可判定命题》（1931）、《论形式数学系统的不可判定命题》（1934）和《罗素的数理逻辑》（1944）：在1930年证明了狭谓词演算F的完全性定理：F的任一普遍有效式必定可证，对模型论的形成和发展产生巨大影响。在1931年证明了形式数论系统不完全性定理：若形式数论系统是无矛盾的，则不完全。彻底否定了逻辑主义思想，为数理逻辑的现代阶段的发展做出了重要贡献。

3. 对中国先秦逻辑史的简略回顾

在一般数理逻辑著作中，几乎没人会谈及中国逻辑史内容，甚至曾出现"中国古代无逻辑"的论调。然而，林邦瑾充分肯定中国先秦名家、辩者的成就：由古希腊亚里士多德创建的西方逻辑，在漫长的2000多年中一直囿于建立在1元关系（也称为性质）上的直言命题（也称作性质命题），直到19世纪末，在西方才出现包含多元关系的关系逻辑。在亚里士多德前后，在我国，先秦的名家、辩者建立了辉煌的东方逻辑体系，其突出成就是探讨了包含多元关系的关系逻辑。

春秋末期的思想家、逻辑学家墨翟（约前468—前376）的《墨经》①：系统地讨论了概念、判断和推理论证，其宗旨在于运用逻辑原则去明辨是非。《小取》篇提出了"侔式推论"，如"白马，马也；骑白马，骑马也"。这是谓词逻辑中包含2元关系的普遍有效式的一个例子，为囿于1元关系的亚里士多德逻辑所无法处理，比欧洲的舒罗德、弗雷格的包含多元关系的谓词逻辑早2300年。

战国时期的名家公孙龙（约前320—前250）的《公孙龙子》②：其中的《白马论》提出并论证了"白马非马"。林邦瑾认为，这里的"非"指"不等同"，因此"白马非马"可释为"马的真子集白马不等同于马，集P与其真子集不同"。《通变论》写道："谓鸡足一，数足二，二而一故三。"提出了"鸡三足"的怪命题。其实，这是素朴集合论思想："鸡足"是个2元集，共有三个实子集——左足、右足和双足。比康托尔早2200多年的先贤提出这么深刻的集合论思想是令人惊奇的。

战国末期思想家、逻辑学家韩非（约前280—前233）的《韩非子》：其中的《难一》篇提出了矛盾律："夫不可陷之盾与无不陷之矛，不可同世而立。"可贵的是，这里揭举的又是一个谓词逻辑中包含2元关系的普遍有效式的例。建立在直言命题上的亚里士多德逻辑根本分析不出这里存在矛盾。古代东方的中国逻辑在这方面遥遥领先于同时期西方的希腊逻辑。

---

① 《墨经》通常指《墨子》一书中《经上》《经说上》《经下》《经说下》《大取》《小取》六篇文章的合称，为墨翟及其弟子所著。

② 《公孙龙子》原有十四篇，流传下来的有六篇：《指物论》《坚白马》《白马论》《通变论》《名实论》《迹府》。

4. 传统逻辑与数理逻辑

与一般数理逻辑著作不同，林邦瑾的《数理逻辑基础》指出："尽管数理逻辑在产生和成长过程中广泛地运用传统的形式逻辑，然而，两个演算并非传统形式的发展，当然也不是现代的形式逻辑；作为数理逻辑基础的两个演算是为形式逻辑的充分发展提供必不可少的数学方法的离散数学。"林氏对这一思想立场是坚定的、自始至终的，富于探索性和挑战性的。需要提请注意的是，林氏对数理逻辑并没有丝毫贬损的意味，只是将其定性为一门特殊的离散数学，因此他指出，数理逻辑还是一门在一系列技术领域（如开关电路分析与综合、自动控制和计算机领域）中获得卓有成效应用的应用数学；在20世纪60年代，数理逻辑理论和方法被应用于数学定理的机器证明中，并取得了靠计算机证明数学难题"四色问题"等的重要结果。这方面的技术逻辑往往被称为人工智能模拟或机器智能。数理逻辑作为应用数学在这些方面的巨大成就不仅具有非常显著的技术意义，而且具有十分深刻的哲学意义。

传统的形式逻辑（简称传统逻辑）从古希腊亚里士多德（Aristotle，前384—前322）至今，已有2300多年的历史。充分条件关系（简称条件关系）作为逻辑关系是传统逻辑最重要的研究对象，并在事实上构成了传统逻辑体系的理论核心——每一个传统的推理格式的前件事实上都是后件的逻辑的充分条件。① 如所周知，条件关系不是真值函数关系。故而，条件命题（也称假言命题）的真假不取决于其前、后件的真假，而取决于它们之间是否存在条件关系。因此，条件命题的真值与前、后件真值之间的关系并不是函数关系。事情甚至是，条件命题的真假必须在无须依据其前、后件的真假的情况下确定，而作为真值函数的纯真值复合命题（如蕴涵命题）的真假却完全取决于支命题的真假。所以，传统逻辑中的条件命题里的"如果，那么"（或者"若，则"）不是数理逻辑

---

① 按照其成立与否是否可由逻辑科学来确定，条件关系分逻辑的与逻辑外经验的，后者就简称为经验的。经验的条件关系是否成立，需由逻辑科学会同有关逻辑外的经验科学一起来确定。

中的纯真值联结词实质蕴涵（简称蕴涵）。正由于此，传统逻辑始终在事实上把建立在条件关系基础上的推理格式当作人类认识从已知进入未知的工具。这种关于研究推理格式的深刻正确的主导思想，在传统逻辑中随处可见。

传统逻辑揭举的每一个推理格式都可以用作不循环从而能出新知的论证。然而，数理逻辑中的纯真值联结词却只抽取了出现在推理式中的命题与命题之间的真值函数关系，舍弃了此外的真正的逻辑关系，从而和传统逻辑要求推理的结论对前提来说必须是新知的这种主导思想相抵触。最早系统地向我国介绍数理逻辑的金岳霖先生在1937年就已经注意到了这一点："'推理'二字在传统逻辑似有由已知到未知的意义，在现代的符号或数理逻辑，'推论'无此意义。""在数理逻辑由'赵云姓赵，赵云姓赵'这一命题可以推论到'赵云姓赵'，可是这种推论没有以上意义。"①

5. 广义的数理逻辑——现代逻辑

林邦瑾认为，最广义的数理逻辑（有人倾向于称为现代逻辑）包括三个方面：基础数学（通常意义上的数理逻辑）、非正统逻辑（non-classical logic）和技术逻辑（technical logic）。进入20世纪以来，为了解决正统的数理逻辑所不能解决的各种领域中的问题，借助于正统的数理逻辑，建立了门类众多的非正统逻辑体系，包括直觉主义逻辑、模态逻辑、规范（义务）逻辑、信息逻辑、多值逻辑、量子逻辑、时态逻辑、问题逻辑、内涵逻辑、概率逻辑、归纳逻辑、模糊（弗晰）逻辑、自然（自然语言）逻辑、科学逻辑等。有人倾向于用符号逻辑来称呼这一类非标准逻辑。

6. 对符号语言的语义的、语构的和语用的研究

关于数理逻辑所采用的符号语言，可以进行三个方面的研究：关于符号语言所指谓的现实世界的事物或规律的研究称为语义的（semantic）研究；关于符号语言自身的排列结构和变形规则的研究称为语构的（syn-

---

① 金岳霖：《逻辑》，商务印书馆1937年版，第162—163页。

tactic)① 研究；而关于以语义为中介的互相同义的符号语言和自然语言的相互转换的研究则称为语用的（pragmatic）研究。关于数理逻辑中采用的符号语言的语义的、语构的、语用的研究往往分别称为逻辑语义学（logical semantics）、逻辑语构学（logical syntactics）、逻辑语用学（logical pragmatics）。

林氏对数理逻辑基础的介绍从语义的研究入手，在此基础上，转而介绍语构的研究，并把有关语用的研究适当地穿插在上述二者中。全书共三卷，除了前言，共分四章。第一章，导论，分为 12 节。§1 对象、个体与集；§2 n 目组、n 目组集与 n 元关系；§3 映射和 n 元函数关系；§4 原子事件；§5 真值函数关系和正统复合事件；§6 全称事件和存在事件；§7 事件的定义和事件的逻辑结构；§8 客观世界的逻辑规律；§9 词；§10 命题；§11 关于式的语构学；§12 普遍有效式。第二章，古典公理系统、现代公理系统与逻辑演算形式系统，分为 6 节。§1 公理系统的定义；§2 从欧几里得的古典公理系统到希尔伯特的现代公理系统；§3 语义的研究和语构的研究；§4 逻辑的现代公理系统；§5 逻辑演算形式系统；§6 公理系统的一些重要性质。第三章，命题演算 P，包括 6 节。§1 P 的形式语言 Lp；§2 P 的原始公式与原始规则；§3 形式系统中的定理与关于形式系统的定理（形式定理与元定理）；§4 P 的形式定理与关于 P 的元定理；§5 合取范式与 P 的公式的合取范式判定法；§6 P 的自足性、不矛盾性、完全性和独立性。第四章，狭谓词演算 F，分为 5 节。§1 F 的形式语言 Lf；§2 F 的原始规则；§3 F 的形式定理与关于 F 的元定理；§4 前束范式；§5 F 的自足性、不矛盾性、完全性和独立性。

林邦瑾在该书的结语中充分肯定了数理逻辑基础（两个演算）的地位和作用，但也认为部分学者存在对两个演算的"滥用"。他指出："数理逻辑基础（两个演算）作为基础数学的基础和离散数学，在数学基础和计算机技术中起重要作用，有显著的功效；在正统的两个演算的基础

---

① 也有译作"语法的"或者"语形的"。

上构造的各种数学分支的形式系统（如代数、数论、集合论等的形式系统），是数理逻辑基础在数学基础中的应用。构造数学的形式系统的目的，并不在于用形式推导来取代原本非形式化的直观的推导过程，而是在于通过构造数学的形式系统，把整个的系统作为研究对象，对已构成了形式数学形式系统进行元数学的讨论，如，讨论其自足性、独立性、不矛盾性、完全性等等。而上述种种对数学基础来说是十分重要的元数学讨论，在原来的非形式化的直观推导条件下是难以甚至无法进行的。用语义完全不同的形式推导来变换原先的非形式推导，其目的并不在于用形式推导来翻译或者取代非形式化推导（由于二者的语义根本不同，那是不能翻译或者取代的），而是为了进行早先难以或者无法进行的元数学讨论。正由于此，在无需对之进行元理论讨论的普通逻辑思考的场合下却企图用正统的两个演算那样的语义根本不同的形式推导去翻译或者取代非形式化推导，那是无的放矢，滥用两个演算。鉴于数理逻辑基础在数学基础中的主要功能是对形式数学的形式系统进行元数学讨论，因此，对于数理逻辑基础来说，真正有意义的是那些揭举整个形式系统有些什么样的性质的元定理，而不在于那些系统内的形式定理。系统内的形式定理是为去得出元定理服务的，并不是为了去翻译或者取代无需进行元理论讨论的普通逻辑思考中的非形式化的推导的。"[1]

三 赵春高编著《数理逻辑基础与应用》

1986年1月贵州人民出版社出版的教科书《数理逻辑基础与应用》，由原贵州教育学院赵春高副教授编著。该书对命题演算、集合代数和狭义谓词演算做了全面系统的介绍，并紧密联系实际介绍三者在计算机科学、自动控制、推理形式化、语言符号以及处理现实生活中一些复杂逻辑关系的应用。全书分三章，各章节后配有紧扣内容的练习题。第一章，命题演算及其应用，分11节。§1 基本逻辑联结词的引入；§2 等值性、基本联结词的可省略性；§3 关于等值式的若干变形规则；§4 若干常用

---

[1] 林邦瑾：《数理逻辑基础》第三卷，中央民族学院1983年打印本，第4—51页。

公式及公式化简法；§5 命题演算实例；§6 逻辑表达式的范式；§7 命题演算在电子计算机设计中的应用；§8 命题演算的公理及其推演公式；§9 公理系统的三个主要问题：不矛盾性、独立性及完备性；§10 随意选取公理的一切推论；§11 命题演算处理复杂逻辑关系问题的一般方法和实例。第二章，集合代数，主要介绍素朴集合论的一些基本知识，分 11 节。§1 集合；§2 从属关系；§3 包含关系；§4 空集合与全集合；§5 集合的补；§6 并与交；§7 相补、包含、并及交的一些关系；§8 相等变换及定理；§9 略谈集合代数的应用；§10 集合的差与对称差；§11 集合代数与命题演算的关系。第三章，狭义谓词演算及其应用，分 14 节。§1 命题演算的不充分性；§2 谓词及量词符号的引入；§3 谓词演算应用举例；§4 谓词演算中记号的精确化；§5 谓词演算的公理及推理规则；§6 永真公式系统；§7 替换规则：一公式的否定的作成；§8 推广的对偶原则；§9 演绎定理；§10 范式——前束范式，斯科林范式；§11 谓词演算的应用；§12 判定问题；§13 谓词演算公理系统的无矛盾性；§14 谓词演算公理系统的完备性。

四　刘宗棠等译柯丕《符号逻辑》

美国夏威夷大学教授 I. M. 柯丕著《符号逻辑》教科书第五版（1979 年）中译本（"《贵州师范大学学报》编辑部丛书" 1988 年 6 月出版）中的序言和第一、二、三、五（导言：逻辑与语言、包含复合陈述的推理、演绎方法、关系逻辑），为贵州省陈维翰、刘宗棠、王明祥所译。柯丕的《符号逻辑》，是一本相当流行的数理逻辑教科书，该书自 1954 年初版至 1979 年，先后出有五版。这个中译本即根据 1979 年第五版译出。该书由著名逻辑学家苏天辅先生主持翻译。刘宗棠、陈维翰、王明祥、阮松、冷述美、李兆友、黄联平、敬世炯、王小苏等人参与翻译。其中贵州学者有刘宗棠（第一、第五章）、陈维翰（第二章及序言）、王明祥（第三章）三人。本书作者柯丕认为，应从两个不同的观点来看待逻辑。一方面，逻辑是评价推理正确性的工具或原则；另一方面，作为工具使用的逻辑原理和方法，本身又是值得系统研究的、有趣而重要的主题。他认为，这种对逻辑的双重态度对现代符号逻辑尤其适用；通过发展它的专门符号，逻辑已成为分析和演绎中不可估量的更强有力的工具，而且，通过对符号逻辑系统的仔细考察，符号逻辑的原理和方法已得到卓有成效的研究。

全书主体包括十章，还有三个附录。第一章，导论（逻辑与语言）；第二章，包含复合陈述的推理；第三章，演绎方法；第四章，量化理论；第五章，关系逻辑；第六章，演绎系统；第七章，集合论；第八章，命题演算；第九章，可选择的系统和记法；第十章，一阶函项演算[①]。附录A：十九条规则的不完全性；附录B：范式和布尔展开式；附录C：分支类型论。

其中，第一章至第五章，介绍符号逻辑的标准记法、方法和原理，它们是提供确定论证的有效性或无效性时使用的。作者循序渐进地考查越加复杂的论证方式：首先是有效性取决于简单陈述的真值函项复合的论证，其次是涉及最简单的量化的论证，最后是关系论证。标准的真值表方法、推理规则、条件证明和间接证明方式以及量化理论，都作为"自然演绎"技巧而引入。关系逻辑在单独的一章（第五章）展开，该章包括同一理论、限定摹状词理论、高阶谓词和谓词变项的量化。为帮助读者熟练掌握所学材料，该书（第五版）新增了上百个练习题。

第六章作为过渡，介绍演绎（或公理）系统的理论，这些系统是系统地研究数学和逻辑结构的标准工具。第七章为"集合论"，前两节让读者直接接触到一个非常简单的演绎系统，然后以很大篇幅介绍了标准的策梅罗-弗兰克尔集合论（ZF）公理系统。最后三章对前五章使用的逻辑原理进行系统处理。作者按照现代最严格的标准发展了一个命题演算，并证明了其一致性和完全性。对命题演算的各种可供选择的记法和公理基础也做了介绍，接下来是一阶谓词演算理论。作者还说明了一阶谓词演算与书中前半部分的"自然演绎"方法等价，也证明了它是一致的和完全的。

[①] 一阶函项演算一般译为"一阶谓词演算""狭义谓词演算"等。

书中有三个附录，第一个附录证明了，在第三章前两节给出的十九条推理规则是演绎不完全的。因避免打断一本教科书应有的自然连续性，故作为附录给出。第二个附录发展了范式和布尔展开式，它们为真值函项逻辑提供了一个代数处理方法。作为解决语义悖论的方法，第三个附录详细介绍了分支类型论。

五 经典逻辑的发展

自莱布尼茨主张"要把逻辑处理成演算"开始，经布尔、弗雷格、皮尔士、罗素、怀特海的努力，到哥德尔不完全性定理的提出为止，经典逻辑的基础理论算是"竣工"。要说经典逻辑在贵州的发展，一般主要体现在基础理论的介绍及其应用层面上，其次就是与经典逻辑相关的一些理论探讨，如关于实质蕴涵（尤其是其中的"蕴涵怪论"）、数理逻辑的研究对象、学科性质等问题的讨论。

与《数理逻辑基础与应用》一书几乎同时，赵春高还在《贵州教育学院学报》（自然科学版）1986年第1期上发表了《介绍两套足够表达任何民族语言中的单词或单字的符号系统》，此文在将数理逻辑运用于民族语言的研究方面做了尝试。作者介绍了包括8个原始符号和16个原始符号的两套特定的符号系统，并指出，按照约定的符号形成规则，用这些原始符号构成的两套符号系统中的每一套都足够表达任何民族语言中的单字或单词。这两套系统具有以下优点：（1）笔画简单，只包括圆括号、方括号、圈点、点号四种笔画；（2）符号形式上类似二进制数码，有可能便于电子计算机的存入与取出；（3）笔画种类最少，可供只有语言、没有文字的民族创造文字时参考；（4）用这些符号编制通信密码，局外人不易破译。

赵春高另文《几何论证的本源》发表在《贵州教育学院学报》（自然科学版）1988年第1期上，此文以欧几里得几何为背景，介绍几何论证的原始根据，常用的逻辑符号、术语、逻辑规律以及用逻辑符号表示命题的方法等。

在《贵州教育学院学报》（社会科学版）1987年第3期上，龚启荣的《客观世界的纯真值联结关系》立足客观世界的逻辑结构与逻辑规律，剖析了纯真值联结词（尤其是其中的实质蕴涵）的性质和功能，讨论了真值联结词对真值函数的完全性问题。作者认为，实质蕴涵命题 A→B 的特征是"A、非 B 不并有"，实质蕴涵纯粹是真值函数关系，根本不是充分条件关系，也不是充分条件关系的抽象。这些思想继承了林邦瑾《数理逻辑基础》中的一些重要观点。以林邦瑾《数理逻辑基础》等著为蓝本，龚启荣在 1995 年出版了《逻辑斯谛——又称"二值数学"的数理逻辑》一书，继续认定数理逻辑是数学而不是逻辑，它是一门特殊的离散数学。

张学立、陈锐编著《现代逻辑导论》第一至第三章阐述了经典逻辑的基本内容并讨论其若干重要问题。第一章是现代逻辑概述，讨论了现代逻辑的一些重要的基本问题，使读者对现代逻辑有一个初步的总体认识；第二章介绍命题逻辑的基础理论和典型的演算系统（除了介绍公理系统 L 外，还阐述了自然推理系统 P，并深入讨论了公理系统与自然推理系统之间的关系），对相关元逻辑问题进行了讨论；第三章介绍谓词逻辑的基础理论和典型的演算系统（除了介绍公理系统 K，还介绍了自然推理系统 Q），对相关的元逻辑问题做出阐释。尤其重要的是，谓词逻辑一章还专列一小节介绍了摹状词理论（theory of description）的基本内容。摹状词理论是英国的罗素在 20 世纪初提出的一种逻辑理论和语言学意义理论。摹状词和专名是两类指称单独对象的特殊语言表达式。如何确定专名的指称即所指称的单个对象，是语言哲学和逻辑语义学的基本问题之一。摹状词理论主张用摹状词确定专名的指称，即通过对某一特定事物某方面特征的描述而唯一地指称该事物，如"《史记》的作者""世界上最高的山峰"等等。摹状词和相应的专名（如"司马迁""珠穆朗玛峰"）虽指称同一个体，但两者的功能、意义截然不同。如"《史记》的作者"与"司马迁"，两者尽管指称同一个体，即"司马迁 =《史记》的作者"成立，但是"司马迁写作《史记》"这句话告诉了我们一些历史事实，而"《史记》的作者写作《史记》"并不能表达如此事实，因此两者在语句中所起的作用是不同的。当然，既然两者相同，那就应该在任何句子中可以彼此替代，但是替代的结果只能保证句子的真值（外延）不变，却不能保证句子的意义（内涵）全同。在英语中摹状词的结构是：定冠词＋形容词组＋普通名词（单数）。汉语中没有冠词，而且名词一般也没有单、复数之分，因此其结构是：形容词组＋普通名词。例如"2008 北京奥运会首枚金牌得主""世界上最高的山峰"。在需要时，可以用指示形容词"那个"去代替定冠词。如"15 与 19 之间的那个素数"。在数理逻辑中，一般用希腊字母"ι"（读作 iota）代表定冠词，用"ιxF（x）"表示"那个唯一具有性质 F 的个体"。这是摹状词的一般形式。有人把"ι"称作摹状词，F（x）叫作辖域或作用域，整个表达式称为摹状词的填式。它与量词的不同在于把公式变成项。摹状词反映的事物应该是唯一存在的。一个含有摹状词的命题，可以写成：H（ιxF（x）），表示"那个具有属性 F 的 x，具有属性 H"。它只有在满足三个条件即（1）至少有一 x 具有属性 F；（2）至多有一 x 具有属性 F；（3）这 x 又具有属性 H 时才真。例如，3 和 7 之间的那个素数是 5。此命题是真的。因为（1）3 和 7 之间有一个素数；（2）3 和 7 之间只有一个素数；（3）此素数是 5。条件（1）（2）反映了存在唯一性。如果满足（1）（2）不满足（3），则含摹状词的命题为假。而在对条件（1）或（2）不满足亦即不唯一满足问题上，尚有不同观点。有人认为"无意义"；有人认为"假"，因而产生了多种处理方法，如罗素、希尔伯特、贝尔奈斯等就各有其不同的处理方法。《现代逻辑导论》第二章谓词逻辑之"摹状词"一节，介绍了摹状词的特点、结构，含有摹状词的命题的真假问题，以及罗素、怀特海《数学原理》中对摹状词的处理方法等。

张学立、董英东等编著的《哲学逻辑引论》认为非经典逻辑是哲学逻辑的重要组成部分，而经典逻辑是其重要基础。该书主要介绍作为哲学逻辑的重要基础的一阶逻辑和模态逻辑，作者称之为基础逻辑（现代逻辑的经典部分），第一章"基础逻辑"不仅对命题逻辑、谓词逻辑和模态逻辑进行了概述，还介绍了命题逻辑、谓词逻辑的基础理论和演算系统，以及模态逻辑产生、形成、演算及其系统的元逻辑问题等，认为它们对构建许多重要的哲学逻辑系统具有重要作用。

第二节 "四论"和非经典逻辑的输入与发展

集合论、证明论、递归论和模型论（统称"四论"）并不是与"经典逻辑""非经典逻辑"处在同一层面上的。从现代逻辑的分类来看，对"四论"的归类也有不同观点。雷切尔（N. Rescher）在《哲学逻辑论集》（*Topics in Philosophical Logic*, 1968）把模型论归入"元逻辑"下的逻辑语义学中，而把递归函数论、证明论和集合论归入逻辑科学在数学方面的发展。苏珊·哈克（Susan Haack）没有给"四论"以清晰的"逻辑"归类，尽管她指出"某些数学理论，例如著名的集合论，应用很广，似乎与逻辑有很亲近的血缘关系"[①]，但在《逻辑哲学》关于逻辑分类的内容中仍没有给予"四论"清晰归类。国内学者李树琦等人在《现代逻辑学》（1989）一书中给出了一个关于现代逻辑的分类表，把现代逻辑分为理论逻辑和应用逻辑两大类，理论逻辑又分为基础逻辑（包括经典逻辑和非经典逻辑）、元逻辑（含逻辑语形学、逻辑语义学和逻辑语用学）、数学的逻辑（集合论、证明论、递归论和模型论）以及归纳逻辑（概率逻辑等）。显然，"四论"属于数学的逻辑，而经典逻辑和非经典逻辑属于基础逻辑，二者是从不同层面上划分而得到的结果。

非经典逻辑（non-classical logic）亦称"非标准逻辑""非古典逻辑"，泛指一切不属于古典形式逻辑（传统的亚里士多德逻辑）和由弗雷格、罗素所完成的经典数理逻辑（以二值逻辑为基础的经典命题演算和谓词演算系统）的现代逻辑学分支系统。[②] 非经典逻辑在逻辑哲学中被划分为两种类型：（1）扩展逻辑（extended logics）：不触动经典逻辑的基本公理和规则，但增添新的算子以及相应的公理和规则，如模态逻辑、时态逻辑、道义逻辑、选择逻辑、祈使逻辑、疑问句逻辑等等；（2）异常逻辑（deviant logics）：使用与经典逻辑相同的词汇，却从根本上修改公

[①] 〔英〕苏珊·哈克：《逻辑哲学》，罗毅译，商务印书馆2003年第1版，第12—14页。
[②] 冯契主编《哲学大辞典》（修订本），上海辞书出版社2001年第1版，第354页。

理和规则，如多值逻辑、直觉主义逻辑、量子逻辑、自由逻辑等等。①

一 递归论与计算复杂性

递归论（recursion theory）作为数理逻辑的重要分支之一，是研究解决问题的可行的计算方法和计算的复杂程度的一门学科。解决某一类问题的计算方法又称算法。算法是个古老的数学概念。16 世纪 R. 笛卡尔创造的解析几何就是用代数来解决几何问题的一种典型的算法。但数学中有一些问题长期找不到解决的算法。人们怀疑根本不存在这种算法。为了证明这一点，必须对算法给出精确的定义。20 世纪 30 年代 K. 哥德尔提出了算法的一种精确定义，S. C. 克林（S. C. Kleen）据此定义了递归函数。与此同时，A. M. 图灵用图灵机（一种理论计算机）来描述算法，并且证明图灵可计算的函数与递归函数等价。图灵机使人们普遍接受了关于算法的丘奇论题：递归函数是可计算函数的精确的数学描述。

递归函数是用数理逻辑的方法定义在自然数集上的可计算函数。如果自然数的一个 n 元集的特征函数是递归函数，就称这个集合为递归集，一个递归函数的值域，称为递归可枚举集。递归集就是算法可判定的集合。递归集都是递归可枚举的，但是存在不是递归集的递归可枚举的集合。递归论的研究使人们把一些长期未解决的问题化为非递归的递归可枚举集，从而严格证明了不存在判定这些问题的算法。这些问题称为不可判定的。

递归论进一步研究不可判定的，也就是非递归的递归可枚举集之间的复杂程度问题。1944 年 E. L. 波斯特提出不可解度的概念，又给出了相对可计算性的构造方法。这就使人们开始对不可解度进行比较，并研究不可解度的代数结构。这方面出现了有穷损害优先方法、无穷损害优先方法等多种有力的研究手段以及许多有趣的研究成果。对可计算的递归集，也可以研究其计算的复杂性，考虑图灵机上计算的时间、空间，就得到计算时间的长短、计算所占空间的多少这两个复杂性。计算复杂性

---

① 桂起权：《什么是逻辑哲学》，《思维与智慧》1986 年第 6 期，第 22—24 页。

的研究对计算机科学的发展有很大影响和作用。

在上述领域有突出贡献的贵州籍学者主要有李祥、张明义、许道云三位学者。有趣的是,这三位有突出贡献的专家均来自贵州安顺,本科阶段均就读于贵州大学数学系,三人的研究领域也十分相近,他们的一些成果为两两合作完成。其中,与逻辑科学密切相关的主要是李祥和张明义的研究。

李祥,1942年10月生,贵州安顺人,1964年7月毕业于贵州大学数学系,1979—1980年在华中工学院数理逻辑研究班学习,1980年在贵州大学任教,1983年任澳大利亚莫纳什大学(Monash University)数学系高级讲师,1984—1989年任贵州大学校长,1986年任贵州大学教授,1995年被评为中国科学院软件所博士导师,现任贵州大学名誉校长,贵州省科协副主席,武汉大学软件工程国家重点实验室学术委员会委员,中国科学院软件所计算机科学开放实验室学术委员会委员,教授,博士生导师,先后在《中国科学》《科学通报》《数学学报》《计算机学报》等国内权威刊物及美、英、澳、荷等国家学术刊物上发表学术论文近百篇。其中,在递归论、计算复杂性理论、计算机算法与密码、计算机逻辑等研究领域发表论文数十篇。1992年,《逻辑与计算复杂性》获贵州省科技进步一等奖。出版专著《可计算性理论导引》,获西南西北地区优秀科技成果二等奖,科研项目"能行计算复杂性 Blum 测度的产生性""AI 的计算复杂度"等获贵州省科技进步二等奖。主编《操作系统》《计算机科学》等计算机教材4部。他的一些学术成果已被写进国外专著。他先后培养了近百名硕士、博士研究生,曾被授予"贵州省劳动模范""有突出贡献的中青年专家"等称号,获得国务院特殊津贴。1987年与美国加州大学扎得教授共同任"模糊控制与知识工程国际学术讨论会"主席,2000年担任"未来软件国际讨论会中方主席"。①

将青年李祥领进逻辑学大门的是美国学者克林所著的《元数学导论》这一经典著作。1964年8月,李祥大学毕业后被分配到贵州贞丰中学教

---

① 《安顺日报》2009年3月23日第5版。

数学，后调到宁谷中学教数学。其间，《元数学导论》一直没有离开过他。1977年全国逻辑学会议在北京召开，李祥携带论文《能行计算复杂性Blum测度的产生性》参会。当时，澳大利亚的一个专家组正在北京开会，看到李祥的这篇论文，他们认为已经达到"欧美国家同行的水平"，同时很难相信"在中国的一个农村中学里竟然能够写出如此高水平的论文"。① 令专家们更难以想象的是论文的一部分是在煤油灯下完成的。论文在权威刊物《计算机学报》上发表后引起极大反响，国内外同行给予了很高的评价。1981年9月，李祥作为我国唯一代表赴新加坡出席第一届亚洲逻辑讨论会并访问了新加坡国立大学。从此李祥的研究和国际学术界产生了联系，尤其是和新加坡国立大学理学院院长、逻辑学专家庄志达先生加强了交流与沟通，并形成了较长时间的合作关系。

李祥在递归论研究中成就出色。② 他证明了在每个递归可枚举的图灵度中都有非 r.e.（递归可枚举）集的按点 r.e. 开集存在。他定义了可构造禁集，研究了它的一些性质，证明能行可紧集类和可构造禁集类相互独立、互不包含。李祥的研究成果受到国际递归论界的赞赏并写进国外的一些著作中。③

为适应计算机科学的发展，20世纪60年代起，被称为"计算复杂性"的学科迅速形成和发展。它研究计算的定量，对计算的复杂性进行测度并探讨其结构性质。数理逻辑递归论的方法与技术，特别是相对计算与优选方法在这门学科的研究中起着重要作用。李祥独立研究多年，并于1979年完成《能行计算复杂性Blum测度的产生性》研究论文，发

---

① 《安顺日报》2009年3月23日第5版。
② 我国另一个研究递归论的重要基地是南京大学数学系。由著名数学家、数理逻辑家莫绍揆和他的学生丁德成、沈百英、孙智伟等组成的研究集体，其研究成果也极为突出。莫绍揆、沈百英建立和证明了八个新的递归算术系统，又简化为三个。丁德成做了进一步研究，建立了递归算术的复迭系统。丁德成在递归不可解度理论方面取得重要成果。他证明，所有 S-脱殊度是分支度，所有 P-脱殊度不仅是分支度，而且是交不可达的。他还证明了非 P-脱殊度是稠密的，从而否定了递归论学者的一个猜测：一个度是 P-脱殊度当且仅当它包含了一个非自约归集。丁德成提出了一种新脱殊性——B 脱殊性，用它描述了无穷损害优方法的性质，他还研究了各种 r.e. 脱殊性的子集的性质。
③ 丁祖豪等：《20世纪中国哲学的历程》，中国社会出版社2006年版，第595页。

表在同年全国一级学术刊物《计算机学报》第 1 期上。这项研究是全国较早完成并发表的成果，它把算子的工具，具体应用到计算复杂性中，称一个能行全算子 F 是能行计算复杂性的 Blum 测度算子，假若

(1)（$\forall n$）（$\forall i$）：$F[\xi i](n) \downarrow < = > \xi i(n) \downarrow$

(2) $\{<i、n、m> : F[\xi i](n) = m\}$ 是递归集

称一个 Blum 测度算子 F 的值域 $\{F[\xi i]: i \geq 0\}$ 为一个 Blum 可接受机器类，F 的指标被称为这个机器类的指标，称 M 是 Blum 可接受机器类的指标集，假若对任何 r，$r \in M$ 当且仅当 ξr 是递归函数且（$\exists B$-算子 F）（$\forall i$）（F $[\xi i] = \xi_{gr(i)}$）。李祥在这些概念下，通过对 12 个引理的严格证明，获得下述结果。

定理：Blum 可接受机器类的指标是产生集。这一结果对于揭示由美国加州大学计算机科学家 M. Blum 提出的计算复杂性理论的公理体系——Blum 测度公理具有深刻意义，引起国内外同行的重视。澳大利亚计算机科学家 1980 年在《澳大利亚计算机科学通讯》上著文评论李祥的这一理论研究"可与欧美同类工作质量相比美"。研究论文获 1980 年贵州省科技成果二等奖。1984 年李祥被评为国家级有突出贡献的科技工作者，并应聘为西德海德堡科学院数学评论员。李祥所著《可计算理论导引》于 1986 年出版。

1994 年 1 月至 1998 年 12 月，李祥参加了国家自然科学基金重点项目"计算复杂性的理论和应用"研究。[①] 在计算机理论刚刚形成的时候，设计者们（如图灵等）发现有一些问题是计算机无法解决或计算的。然而，随着计算机的迅速发展和广泛应用，人们注意到，有些问题尽管是理论上可解的或可计算的，但在具体计算实施中，由于求解这类问题需要计算机运行几十年甚至更长时间，所以，实际上求解或计算是不可能的。1965 年，哈特曼（Hartmanis）和斯登（Stearns）以图灵机为计算机模型奠定了一个后来被称为计算复杂性理论的严格基础，它被用来刻画

---

① 项目批准号：19331050。项目由中国科学院应用数学研究所研究员堵丁柱负责，贵州大学李祥教授、华中理工大学黄文奇教授和中国科学院应用数学研究所研究员胡晓东参加。

什么样的问题在实际计算中是可解的或可计算的；它根据问题的求解（或计算）难易程度将问题分为若干复杂性类，其中最重要的有 P 类、NP 类、NPC 类和 EXP 类，并讨论这些问题类的结构和相互关系。李祥等参与的"计算复杂性的理论和应用"项目主要研究计算复杂性的理论和它的应用，具体分为四个课题，即结构复杂性、逻辑与计算复杂性、NP 完全问题的拟物方法和近似算法。

其一，结构复杂性。P = ? NP 又称 P - NP 问题，是当前计算复杂性以至理论计算机科学的一个重大而著名的题目。围绕这一公认的世界难题，研究工作主要集中在两个方面：（1）多项式时间同构。伯曼（Berman）和哈特曼曾做出猜想，全部 NP 完全问题都是多项式时间同构的。而后约瑟夫（Joseph）和尤恩（Young）做出了一个有趣的猜想，B - H 猜想不真，当且仅当单陷门函数存在。若上述两猜想之一的正确性得到证明，则可导出 P ≠ NP。1985 年堵丁柱等人证明了单陷门函数的存在性确实与多项式时间同构有关，从而支持了 J - Y 猜想。"计算复杂性的理论和应用"项目继续这方面的研究工作，讨论这两个猜想的真伪。（2）电路复杂性。人们已经知道如果存在一个 NP 完全问题有多项式尺寸的电路，那么 Δp_2 = HP。这里 Δp_2 和 HP 也都是计算复杂性类。如同 P - NP 问题，$\Delta p 2$ = ? HP 也是一个未解问题。但是，人们已知 P 中问题都有多项式尺寸电路，而且普遍认为 Δp_2 ≠ HP。这样，NP 完全问题不大可能有多项式尺寸电路，这就提供了一个研究 P - NP 问题的途径。李祥等人的研究就是尝试通过证明某一 NP 完全问题没有多项式尺寸电路达到证明 P ≠ NP 的目的。

其二，逻辑与计算复杂性。逻辑与计算复杂性密切相关。命题逻辑中的可满足问题是最有名的一个 NP 完全问题；递归论中的优先方法是当前讨论结构复杂性的一个最有力的工具，许多计算机逻辑系统的复杂性问题的讨论仍悬而未决。"计算复杂性的理论和应用"项目从理论与应用两方面讨论了逻辑与计算复杂性，研究近似的与概率的相对计算的关系和多值逻辑的计算复杂性，并深入研究了有序环域（包括实数域）上的计算机理论，建立有序环域上的计算机模型。另外还探讨了有关计算机病毒方面的模型。

其三，NP完全问题的拟物方法。求解NP问题的拟物途径是黄奇文于1979年首先创造的。尔后在国际上开始有类似的成果发表，并研制出若干有意义的好算法。课题组在这方面主要研究两种NP完全性问题，CNF－SAT问题和Packing问题，设计出具有国际（领先）水平的实用高效率近似求解算法。成果具有以下意义和作用：（1）促成新一代逻辑推理计算机的诞生，解决此种计算机在研制过程中的卡壳困难。（2）使计算机程序自动生成以及使知识处理和人工智能中的某些理想变为现实。（3）使知识数据库的更新能达到在线（on-line）水平。（4）提高仓库、集装箱、板材等行业的工作效率，产生经济效益。

其四，近似算法。计算复杂性理论是算法分析与设计的基础，它在组合优化中有着广泛的应用。许多工程技术，尤其是人们常提到的复杂系统都存在优化问题。当人们遇到一个优化问题时，都想找到最优解，然而不幸的是相当多的问题都是NP完全的，对这类问题几乎不可能存在有效的算法求得它们的最优解。因而，很自然地，人们转向对近似算法的设计和研究，即算法从运行时间上讲是可实际计算的（一般指算法的计算时间作为输入数据的长度的函数，有一个多项式作为上界），求得的解是实际可接受的（与最优解差不多）。1990年以来，堵丁柱等人所得到的关于构造施泰纳（Steiner）树的近似算法的两个重要结果，在国内外都产生了重大影响。项目除了继续研究最短网络问题的近似算法，还对其他一些组合问题的近似算法进行了研究。

二　泛系分析理论

泛系分析理论（泛系方法论）是我国科学家吴学谋于1976年为适应现代科学技术发展的整体化趋势而开拓的一个有希望的崭新领域，受到国内外的注意与重视。美国数学家克里普克（Kripke）在20世纪60年代提出语义分析理论。贵州科学院张明义1979—1986年在为泛系分析提供严格的数学基础并进而在泛系框架下深化语义分析理论方面，做了探索性创新研究。张明义1943年11月生于贵州安顺，1965年贵州大学数学系毕业,1980年贵州大学应用数学研究生毕业。现为贵州科学院研究员,学术委员会主任,应用数学研究室主任;中国计算机学会西南分会常务理事,贵州省学会副理事长;贵州省数学会常务理事兼秘书长,美国人工智能协会会员,《贵州科学》编委。其主要科研成果《泛系分析的数学基础与泛系语义分析》(《科学探索》1984年第3期)、《人工心脏起搏器安植与更换的微机辅助决策系统》(《贵州医药》1983年第3期)和《关于最小正则文法与最小不确定自动机的一点注记》(《计算机学报》1983年第6期)分别获1986年贵州省科技进步二、三等奖和1987年二等奖。主持与参与贵州2000年"专门人才预测与教育规划新技术革命"与"贵州发展对策"项目,分别获省科技进步三等奖(集体);主持并参与"龙滩水库移民安置评价""黑颈鹤种群动态数学模型"两项目的研究。在数理逻辑、人工智能与泛系理论方面发表论文30余篇,主要有《依赖参量集族的相对可达性》[《计算机学报》(英文版)1989年第3期];《不精确概念的逼近》(第十一届国际人工智能联合大会文集,1989年);等等。1987年与1989年两次获贵州省劳动模范称号。

《科学探索》1981年第2期刊载了由李祥和张明义合作的《泛系分析的数学基础与泛系语义分析(Ⅰ)》,对泛系分析的一些基本概念进行了细致的讨论,特别强调"泛系集"与"泛系结构"这两个基本概念及其在现代科学技术中的作用,从而使之有所发展和深化;提出"信息诱导""客体诱导""泛系同态"等一系列泛系结构上的代数运算,并讨论了它们的一些重要性质。得出以下主要结果:

定理1 设 $<W\uparrow E; f_{1w}, ..., f_{kw}>$ 是由 $<W; f_1, ..., f_k>$ 诱导而得到的泛系代数结构,则 $<W\uparrow E; f_{1w}, ..., f_{kw}>$ 的子代数 $<C(W\uparrow E); f_{1w}, ..., f_{kw}>$ 与 $<W; f_1, ..., f_k>$ 同构。

定理2 设 $f\in M\uparrow M^2$, $g\in M'\uparrow M'^2$, $\alpha\in M'\uparrow M$,令 $\beta\in M'^2\uparrow M^2$ 为 $\forall x, y\in M; \beta(x, y)=<\alpha(x), \alpha(\beta)>$,则 $<\alpha, \beta>$ 是从 f 到 g 的同态当且仅当 α 是从 f 到 g 的同态。[1]

---

[1] Fujita 等研究过的二值逻辑函数的同态是上述同态的特例。

定理 3　存在一个从古典逻辑到陈延槐的四值逻辑的同态。

定理 4　设 f∈E↑E"且 range f＝E，f_E∈（W↑E"）↑（W↑E）为：（AA∈W↑E）：C＝f_E（A）＜＝＞（∀xi∈E）［C（＜x_1，…，x_n＞）＝A（f（x_1，…，x_n））］则 f_E 有一个同态。

定理 5　对一切 A_1，…，A_m∈W↑E，有 f_g（g_w（A_1，…，A_m））＝g_w^1（f_E（A_1），…，f_E（A_m））其中 g_w 和 g_w' 分别为信息域 W 上的一个 m 元运算 g 诱导出的泛系域 W↑E 与 W↑E"上的 m 元运算；而 f_E 为论域上的 n 元运算 f 诱导出的从 W↑E 到 W↑E"的映射。

定理 5　指出了两种信息转换的关系。

张明义在《泛系分析的数学基础与泛系语义分析（Ⅱ）》中，着重讨论一类基本的泛系结构即泛系代数系统及其重要运算——泛系同态和 C 合同关系。得出若干特征性定理，并利用论域诱导给出模糊泛代数的相应概念和运算，证明了一个由通常同态诱导模糊泛代数的模糊同态象的重要定理，从而使前述泛代数的结果对模糊泛代数也相应成立。①另文《泛系语义分析》开拓了克里普克的语义模型，使非经典逻辑（特别、模态、时态逻辑）与多值逻辑得以统一处理，并获得难度较大的完全性定理。张明义的研究，使泛系语义理论成为真正有意义的扩充和泛化。论文在 1986 年国际多值逻辑学术会上宣读，收入会议论文集，并刊登在《IEEE 计算机科学》上。美国《数学评论》发表评介，国内外专家认为张明义的研究成果有重要理论价值，在计算机科学与人工智能领域有广泛深远的应用前景。此项成果获 1987 年贵州省科技进步奖二等奖。

在非单调推理及其计算复杂性方面有突出贡献的贵州籍学者还有许道云教授。许道云是贵州安顺人，1959 年 10 月生，教授，南京大学博士，贵州省省管专家，贵州大学计算机科学与技术学院院长。1982 年 1 月毕业于贵州大学数学系，毕业后留校工作；1988 年 7 月，贵州大学理论计算机专业硕士研究生毕业（获硕士学位）；2002 年 6 月，南京大学数学系博士研究生毕业（获博士学位）。主要研究领域为计算复杂性、可计

---

①　载《科学探索》1984 年第 3 期，第 55—64 页（英文）。

算分析。主持有国家自然科学基金项目，曾在《中国科学》《软件学报》《计算机科学与技术学报》，以及 Annals of Intelligence and Mathematics 等刊物上发表过论文。研究方向包括：（1）SAT 问题；（2）非单调推理及其计算复杂性；（3）可计算分析及其计算复杂性。在教学方面，许道云为本科生、硕士研究生和博士研究生开设了数理逻辑、离散数学、非单调逻辑、形式语义学、计算复杂性等多门课程，培养了不少学生。

三 非二值逻辑研究

1986 年，国内学者朱梧槚、肖奚安等发表了一个被称为"中介逻辑"[①]的形式命题逻辑系统 MP，引起部分学者关注。朱、肖二位认定他们的中介逻辑"与通常的三值逻辑或任何多值逻辑系统是不同的"，是"精确性经典数学和未来的、处理模糊现象的不确定数学的共同理论基础"，是"不以经典逻辑为元逻辑工具的"并且"仍然使用排中律，也是多值逻辑系统所办不到的"。李祥、李广元发表了系列文章[②]，得出重要成果。李祥、李广元认为"中介"命题逻辑系统 MP 是一种 Gentzen 型的矢列逻辑（Sequent Logics）系统。《科学通报》1988 年第 22 期刊载了李祥、李广元（贵州大学数学系 1987 级研究生）合作研究的《"中介逻辑"的特征问题》，论文用三个极普通的真值表为"中介逻辑"建立了三值语义，用几乎完全与经典二值逻辑一样的思想和方法严格证明了"中介逻辑"系统 MP 的特征定理：可靠性、完全性、可判定性与紧致性定理。此外，李祥、李广元的系列论文还获得下述结果：通过引入第四个三值真值表，解决了"中介"命题系统 MP∗ 的特征问题；通过引入三值结构（模型）完全解决了"中介"谓词系统 ML 和 ML∗ 的三值特征问题；证

[①] 朱梧槚、肖奚安：《关于模糊数学的奠基问题研究情况的综述》，《自然杂志》1986 第 1 期；朱梧槚、肖奚安：《中介数学系统 MM 的逻辑演算和公理集合论》（Ⅰ、Ⅱ），南京大学数学系与广州大学知识工程研究所印，1986。

[②] 李祥、李广元：《"中介逻辑"的特征问题》，《科学通报》1988 年第 22 期；李祥、李广元：《"中介"谓词逻辑演算 MF 的特征问题》，《贵州大学学报》（自然科学版）1988 年第 3 期；李祥、李广元：《带等词的"中介"谓词逻辑演算 ME 的三值特征定理》，《贵州大学学报》（自然科学版）1989 年第 4 期；李祥、李广元：《"中介逻辑"与 Woodruff 三值逻辑系统》，《科学通报》1989 年第 5 期。

明了系统 MP 的三个联结词不是三值函数完备的；证明了 MP* 的四个联结词是三值函数完备的，从而获知 MP 是 1970 年 Woodruff 在美国《符号逻辑杂志》(Journal of Symbolic Logic) 上发表的三值逻辑系统①的一个子系统。作者的研究结果表明，"中介逻辑"不过是一个经典的三值逻辑。②

1988 年荷兰 Elsevier 科学出版社出版的《知识库系统、决策与控制中的模糊逻辑》一书的"模糊类比推理及应用"部分，为贵州陈世权、陈谆熙所写。这一部分主要讨论三种模糊类比推理方法：贴近度方法、广义加权法和模糊最大途径法，对这三种方法如何应用于实际进行了探讨。陈谆熙、陈世权在《模糊推理的若干方法》(《思维科学通讯》1988 年第 3 期) 一文中，利用三角模式构造出一维模糊推理的数学模型，并讨论了多维多层次模糊推理及其可能性分布问题。郭嗣琮、陈世权的《一种自学的模糊推理模型》(《阜新矿业学院学报》1993 年)，运用一组独立观测的随机样本构造模糊蕴涵关系，并在特征统计推理的基础上，扩充了随机样本的形式，提出了根据规则生成的自学模糊推理模型。

赵春高的《从 2 值逻辑到 2^k 值逻辑》③，把 2 值逻辑推广到 2^k（k 为正整数）值逻辑，在集合论中列举出 2^k 值逻辑的模型，并介绍 2^k 值逻辑的应用。

蔡曙山的《多值逻辑的哲学意义》④，首先简要介绍了多值逻辑的历史，分析它的发展动因，并给出一些重要的多值逻辑系统；其次介绍多值逻辑在直觉主义逻辑和量子力学逻辑中的应用；最后讨论了多值逻辑与经典二值逻辑的关系，以及逻辑的意义及真理的相对性。

四 模态逻辑与道义逻辑研究

模态逻辑属于非经典逻辑的一个重要分支，道义逻辑的创立又是通

---

① P. W. Woodruff, "Constructive Three-Valued Logic," *Journal of Symbolic Logic* 35 (1970)：1 – 183.
② 张清宇：《中国哲学年鉴 1989》，第 283 页。
③ 赵春高：《从 2 值逻辑到 2^k 值逻辑》，《贵州教育学院学报》(社会科学版) 1992 年第 1 期。
④ 蔡曙山：《多值逻辑的哲学意义》，《贵州社会科学》1991 年第 12 期。

过与模态逻辑类比而实现的,所以,它又被认为是模态逻辑的一个分支,属于广义模态逻辑。

1. 模态逻辑

"模态"一词是英语 modal 的音译词,含有样式、程式的意思。在此,模态指事物或者认识的必然性和可能性等性质。在传统的模态逻辑中,人们一般只考察必然性、或然性等模态性质,我们称这些模态概念为狭义模态。在现代逻辑文献中,又把这类模态称作真值模态(alethic moality)。20 世纪 30 年代以来,逻辑的研究领域获得了很大的扩展,人们对模态的理解也更加宽泛。除了必然、可能以外,还把必须、允许、禁止、知道、相信等这些非真值函项(或非外延的)性质都看成模态,这种模态我们称为广义模态。模态逻辑的思想最早可以追溯到古希腊的亚里士多德,他深刻准确地论述了"必然性""可能性""不可能性"等模态概念,还将"必然""可能"等模态词加到 AEIO 四种简单命题上,构成了模态命题,并进而研究了模态三段论。中世纪的一些逻辑学家扩大了人们对模态词和模态命题的认识。

直到 20 世纪,随着普通逻辑命题演算的成熟,模态逻辑才获得较大发展,成为具有丰富内容的现代模态逻辑。20 世纪初,罗素和怀特海基于实质蕴涵建立了经典的命题演算。但是,一些逻辑学家发现,经典命题演算会产生"蕴涵怪论",因此,他们对这一系统不满意,希望能够建立反映日常关系的推理系统。为此,美国逻辑学家刘易斯(C. I. Lewis)提出了不同于实质蕴涵的严格蕴涵,并以罗素的古典命题演算为蓝本构造了一系列严格蕴涵系统 $S_1 \sim S_5$,这就是最初的模态逻辑系统。所谓严格蕴涵就是指在实质蕴涵基础上增加一个必然性模态词而得到的蕴涵。严格蕴涵系统的提出标志着出现了一种新的逻辑,这就是现代模态逻辑。20 世纪 50~60 年代,一些逻辑学家通过对莱布尼兹的可能世界概念加以改造,提出了可能世界语义学,模态逻辑获得了严格的语义对象和工具,模态逻辑更加完善,并形成了一个规模庞大的学科群,极大拓宽了逻辑学的研究领域。

贵州逻辑界对模态逻辑的研究成果不多,目前还未发现有研究模态逻辑的专著问世。2004 年，张学立和陈锐编著的《现代逻辑导论》① 因此专列一章来探讨模态逻辑。该章分为四节。其中第一节为模态逻辑概述，介绍了模态词和模态命题、模态命题及其形式和现代模态逻辑的产生；第二节主要介绍模态命题演算（系统），涉及模态系统 K、D 与 T、S4 与 S5，以及模态逻辑的其他系统，并讨论几种常见模态系统之间的关系；第三节介绍可能世界语义学；第四节探讨了模态逻辑系统的元逻辑问题，包括系统的可靠性、一致性和完全性。

2. 道义逻辑

道义，来源于希腊文"δεουτως"，有"义务""应该"等含义。顾名思义，道义逻辑是研究包含"应当""义务""允许"等语句的逻辑。"应当""允许"等词常常出现在规范中，所以有人亦称之为规范逻辑，或义务逻辑。"应当""允许"等词属于模态词，为了与真值模态词"必然""可能"相区别，一般称之为规范模态词，或道义词。道义逻辑的创立是通过与模态逻辑类比而实现的，所以，它又被认为是模态逻辑的一个分支，属于广义模态逻辑。道义逻辑的研究一般是以命题逻辑、谓词逻辑为基础，通过添加一些道义词作为初始概念，再加以语义解释，构筑道义逻辑系统的。

道义逻辑在现代逻辑的大家庭里是一个年轻的成员，但是，一些逻辑学家仍然习惯于从亚里士多德那里寻找根据，似乎唯有如此才足以论证道义逻辑的合法性。道义逻辑的创始人冯·赖特（von Wright）也不能免俗。冯·赖特认为，道义逻辑是一种行为逻辑，道义推理属于行为推理，行为推理又属于实践推理的范畴。由于对于实践推理这一逻辑论证类型，亚里士多德在构筑他的三段论体系时就已经注意到，因之冯·赖特认为，道义逻辑这种研究方法最早可以追溯到亚里士多德。为了证明自己的观点，冯·赖特总算从亚里士多德的伦理学著作《尼各马科伦理学》中找到一个例子。② 尽管从亚氏著作中可以找到很多关于道义概念，

---

① 张学立、陈锐：《现代逻辑导论》，贵州人民出版社2004年版。
② 〔古希腊〕亚里士多德：《尼各马科伦理学》，苗力田译，中国社会科学出版社1999年版，"第七卷第三章"，第 147 页。

如"应当"的论述,但是,把道义逻辑的思想追溯到亚氏那里多少有些牵强。

根据逻辑学家西蒙·昆特拉（Simo Knuuttla）的考察,道义逻辑明确的起点起码可以追溯到 14 世纪。① 在中世纪,还有一些逻辑学家已经注意到模态逻辑和道义逻辑之间的类比,例如,霍尔科特（Robert Holcot）在《神学变论》问题 9 中讨论了基于模态逻辑和道义逻辑之间的类似而形成的某些论证。但是,中世纪的道义思想对于道义逻辑的创立者马利（Ernst Mally）和冯·赖特并没有太大的影响。因此,中世纪的道义思想与后来的道义逻辑研究并没有一种源流关系,这也是逻辑学家不把道义逻辑的产生追溯到中世纪的原因。

到了近代,一提起道义逻辑,人们自然就想起两个人：边沁和莱布尼兹。边沁提出了"命令或意愿逻辑"的伟大思想,认为它将变成逻辑的一个新领域,"没有被亚里士多德所触及的领域",并且提出了著名的"边沁法则"：如果某个东西是应当的（即一个命令）,那么它就是不禁止的。当道义逻辑系统实际上建立起来之后,我们回过头来才发现,边沁也堪称道义逻辑这门学科的一位有成就的先驱。莱布尼兹在 *Iuris Modalia* 一书中提到道义范畴"义务"（oblicatory）、"允许"（licitum）、"禁止"（illicitum）以及"既非义务又非禁止"（facultative）等等,并且说这些道义模态词完全可以转化为亚里士多德的模态词。莱布尼兹第一个看到了模态逻辑和道义逻辑之间的可相互定义性。但是,对于概念之间的相互定义性进行详细研究的要归功于奥地利逻辑学家霍夫勒（Alois Hofler）。他在 1880 年写作但是发表于 1917 年的一篇论文中详细探讨了这种相互定义性。如果以建立形式系统为现代道义逻辑的起点的话,那么第一个力图建立规范性概念形式理论的哲学家应是恩斯特·马利,他在 1912 年的专著《义务的逻辑：意愿逻辑初步》中,表述了"应该"概念的一个公理系统。这就引发了现代逻辑学家对于道义逻辑的一系列讨论。由于马利系统内部存在不一致,因而是一个失败的系统。对道义逻辑做出创造

---

① R. Hilpinen, ed., *New Studies in Deontic Logic*, D. Reidel Publishing Company, 1981, pp. 225–248.

性贡献的当属芬兰逻辑学家冯·赖特。1951年他在《心灵》杂志上发表了经典性的文章"道义逻辑",这在道义逻辑发展史上迈出了重要的一步,此后有关道义逻辑的许多讨论都与之有关。冯·赖特提出了第一个可行的道义逻辑系统,他自己称之为"道义逻辑的经典系统"。逻辑学家通过对经典系统加以改进,建立了"标准道义逻辑"(Standard Deontic Logic,SDL)系统。冯·赖特也因此被称为"道义逻辑之父"。从20世纪50年代初到80年代初,道义逻辑研究呈现出如下几个趋势:第一,从语形研究深入语义研究;第二,从一元道义系统发展到二元道义系统;第三,从"应当是"的理论发展成为"应当做"的理论。20世纪80年代中期以后,道义逻辑与实践的结合日益紧密,研究方法日趋多元化。

张学立和陈锐编著的《现代逻辑导论》第五章"道义逻辑",介绍了道义逻辑的基础理论和标准系统及其存在的问题。为解决一元道义逻辑系统存在的问题,引入了二元道义逻辑系统。此外,还对行为人基础上的道义逻辑系统进行了探讨。道义逻辑是逻辑学研究的新领域,二元道义系统的提出时间更短,因此,国内的逻辑研究者对之较为陌生。为此,作者对二元道义系统产生的一些情况进行考察,分析其产生的原因,接着对主要的道义系统进行了详尽的剖析,指出其优缺点。最后,对现存的二元道义系统存在的不足进行了总结。

五 认知逻辑研究

认知逻辑亦称"认识论逻辑"(epistemic logic),属于哲学逻辑的一个重要的分支,研究诸如知道、相信、断定、问题这样一些认识论方面的概念范围内出现的逻辑问题。它不处理事实如何、可能如何、必然如何等问题,而处理认知者对事实知道、相信、断定、疑问等问题,包括知道逻辑、信念逻辑、断定逻辑、问题逻辑等。古希腊哲学家就已对传统认识论概念的逻辑做过研究,如柏拉图在《美诺篇》中已有论述。康德曾研究过意见、信念、知识、确信、确实等概念,认为"意见是不仅主观上,而且客观上都不充分地承认其为真的判断"。冯·赖特

1951 年在《模态逻辑概要》中曾探讨过认识模态。辛提卡（Jaakko Hintikka）于 1962 年发表《知识与信念》，对认识论逻辑的研究做出重要贡献。① 由于目前已把现代逻辑的一些方法用于分析认知论方面的概念，因此人们也把它看成现代逻辑的一个分支。1972 年逻辑家霍丘特（Max Hocutt）发表了《认知逻辑可能吗?》，明确提出了认识论逻辑能否成立的问题，并引起认识论逻辑的广泛讨论。目前，逻辑学家已逐渐构造出一些知道逻辑系统、信念逻辑系统、断定逻辑系统和问题逻辑系统。

董英东的《认知逻辑存在的问题及发展趋向》②《单主体自认知逻辑系统》③《多主体自认知逻辑系统》④ 等文章考察了认知逻辑存在的问题、解决方案以及认知逻辑的发展趋向等。《认知逻辑存在的问题及发展趋向》一文指出："认知逻辑已经发展得相当成熟了，但它也面临着种种的问题和挑战（如逻辑全能问题）。除了传统的逻辑全能问题之外，还存在其它哲学方面的一系列问题。尽管认知逻辑面临着一系列的问题，但它还是取得了长足的发展，逐渐从静态向动态发展，从单主体向多主体方向发展，同时研究的方法也多样化起来。"⑤ 摩尔提出的单主体自认知逻辑系统，主要包括基本思想、自认知系统的语言及稳定理论和一致性，以及 S_5 系统及其等价式的证明。而莱维斯克将摩尔的系统扩充为单主体唯一知道逻辑，并阐述了其语形和语义理论。董英东的《单主体自认知逻辑系统》重新修正了莱维斯克的唯一知道逻辑系统，并且提供了一个转换的语义解释，通过对转换语义的使用，简化了修改后的系统的可靠性和完全性的证明。⑥ 多主体的自认知逻辑系统，是在单主体唯一知道逻辑系统的基础上进行的扩充。董英东的《多主体自认知逻辑系统》将单主体的 K_{45} 系统扩充为多主体的 K_{45n} 系统，并介绍了该系统的语法规则和

---

① 冯契主编《哲学大辞典》（修订版），上海辞书出版社 2010 年版，第 1192—1193 页。
② 董英东：《认知逻辑存在的问题及发展趋向》，《毕节学院学报》（综合版）2009 年第 3 期。
③ 董英东：《单主体自认知逻辑系统》，《毕节学院学报》（综合版）2010 年第 3 期。
④ 董英东：《多主体自认知逻辑系统》，《西南大学学报》（社会科学版）2009 年第 5 期。
⑤ 董英东：《认知逻辑存在的问题及发展趋向》，《毕节学院学报》（综合版）2009 年第 3 期，第 43 页。
⑥ 董英东：《单主体自认知逻辑系统》，《毕节学院学报》（综合版）2010 年第 3 期。

稳定集以及典范模型的语义和证明理论，同时也对该系统的可靠性和完全性进行了证明。①

六 粗糙集理论及格值逻辑研究

粗糙集理论是波兰科学家波拉克（Z. Pawlak）于1982年提出的一种数据分析理论，目前已发展成为一种处理模糊和不确定性信息的数学理论，并且成功地应用于机器学习、模式识别、决策支持、数据挖掘、过程控制等领域。粗糙集理论在数据库知识发现中的应用推动了粗糙集理论的研究，粗糙集的代数结构分析是粗糙集理论研究中最活跃的研究分支之一。由于粗糙集代数具有基本的逻辑代数结构，若能建立粗糙集代数和逻辑代数的联系，就可以借助已有的逻辑系统的研究结果来讨论粗糙逻辑并深入研究粗糙集的结构。

张家锋在《非经典逻辑代数的粗糙性研究》②中，探讨了粗糙集代数与非经典逻辑代数的关系，将粗糙集理论应用于MV－代数和R0－代数，讨论其滤子的粗糙性并研究同态映射之下滤子的性质。主要取得了如下的研究结果：（1）从粗糙集的偶序对（＜下近似集，上近似集＞）表示入手，通过定义偶序对的基本运算，构造出相应的粗代数，进而找到能够抽象刻画偶序对性质的一般代数结构，比如剩余格、BL－代数、MV－代数、R0－代数。（2）滤子是非经典逻辑代数中的一个基本结构，对于相应逻辑系统的研究具有重要意义。该文将粗糙集理论应用于滤子理论，引入了上、下粗糙滤子的概念，讨论它的基本性质，推广了非经典逻辑代数中滤子的相关性质。（3）对于R0－代数上的同态映射f，引入了f的对偶核的概念，并证明了对偶核是一个滤子。此外，张家锋等对格值逻辑进行了可贵的探索。

格是一类重要的代数结构，其中既有可比较元又有不可比较元，能对现实世界中许多现象进行有效的刻画，以格蕴涵代数为真值域的格值逻辑能够处理现实世界中存在的模糊性和不可比较性，因此，研究基于

---

① 董英东：《多主体自认知逻辑系统》，《西南大学学报》（社会科学版）2009年第5期。
② 张家锋：《非经典逻辑代数的粗糙性研究》，硕士学位论文，西南交通大学，2006。

格值逻辑的语言真值 α-广义语义归结自动推理，能以语言值为归结水平对客观世界中带有模糊性和不可比较性信息的命题进行机器证明。基于格蕴涵代数的格值逻辑是一种重要的格值逻辑系统，能够对可比较信息和不可比较信息进行有效的刻画。张家锋、彭麟淋和李景云的《关于格值逻辑系统中语义归结的几点思考》[1] 讨论了该逻辑系统上的语义归结问题，得到了一些相关结论。

七 描述逻辑研究

描述逻辑是一种基于对象的知识表示的形式化工具，是一阶谓词逻辑的一个可判定子集。描述逻辑的重要特征是它具有很强的表达能力和可判定性，在众多知识表示的形式化方法中，描述逻辑受到人们的特别关注，近年来描述逻辑已成为计算机科学和人工智能的研究热点。

描述逻辑中的循环定义是描述逻辑长期以来的研究难点，其中描述逻辑循环定义最基本的问题（语义及其推理机制问题）没有得到很好的解决，甚至在已给出的描述逻辑循环定义的研究结果中存在错误。例如，巴德尔（Baader）和纳特（Nutt）的《基本描述逻辑》[2] 关于描述逻辑循环定义的一个重要结果（命题 2.9）就是错误的。2008 年，曹发生、余泉等在《循环 ALCN - Tbox 具有模型的条件》[3] 中指出了《基本描述逻辑》的命题 2.9 (Let T be a terminology such that each cycle in GT contains an even number of negative arcs. Then T is monotone) 的错误，并对命题 2.9 进行了修改，给出了循环 ALCN - Tbox 具有不动点模型（最小不动点模型和最大不动点模型）的条件。

描述逻辑推理机制研究是描述逻辑研究的热点问题之一，在过去的几十年里人们主要研究的是概念之间的包含关系和实例检测，这两种推

---

[1] 张家锋、彭麟淋、李景云：《关于格值逻辑系统中语义归结的几点思考》，《毕节学院学报》（综合版）2011 年第 1 期。
[2] F. Baader, W. Nutt, "Basic Description Logics," in F. Baader, D. Calvanese, D. McGuinness, D. Nardi, P. Patel-Schneider, eds., The Description Logic Handbook: Theory, Implementation and Applications, Cambridge: Cambridge University Press, 2003, pp. 47 – 100.
[3] 曹发生、余泉等：《循环 ALCN - Tbox 具有模型的条件》，《计算机学报》2008 年第 1 期。

理并称为描述逻辑的标准推理。研究者们也得到了一系列的标准推理的推理算法并且得到了广泛应用。但是所有标准推理算法都是在假定知识库已经建好的基础之上得到的,而对于知识库如何构建,建立的知识库中是否存在矛盾、知识库本身是否一致是研究者无法回避的问题。如果知识库存在矛盾和不一致,则所有的标准推理算法就变成空中楼阁。为了解决这一矛盾,研究者们提出了另外一种新的推理问题——非标准推理。非标准推理主要包括最具体概念、最小公共包含、匹配问题、概念的重写等等。曹发生等对不同的描述逻辑系统的一种重要的非标准推理——概念的最小公共包含进行了研究,代表性成果列举如下。

张维、侯金宏、曹发生等在《描述逻辑系统 FLEN 中概念的最小公共包含算法研究》[①] 中研究了描述逻辑系统 FLEN 中的一种重要的非标准推理——概念的最小公共包含,它同时含有数量限制和存在限制,是对前人工作的推广。他们定义了 FLEN 中概念的描述树及描述树之间的同态关系,给出了概念之间包含关系的推理算法,然后通过两棵概念描述树的笛卡尔积给出了两个概念的最小公共包含推理算法,并指出了概念 A、B 的最小公共包含概念 LCS(A,B)的大小 size(LCS(A,B))是随着 size(A)、size(B)呈指数增长的。

曹发生和张维在《描述逻辑系统 UEVN 中概念的包含关系》[②] 中研究了描述逻辑系统 UEVN 的概念的包含,利用定义 UEVN 中概念的描述树及描述树之间的同态关系,给出了概念之间包含关系的充要条件。

曹发生、张维、张学立、张家锋在"The Relation between the Number Restriction and the Value Restriction on Fragments of ALCN"[③] 中研究了描述逻辑系统 ALCN 中的数量限制和任意限制的联系。他们通过定义了 ALCN

---

① 张维、侯金宏、曹发生等:《描述逻辑系统 FLEN 中概念的最小公共包含算法研究》,《计算机研究与发展》2010 年第 6 期。
② 曹发生、张维:《描述逻辑系统 UEVN 中概念的包含关系》,《计算机工程与应用》2010 年第 30 期。
③ Fasheng Cao, Wei Zhang, Xueli Zhang, Jiafeng Zhang, "The Relation between the Number Restriction and the Value Restriction on Fragments of ALCN," *Proceedings of the 9th International FLINS Conference*: *Computational Intelligence Foundation and Applications*, August, Chengdu, China, 2010, pp. 882 – 886.

中概念的图表示，利用任意限制来给出概念图中的边，借助图论中的极大完全子图算法给出概念图的极大完全子图的顶点数即是数字限制中的那个数字。

张维、曹发生、余泉、王驹在《描述逻辑系统 ELN 中概念的最小公共包含算法研究》[①] 中研究了描述逻辑系统 ELN 中的非标准推理——概念的最小公共包含。他们定义了 ELN 中概念的描述树及描述树之间的同态关系，给出了概念之间包含关系的推理算法，然后通过两棵概念描述树的笛卡尔积给出了两个概念的最小公共包含推理算法，并指出了概念 A、B 的最小公共包含概念 LCS（A，B）的大小 size（LCS（A，B））是随着 size（A）、size（B）呈指数增长的。

在描述逻辑中，将本体看作一个逻辑理论，一个本体被形式化为给定的描述逻辑系统的一个 Tbox。本体是动态的实体，为了适应新领域的发展，需要对原始本体进行扩充。但是扩充后的本体与原始本体是否保持逻辑一致性是目前研究者们所关注的焦点。

汪天友和曹发生在《描述逻辑 FL0 循环术语集的可满足性》[②] 中研究了描述逻辑系统 FL0 中的基于图的互模拟的方法，给出了描述逻辑 FL0 循环术语集的可满足性条件，并且证明循环术语集 FL0 的可满足性的推理是多项式复杂的。

聂登国、康旺强、曹发生、王驹在《描述逻辑系统 FL0 包含推理及保守扩充》[③] 中研究了描述逻辑系统 FL0 的保守扩充问题。首先构建了 FL0 的典范模型，将包含推理问题转换为典范模型的模拟问题；其次由典范模型之间的最大模拟是多项式时间复杂的，证明了 FL0 的包含推理是多项式时间复杂的；最后给出描述逻辑 FL0 的保守扩充及其判定算法，证明了 FL0 的保守扩充的判定算法是指数时间复杂的。

---

① 张维、曹发生、余泉、王驹：《描述逻辑系统 ELN 中概念的最小公共包含算法研究》，《计算机工程与科学》2012 年第 2 期。
② 汪天友、曹发生：《描述逻辑 FL0 循环术语集的可满足性》，《计算机工程与应用》2012 年第 14 期。
③ 聂登国、康旺强、曹发生、王驹：《描述逻辑系统 FL0 包含推理及保守扩充》，《计算机研究与发展》2015 年第 1 期。

第三节 制约逻辑及其在贵州的传播与影响

20世纪80年代初至今,制约逻辑创始人林邦瑾与贵州逻辑界广泛交流,并探讨制约逻辑思想,在贵州成立了全国首家制约逻辑学会并出版了其代表作《制约逻辑》一书,他所创立的制约逻辑理论体系直接影响了贵州的一大批学者,发表了数十篇关于制约逻辑的论文,出版了多部关于制约逻辑的论著,在逻辑学和人工智能领域产生了一定影响。截至1999年,至少有32人次(详见表3-1)受到"国际逻辑学、方法论与科学哲学大会""世界泛逻辑大会""国际数理逻辑研讨会""世界哲学代表大会""国际符号学大会"等特邀参会,并发表论文。贵州学者接受国际逻辑学领域高规格会议邀请人数之众、次数之多,值得关注。制约逻辑在贵州的传播和影响是逻辑科学在中国传播、发展的一个特殊现象,值得深入研究。

一 制约逻辑的创立

林邦瑾,1937年生,浙江宁波人,一个东海之滨的渔家子弟,于1954年以优异成绩考入清华大学。他以各科全优的成绩和善解难题的特长,被学友们誉为"智多星",尤以"电磁场图解分析法"的研究、"反函数积分定理"的探索和"力螺旋"的精确计算得到老师们的青睐。不久他被推选为清华大学学生会学习部长和系团总支书记。1957年,一场政治风波席卷全国。随后他便开始了"监督改造"的生活。面临这场空前的政治风波,林邦瑾先生在思考着:"人生在世,总要做点什么。"这一思考便成为他从事研究的初衷(鉴于自己"右派"的政治处境,所学专业不敢涉足);他曾想到过研究数学,但苦于得不到必要的资料而作罢;选择了逻辑学他却没有刻意追求逻辑学。林邦瑾先生在贵州大学讲学期间曾多次向笔者谈起他大学期间所学的一门课程叫"非电量的电量测",其核心思想就是用非电量的方法测电量,受该课程的启发,他就思考:如何用数学的方法去研究逻辑但又不能让逻辑成为数学。这就是他构建一门新逻辑学体系的最初思想火花。这一思想火花本身给这门学说的创立设置了理论上的难度：数理逻辑尽管具备严格精密的演算技巧，但它将传统逻辑的推理格式处理为恒真的真值函数、个体－真值函数，林先生认为这是不恰当的，它使逻辑变成了数学，失去从已知进入新知这一逻辑本该具备的推理功能；而传统逻辑尽管具备从已知推出新知的作用，但又不曾系统地采用精密的符号语言，演算技术十分简陋、陈旧。扬二者之长而避其短，乃其拟构建理论体系的基本要求。鉴于这一思考，使制约逻辑体系中的"两个独立性"的揭示成为必要和必然。北京开关厂改建前的厂区有几排红砖平房，那是职工业校的教室，也是林邦瑾先生最初的"科研"场所。在这里，他完成了自亚里士多德、罗素以来，古老的形式逻辑和现代数理逻辑的研读，指出形式逻辑和数理逻辑各自的痼疾，并在此基础上开始了理想中的新的逻辑理论的构思。当时的环境中，林邦瑾先生完全没有注意到身边那些注视着他的警惕而疑惑的眼神。夜间值班的保卫干部推门走进教室，他在林邦瑾先生的对面坐下，把乌亮的步枪揽在怀里……。就是在这种善良而警惕，盲目而认真的监督和保护之下，林邦瑾先生得以潜心研究。然而，他的演算底稿被卖了！几卷不起眼的"废纸"，却是他十年的心血。一切，必须重新开始。

经过不懈努力，林邦瑾先生构建的新的逻辑系统——制约逻辑的语构学部分于1968年基本完成。随后进行制约逻辑语义学和语用学的探索。林邦瑾认为，传统形式逻辑紧密结合普通逻辑思考实际，坚持不许循环的推理论证能得出新知的主导思想。然而，对于连小学生都会自发运用的一些推理，它却不能从理论上加以分析。它大体上是一堆用手工业方式收集的为数不多的推理格式。正统数理逻辑，系统地采用现代数学方法，论证严密，构造巧妙，具有现代科学水平。但是，它从产生之日起，就远离普通逻辑思考实际，舍弃了数学所不能包括的逻辑精髓，从而发展成一门根本不同于逻辑的特殊的数学。二者各有所长，也各有所短。林邦瑾立志发扬先秦以墨翟、荀况和韩非为代表的中国古代逻辑传统。他取形式逻辑与数理逻辑的二者之长而舍其短，构造出新颖的制约逻辑体系。关于传统形式逻辑、正统数理逻辑和制约逻辑三者的关系，林邦瑾曾比喻道：如果说传统形式逻辑是照明人类认识客观世界路程的一盏灯笼，那么，正统数理逻辑则是立体声的录放机。而制约逻辑要形式逻辑的"照明性能"，不要它的陈旧、简陋；要数理逻辑的"现代电子线路"，不要它的"录放音性能"，从而设计并制造出现代化的"电光源"。正由于制约逻辑舍弃二者之短，它从诞生之日起，就使它在理论上自外于传统的"两家"，处于孤立的境地。

制约逻辑体系基本建立之后，林邦瑾渴望把它公之于世，以求得到社会的鉴别和承认。"文革"后期，他拜识了我国逻辑学界元老、中国社会科学院哲学研究所研究员沈有鼎先生。① 通过每周二三次、每次几个小时、连续三年的切磋和求教，这位以"对不理解或不同意的观点，要加倍地注意倾听"为座右铭的老学者，终于以睿智的目光和恢宏的气度，赏识了这位身处逆境却勇于在科学研究中开拓新路的中年人。于是，在此后的岁月中，他那精深渊博的学识、浩繁珍贵的藏书都向这位幸蒙垂青的逻辑新秀敞开。同时，沈有鼎又是这一新建逻辑体系严厉而又权威的鉴别者。从 1977 年起，沈有鼎还大力推荐林邦瑾进入逻辑学界，参加全国性的逻辑讨论会。像这样真诚地提携晚辈的学界贤达远不止沈有鼎一位。上海复旦大学哲学系逻辑室沈秉元主任，不仅能宽宏地听取林邦瑾对他本人的逻辑著作的尖锐批评，而且在病危时尽力向出版界推荐《制约逻辑》的书稿。他在弥留之际，致函林邦瑾："愿你独树一帜，峥嵘于中国逻辑界。"在沈有鼎的学生、著名美籍华人学者王浩教授的帮助下，林邦瑾的一篇关于制约逻辑的"摘要"在美国数学会的刊物 Notices 1979 年 2 月号上得以登载。在沈有鼎的帮助和举荐下，林邦瑾先生参加了 1979 年 8 月召开的第二次全国逻辑讨论会，1981 年 5 月出版的《全国逻辑讨论会论文集 1979》收录了林邦瑾的《够用的无衍系统 Cm》。Cm 系统是制约系统中最小的一个子系统，即制约系统命题演算部分（此外，制约系统还包括一个隶属于一个的名词演算 Cn 系统和带等词号的名词演算 Cnd 系统以及建立在 Cnd 基础上的关于初等数论的形式系统 N）。1983

---

① 1986 年 8 月 2 日《经济日报》发表题为《"论敌"间的友谊》（作者任彦圣、余良军）一文，详细叙述沈有鼎与林邦瑾之间的争论、切磋以及沈先生对林的大力扶持经过。

年10月，沈有鼎先生热情洋溢地为《制约逻辑》写了序，并指出，《制约逻辑》是一部"探索性、创造性的论著"，认为"本书最精彩的地方，是在演绎推理问题上提出的两个独立性——第一独立性和第二独立性"，是"深刻的逻辑理论观点"。沈有鼎先生写道："通过长期的思考，我完全同意作者的下述看法：那些被大多数数理逻辑家排除于逻辑范围以外的'逻辑'问题，仍有相当的一部分是逻辑学家应予以认真对待的。逻辑在哲学的重大难题之一是：演绎推理的结论必须是前提所包含的，何以能给人以新知？难道这'新'是纯粹心理上的吗？关于演绎推理的两个独立性这个逻辑思想的提出，将有助于进一步探索这个难题。这一部分内容是全书的精髓，这对于研究普通逻辑的人来说会是引人入胜的。"① 沈先生还指出："本书涉及的大大小小的逻辑问题很多，也都有至少是初步的解决方案。"② 当然，"书中哪些地方是真理，哪些地方是谬误，尚有待于大家在长期的实践中不断地仔细鉴别"③。沈有鼎先生对制约逻辑的评价是中肯的、客观的和实事求是的，他的评价对于制约逻辑的传播和研究无疑具有积极影响。1985年12月，林邦瑾的专著《制约逻辑》在国内正式出版。从逻辑发展的历史看，至少有两门学科被称为逻辑。这就是传统的形式逻辑和正统的数理逻辑。不少人认为，后者是前者的现代发展形式。而林邦瑾则认为这是一种带有悲剧性质的误解。④ 2300年前，古希腊伟大思想家亚里士多德为源远流长的逻辑发展史树起了第一座丰碑——他写的一部《工具论》，向人类提供了认识客观世界的工具。从此，就形成传统形式逻辑，衍生流传至今。到了17世纪，德国数学家莱布尼兹对逻辑学的发展提出了一种大胆而有趣的设想：当两位数学家为究竟谁的证明正确发生争执时，他建议两人都坐下来，把证明过程像数

---

① 林邦瑾：《制约逻辑——传统逻辑与现代逻辑的结合》，贵州人民出版社1985年版，第2页。
② 林邦瑾：《制约逻辑——传统逻辑与现代逻辑的结合》，贵州人民出版社1985年版，第2页。
③ 林邦瑾：《制约逻辑——传统逻辑与现代逻辑的结合》，贵州人民出版社1985年版，第3页。
④ 林邦瑾：《取两种逻辑之长而舍其短——一谈制约逻辑》，《解放军报》1986年10月31日第3版。

学方程那样算一算。此后，大约过了3个世纪，从19世纪中到20世纪初，经过英国数学家布尔、德国数学家弗雷格和英国数学家罗素等接连不断的努力，按照莱布尼兹的设想，构造出叫作"正统数理逻辑"的一种特殊的数学，它构成了现代三大发明之一——电子计算机的理论基础。这是逻辑学发展史上的第二个里程碑。1986年8月2日《人民日报》刊载《制约逻辑诞生记——中青年学者林邦瑾的一项重大理论创造》①，认为"制约逻辑，向前两座丰碑提出了挑战"。由此引发了关于制约逻辑的一些讨论。《制约逻辑》出版后，美国数学会秘书长利佛库博士把该书的英文摘要推荐给第八届国际逻辑学、方法论和科学哲学讨论会。1986年4月，林邦瑾收到第八届国际逻辑学、方法论和科学哲学讨论会第一副主席、奥地利兰兹堡大学教授瓦因加特纳博士签署的正式邀请函，请他于1987年8月参加在莫斯科举行的国际逻辑学术会议，并作专题发言。由于种种原因，林邦瑾在办理出国手续时遇到困难，胡乔木②得知这一情况后，随即致信胡绳、汝信③和邢贲思④，请求其予以协助办理手续，使林邦瑾得以顺利出国参会并做专题发言。

二 构造"制约逻辑"的动意

传统的形式逻辑由亚里士多德在2300多年前创建，其特点是可以帮助人类由已知进入新知。它从诞生之日起，便深深地植根于使用自然语言的普通逻辑思考之中，在理论上坚持论证不循环等深刻正确的主导思想，并确认在假言推理、选言推理中出现的假言命题、尽举选言命题的真假不取决于支命题的真假，从而确保了所提出的一系列传统推理格式能据以进行不循环的论证。这一认识工具的主要缺陷，是依赖自然语言，

---

① 王友恭：《制约逻辑诞生记——中青年学者林邦瑾的一项重大理论创造》，《人民日报》1986年8月2日。
② 胡乔木并不认识林邦瑾，他仅从《经济日报》上看到《"论敌"间的友谊》这篇"很动人的报道"，并从新华社《国内动态清样》上得知林邦瑾在办理出席莫斯科第八届国际逻辑学、方法论和科学哲学讨论会出国申请时受阻，特为此事写信给胡绳、汝信和邢贲思，请其予以协助，使林顺利成行。
③ 汝信（1931— ），江苏吴江人，时任中国社会科学院副院长兼哲学研究所所长。
④ 邢贲思（1930— ），浙江嵊县人，时任中国社会科学院哲学研究所副所长。

缺乏精确性。因此演算技术便成了发展它的关键。

数理逻辑（亦称"标准逻辑"或"经典逻辑"）构建于 300 多年前莱布尼茨生活时期或者 160 多年前布尔所处的时代。它的主要特点是高度运用数学手段，系统地采用了精密的人工语言和严格的演算技巧来处理问题。然而林邦瑾认为它的致命缺陷是，从产生时起就远离普通逻辑思考实际，把一些原本不是函数关系的复合命题，过于简单地处理成支命题的真值函数（复合命题的真假完全取决于支命题的真假），把原本能够确保不循环论证从而可得出新知的推理格式，变成了同语反复的重言式（恒真的真值函数）、恒真的个体－真值函数。这样，尽管创建它的人的原先用意可能是想用现代数学方法发展传统形式逻辑，但在实际上他们发展的并不是传统形式逻辑的全部和精髓，而只是传统形式逻辑中可以成为数学手段的次要部分。这样，它便不再像传统形式逻辑那样能够推出新知，从而根本上背离了传统形式逻辑的主导思想并与之分道扬镳。迅猛发展起来的数理逻辑在数学基础、开关线路理论、计算机原理等方面地位重要、功能卓著，而且为发展传统的形式逻辑提供一种强有力的数学工具，在演算手段上相当先进。但是，林邦瑾认为，它不过是冠以逻辑之称的一种"离散的基础数学或者基础的离散数学"①。传统形式逻辑与正统数理逻辑是两门性质殊异的学科，前者才是真正的、本意上的逻辑，后者是数学。②

人类要想在思维领域里进行一番大的变革，就必须一方面坚持传统形式逻辑作为真正逻辑科学的深刻而正确的主导思想，另一方面再向数理逻辑借鉴严格清晰的数学方法，取二者之长而舍其短，进行制作加工，实现两者的有机结合，再去处理科学研究和社会生活中的普通逻辑思考中的逻辑问题，这就是构造"制约逻辑"的动意。③

三 制约逻辑在逻辑学中的学科地位

古希腊伟大思想家亚里士多德为源远流长的逻辑发展史树立了第一

---

① 林邦瑾：《制约逻辑——传统逻辑与现代逻辑的结合》，贵州人民出版社 1985 年版，第 9 页。
② 林邦瑾：《形式逻辑和数理逻辑是两门不同的学科》，《社会科学战线》1985 年第 1 期。
③ 林邦瑾：《构造"制约逻辑"的动意》，人大复印报刊资料《逻辑》1986 年第 7 期。

座丰碑——他写的一部《工具论》向人类提供了认识客观世界的工具。从此，就形成了传统形式逻辑，衍生流传至今。到了 17 世纪，德国数学家莱布尼兹对逻辑学的发展大胆提出"普遍文字"的设想，大约 3 个世纪后，从 19 世纪中到 20 世纪初，经过英国数学家布尔、德国数学家弗雷格和大名鼎鼎的英国数学家罗素等人的不断努力，按照原莱布尼兹的设想，构造出被称为"标准逻辑"或"经典逻辑"的正统数理逻辑，这被认为构成了逻辑发展史上的第二座里程碑。

尽管数理逻辑被冠以"经典"的桂冠，但其引发的争议也颇多。近几十年来，各种与经典逻辑有别的非经典逻辑不断涌现。这些非经典逻辑的建立或者有着极其鲜明的哲学动因，或者潜在地隐含着某种哲学背景，因此，林林总总的非经典逻辑被统称为"哲学逻辑"或"哲理逻辑"。"哲学逻辑"和"非经典逻辑"这两个概念内涵虽然很不相同，然而其外延却大致相同。"哲学逻辑"可分为两类：一类是以经典逻辑为基础，通过引入新的逻辑常项以及与这些常项相关的新的公理和推理规则而构成的系统，由此形成的系统称为"扩充逻辑"，如模态逻辑、时态逻辑、道义逻辑、认知逻辑、命令句逻辑等等；另一类是通过否定或修改经典逻辑的一个或多个原则而导致的系统，它们至少在某些定理上与经典逻辑不一致，由此形成的系统称为"异常逻辑"，如多值逻辑、相干逻辑、直觉主义逻辑、自由逻辑、次协调逻辑等等。

从形式上看，已经证明了，经典逻辑命题演算系统 P 是制约逻辑命题演算系统 Cm 的真子系统。① 或者说，制约逻辑命题演算系统 Cm 包括了经典逻辑命题演算系统 P 中的全部定理，Cm 是 P 的扩充，而制约逻辑

---

① 经典逻辑命题演算系统 P 是制约逻辑命题演算系统 Cm 的真子系统，这一观点往往不容易被理解甚至容易被误解。理解这一观点的关键在于，Cm 中的制约算子是独立于否定算子和合取算子的，而根据经典逻辑的特征，仅仅需要否定算子和合取算子（或析取算子，或蕴涵算子）两个算子，就可以完全定义出经典命题逻辑系统中的其他逻辑算子，因此，很明显，Cm 在经典命题逻辑系统算子外增添了新算子，新算子有新的解释，它基于两个独立性从而是非真值函数（也称非真值函项）性质的算子。由非真值函数性质的算子表征的命题，其真假不取决于肢命题的真假。Cm 系统的纯真值演算部分恰好是经典逻辑的命题演算部分，也就是 P，而 Cm 系统在 P 外增添了新算子和新定理。因此，Cm 是 P 的扩充，或者说，P 是 Cm 的真子系统。

名词演算系统 Cn 又是 Cm 的扩充。这样看,制约逻辑命题逻辑部分是经典逻辑命题逻辑部分的扩充,因此,制约逻辑是"扩充逻辑"。此外,制约逻辑还在 Cm 和 Cn 的基础上扩充,构建了一个隶属于一个的带等词的名词演算 Cnd 和关于自然数的初等数论系统 N。

与各种非经典逻辑一样,制约逻辑的创立有着极为鲜明的哲学动因。制约逻辑提出两个重要的元逻辑概念——"两个独立性",并由此刻画"制约关系",以挑战经典逻辑的"实质蕴涵"概念;制约逻辑名词演算系统 Cn 不用"量词",挑战经典逻辑带"量词"的狭谓词演算系统 F。"两个独立性"的提出和"量词"的取消,使制约逻辑成为"哲理逻辑"中的一种颇具特色的"异常逻辑"。

综上可知,如果仅就形式而言,制约逻辑可以被看作一种"扩充逻辑",而如果考察制约逻辑背后的哲学动因,则制约逻辑可以被看作一种颇具特色的"异常逻辑"。

四　制约逻辑的主要特异性

制约逻辑是什么,它与传统逻辑和数理逻辑的关系如何,制约逻辑的特异性究竟何在,等等,诸如此类问题,是人们所关心的。

制约逻辑是在对传统逻辑和现代逻辑批判考察的基础上创立的,它继承了传统逻辑始终深深地根植于和自然语言形影不离的普通逻辑思考实际、在理论上坚持论证不许循环等主导思想,坚定地确认在假言推理、选言推理中出现的假言命题、尽举选言命题的真假不取决于肢命题的真假,从而确保所提出的一系列传统推理格式能据以进行不循环的论证,试图向人类认识提供从已知进入未知的工具。可是,尽管如此,制约逻辑创立者却认为传统逻辑在运用清晰的符号体系和严密的推演技巧上,显得过于陈旧简陋;数理逻辑系统地采用精密的人工语言和严格的演算技巧,为传统逻辑的现代发展提供了强有力的数学工具,然而,制约逻辑创立者认定,数理逻辑把一些原本不是真值函数关系,原本能确保不循环的推理格式变换成恒真的真值函数、恒真的个体-真值函数,从而与传统形式逻辑的主导思想分道扬镳,发展成一门数学。制约逻辑一方面坚持传统形式逻辑深刻正确的主导思想，另一方面向数理逻辑借鉴清晰严格的数学方法，使二者有机结合，去处理科学研究和社会生活中的普通逻辑思考的逻辑问题。

从经典的数理逻辑看，制约逻辑从起点上就是偏离正道的，因为它怀疑经典的逻辑联结词（如实质蕴涵）的可行性和量词的必要性。而这些都是逻辑学家们早就经过深思熟虑，且尔后又经过千锤百炼的。相反，制约逻辑创立者却要怀疑它，触动它。事实上，数理逻辑自产生之日起，就有许多逻辑学家主张改进、修正或替代它。其中的"实质蕴涵"理论是关注的焦点之一。

古希腊麦加拉学派学者斐洛（Philo）曾提出过"实质蕴涵"的观点，并在麦加拉派、斯多亚派内部引起了一场很大的论战。① 1879年，德国数学家弗雷格在《概念语言》一书中，重新描述了实质蕴涵。弗雷格提出了一条著名的原理——弗雷格原理：复合命题的真假完全取决于其支命题的真假。基于这一思想和实质蕴涵理论，弗雷格在逻辑史上构造了第一个一阶逻辑公理系统。由于种种原因，弗雷格的工作在当时没有产生大的影响。直到1910—1913年，罗素和怀特海合著的三大卷《数学原理》出版，实质蕴涵才受到逻辑学家们的广泛注意，并引起了对于它的合理性的持久而激烈的争论。其争论的主要原因是基于弗雷格原理的实质蕴涵产生了远离人的普通逻辑思考实际的"实质蕴涵怪论"。

美国哲学家和逻辑学家刘易斯（C. I. Lewis, 1883 – 1964）不满意弗雷格及罗素的实质蕴涵，认为实质蕴涵所引起的怪论没有反映出联结词"若，则"的逻辑性质，提出"若p则q"应当定义为"p真而q假是不可能的"，这就是刘易斯所提出的"严格蕴涵"，其中引入了"可能"这个模态概念。1914年，他建立了关于严格蕴涵的模态命题演算。1918年，刘易斯出版了《符号逻辑概观》一书，对1914年的系统做了改进。1932年，在他与兰福德（C. H. Lanford）合著的《符号逻辑》中提出了著名的5个模态命题演算系统：$S_1 \sim S_5$。因此，严格蕴涵与现代模态逻辑

---

① Charles Sanders Peirce, "Collected Papers of Charles Sanders Peirce," *Cambridge*, *Mass*, Vol. 2, p. 119; Vol. 3, pp. 279 – 280.

紧密联系。严格蕴涵系统避免了诸如 A⊃（B⊃A）这一类的实质蕴涵怪论，却又产生了自身的怪论。严格蕴涵当初本来是作为与实质蕴涵相竞争的一种推理理论而提出来的，但后来发现，以严格蕴涵为基础的逻辑系统都没能克服蕴涵怪论。后来的严格蕴涵系统已逐渐远离可推出性的研究，转而走上了专门研究模态特别是逻辑模态的道路，最后演变为模态逻辑。①

逻辑学家阿克曼（W. Ackermann）、安德森（A. R. Anderson）、贝尔纳普（N. D. Jr. Belnap）等人从对实质蕴涵和严格蕴涵的批评出发，提出了相干蕴涵。阿克曼指出：A 严密蕴涵（后来被叫作"相干蕴涵"）B，所表达的是 A 和 B 之间的逻辑关系，使得 B 的内容是 A 的内容的一部分，而与 A 和 B 的真值毫无关系。② 1960 年，贝尔纳普提出了著名的相干原理：如果 A 相干蕴涵 B，则 A 和 B 至少有一个共同的命题变元；或者说，A 与 B 相干之必要条件是，A 和 B 具有共同的命题变元。③ 1959 年逻辑学家安德森和贝尔纳普提出了由相干蕴涵和真值联结词构造而成的相干逻辑 R 系统。1958 年至 1962 年，安德森和贝尔纳普将相干逻辑和模态逻辑结合起来，构造了衍推蕴涵（Entailment）系统 E。R 系统引入相干蕴涵，虽然免除了诸如"必然命题为任意命题所蕴涵"等的蕴涵怪论，但从模态的角度考察，它却无法避免模态谬误。如果一个必然命题由一些实然命题推演出来，则推演过程就犯了模态谬误。在 R 中有如下定理：

$$A\to((A\to B)\to B) \tag{α}$$

$$A\to((A\to A)\to A) \tag{β}$$

若将它们加入衍推逻辑系统 E 中，就会导致模态谬误；并且，式（β）是说，如果 A 为实然真命题，则由"A→A"得到的结论 A 是实然真的。但在一般模态逻辑中，常常要求一必然命题的推论是必然真的，R

---

① 周北海：《模态逻辑导论》，北京大学出版社 1997 年版，第 224—225 页。
② W. Akermann, "Begrundung einer Strengen Implication," *Journal of Symbolic Logic* 21 (1956): 113 – 128.
③ N. D. Jr. Belnap, "Entailment and Relevance," *Journal of Symbolic Logic* 25 (1960): 144 – 146.

不能满足此要求。衍推蕴涵逻辑系统 E，不仅反映命题之间的必然关系，又考虑命题之间在内容、意义上的相互关系。因而 E 既是模态逻辑，又是相干逻辑。E 系统既免除了蕴涵怪论，又免除了模态谬误。

可见，认识到经典逻辑联结词与日常语言存在分歧并对数理逻辑进行改造的努力由来已久。制约逻辑创立者刻意选用"Entailment Logic"作为"制约逻辑"的英译名，应该看作这种努力的继续。然而，尽管如此，制约逻辑创立者认为，相干逻辑和衍推蕴涵逻辑仍存在其自身之不足。作为基础数学的数理逻辑中较新的一个独立分支，它们仍然至少存在如下问题：所谓"A'严密蕴涵'B"，所表达的是 A 和 B 之间的逻辑关系，使得 B 的内容是 A 的内容的一部"，并不能实现推理从已知进入新知这一基本要求；把"必然""可能"当作一元模态词；将语言量词当作"逻辑量词"，构造了带量词的相干谓词演算 RQ 系统和衍推蕴涵演算 EQ 系统。

从哲学逻辑类型看，制约逻辑是一种异常型的非经典逻辑。面对各种逻辑疑难，制约逻辑创立者采取了各种最激进的对策。"制约逻辑创立者岂止于对经典的数理逻辑进行限制，简直是对它'釜底抽薪'。因为制约逻辑一方面夺走了它的方法论武器，即精密的人工语言和严格的演算技巧。另一方面，却又把数理逻辑限定为一种独特的离散数学，把它本身从逻辑的范围内赶出去。理由是，尽管数理逻辑象逻辑，狭谓词演算 F 的定理是普遍有效的，但由于它以刻画纯真值函数的联结词和只施加于个体变元的量词为研究对象，因而 F 仍只能算作一种特殊的离散数学。"[①]

实质蕴涵关系是函数关系，传统逻辑中的充分条件关系不是函数关系。为了准确刻画原本为非函数的充分条件关系，制约逻辑创立者提出作为制约逻辑特征性标记的新逻辑概念——"制约"。"制约"与"实质蕴涵"的本质区别在于：经典逻辑中的"A 蕴涵 B"的真值只取决于前、后件 A、B 的真值，是函数关系；而制约逻辑中的"A 制约 B"的真值不取决于前、后件 A、B 的真值，而取决于 A、B 之间有无必然联系（"制

[①] 桂起权：《从逻辑哲学观点看制约逻辑》，《武汉大学学报》（社会科学版）1987 年第 4 期，第 67—68 页。

约关系"），是非函数关系。"A 制约 B""若 A，则 B""A 是 B 的充分条件""A 必然 B"四者同义。

"制约关系"是制约逻辑的特异性所在。为了从理论上阐述其本质，林邦瑾提出了"两个独立性"的元逻辑概念。林邦瑾指出："若 A 则 B"的逻辑语义是："可独立于前后件的真值确定不会是前真而后假（Ⅰ），并且，前件为真可独立于后件的真值确定（Ⅱ）。"Ⅰ称为第一独立性，简称"一独"；Ⅱ称为第二独立性，简称"二独"；两个独立性合称"两独"。"两独"对于作为从已知进入新知的工具的逻辑学来说具有决定性的重要意义。"不是 A 真而 B 假"（A 实质蕴涵 B）是以 A、B 为变元的真值函数关系；而"可独立于前后件的真假确定不会是 A 真而 B 假"就不再是真值函数关系，而是非函数的充分条件关系，因为其中有"一独"。这种不是真值函数关系的刻画清楚以后的充分条件关系，就是制约逻辑中的制约关系。亦即，A 是 B 的充分条件关系的逻辑语义表达——"若 A 则 B"，在制约逻辑中被称为"A 制约 B"，记为"A→B"。由于当有"A→B"时，可独立于 A、B 本身的真假确定（一独）不会是 A 真而 B 假，可独立于 B 真确定 A 真（二独）；故而，当有 A∧（A→B）→B 时，就可独立于 A 与 A→B、B 本身的真假确定（一独）不会是 A 与 A→B 真而 B 假，可独立于 B 真确定 A∧（A→B）为真（二独）。于是，我们就可独立于 B 真去确定 A∧（A→B）为真，并由此去确定原本未确定真假的 B 为真。至此，包含在充分条件关系中的两个独立性是推理能得出新知（B）的逻辑根据，构成了向人们提供从已知（A 与 A→B）进入新知（B）的工具的逻辑科学的两块基石。

由于两个独立性是制约关系的精髓，是推理之所以能够从已知进入新知的真正的理论根据，因此属于元逻辑范畴。回过头来，借助于"独立性"这个元逻辑概念，又可以合理地解释，为什么数理逻辑元语言中使用的通常用来表述规则或元定理的"如果，那么"，不能理解为"蕴涵"。

以数理逻辑一阶谓词演算 F 中的著名的导出规则"后件概括规则""若 x 不在 A 中自由出现且 A→B（x），则 A→∀xB（x）"为例，这其中的表示充分条件关系的"若…，则…"就不是具有两个依赖性的真值函数"实质蕴涵"，而是将充分条件关系刻画清楚后具有"两个独立性"的制约关系。正由于此，这个表示具有"两独"的制约关系的"若，则"才能据以从已有定理（已知）去得出新定理（新知）。这个"若，则"中的"第一独立性"是通过"内涵科学分析法"去确立（确认其成立）的。显然，具有 x 不在 A 中自由出现的 A→B（x）（以 C 表示）、A→∀xB（x）（以 D 表示）形的 F 的形式语言中的良构式（well-formed formula，简称"式"）有无限多对，不可能外延地逐一列举；然而，其内涵（共有且仅有的属性）却可以有限可实施地陈述和把握：后者在前者的后件 B（x）前缀以 ∀x。于是数理逻辑的构造者依据上述内涵（绝不是去考察作为外延的任一对具有 C、D 形的形式语言中的式），采取如下可在有限步内实施并确立其间的"一独"的内涵科学分析法（可称为"公理系统型"）：写出一个被称为"导出规则的证明"的具有下述性质的式的有限序列 Γ：Γ 中含有 C 且以 D 结尾；除 C 外，Γ 中任一式或者是公理，或者是以在前面出现的式为假设使用一次原始规则后得出的结果。任何人一经在有限步内写出有限长的 Γ，这个人（以"他"表示）就确立了：

（1）事实上，C 成立而 D 却不成立这样的事情绝不会发生；

（2）"他"确定了事实（1）；

（3）而"他"在确定事实（1）时，C、D 本身是否成立事实上并未确定，亦即，上述二者的个别例（F 的形式语言中具有相应的形的具体的式）均可以成立，也可以不成立，"他"根本就不曾去考察过任一对具体的式究竟是否成立。

上述三个事实可综合为：可独立于 C、D 是否成立确定不会是 C 成立而 D 不成立。这就称为"C 制约 D"，并以"C→D"表示。其中，"可独立于 C、D 是否成立确定"这个重要的逻辑性质称为"确定制约关系对前、后件是否成立（即为有或为无）的独立性"，并称为"第一独立性"，简称为"一独"。因此，"制约关系"（刻画清楚后的充分条件关系）可更简短地界说为"具有一独的不会是有前而无后"。前后件之间是否具有"一独"，乃是清楚刻画充分条件关系从而不是任何"真值函数"的"制约关系"与作为一种特殊的2值的真值函数从而不具有"一独"而具有"一依"（"第一依赖性"——函数值依赖于主目值）的"实质蕴涵"（简称"蕴涵"，通常以"→"表示，其主目值与函数值的映射关系为：1、1得1，1、0得0，0、1得1，0、0得1，其中，1、0分别表示真、假，亦即相应事件的有、无）的原则分野。譬如，"雪是白的"、"2+2=4"、"我死了"、"我活着"，上述两个二者之间根据"一依"的"函数真值表"全都具有蕴涵关系；然而，由于不具有"一独"，这两个二者之间没有制约关系（与充分条件关系完全一致）。作为正统数理逻辑重要导出规则的"若C则D"要是改说成"C蕴涵D"（或C→D），由于C、D是否成立确定不了，依据"一依"从而这个规则是否成立也确定不了。即使写出了Γ也无济于事，因为此时，C、D是否成立仍然不曾确定。这个导出规则不表述成"C蕴涵D"，而表述成"若C则D"，就是这个缘故：这里的"若，则"是具有"一独"的"制约"（从而可确定其成立）。

除了"一独"外，任何经验（非逻辑有效）的和一系列逻辑有效的制约关系还具有另一项重要的逻辑性质。还是结合上述导出规则"若C则D"来说明。这里有个非常明显的事实：在确定C成立时，无须依据D是否成立（这个事实真是明如观火，要不然，倘若在确定C成立时需依据D是否成立，这个"导出规则"还有什么用呢？）。这个逻辑性质可表述成："前件为有可独立于后件的有无确定"，这也可表述成"可独立于后件的有无确定前件为有"，这称为"确定前件为有对后件有无的独立性"，并简称为"第二独立性"，进一步简称为"二独"。"一独""二独"合称为制约关系的"两个独立性"，并简称"两独"。鉴于蕴涵的"一依"，从而决定了蕴涵重言式（以→为最后连接号的恒真式）的第二依赖性（简称"二依"）：确定前件为真（相应的事件为有）必需依赖于确定后件为真（相应的事件为有），亦即，在后件为真未确定的情况下确定不了前件为真。蕴涵恒真式的"二依"这个性质决定了其前后件之间只能是必定循环的同语反复：后件所说的只是前件所说的真部分或全部。因此，历史上非常恰如其分地称蕴涵恒真式为"tautology"（重言式），意为"同语反复"。

另一个证据可以论证后件概括规则"若 x 不在 A 中自由出现（以 C_1 表示）且 A→B（x）（以 C_2 表示），则 A→∀xB（x）（以 D 表示）（即'若 C_1 且 C_2 则 D'）"中的"若…，则…"并非事实上具有"两依"的真值函数"蕴涵"，而是事实上具有"两独"的"制约"。众所周知，成立蕴涵重言式（$C_1 \land C_2 →D$）→（$C_1→D$）∨（$C_2→D$）。然而，在成立"若 C_1 且 C_2 则 D"的同时，却既不成立"若 C_1，则 D"又不成立"若 C_2，则 D"（倘若将其中任一个加入 F，F 便会立即崩溃）。可见，这个"若…，则…"根本不满足这个蕴涵重言式，从而证明，它不是"蕴涵"，而是"制约"。在制约逻辑中（$C_1 \land C_2 ⥽ D$）⥽（$C_1 ⥽ D$）∨（$C_2 ⥽ D$）不成立，与这里的"若…，则…"完全一致。

制约逻辑的又一个极端做法是"取消量词"。为什么能够取消量词，林邦瑾先生认为所谓"量词"是多余的（引入量词也是不恰当的）。他认为有制约词已经足够。对于日常语言中的"每一个 s 都是 p"实际上与"如果 x 是 s，那么 x 是 p"或"s 必定 p"或"s 不可以非 p"含义相同。因此可以用制约号 s（x）⥽ p（x）。同样地，日常语言中的"有的 s 是 p"实际上与"并非 s 必定非 p"或"s 可以 p"等含义相同。因此可以用制约号表示为：¬（s（x）⥽¬ p（x）），并可以缩写为 s（x）! p（x）。其中，s（x）⥽p（x）称为"必定命题"，s（x）! p（x）称为"可以命题"。基于这种新的阐释，林邦瑾构建了一个不用量词的独特的三段论系统。林氏所构建的三段论系统被认为是："一个既完全合乎其（亚里士多德三段论——引者注）原貌又易为人理解和接受的迄今为止最彻底的（三段论）形式语言系统。制约逻辑这一近乎完美无缺的成功，为三段论这一古老的学说在现代逻辑领域的发展，开辟了灿烂的前景。"[①] 是"传

[①] 张金兴：《亚氏三段论的现代逻辑改造》，《昆明师专学报》1996 年第 2 期，第 68 页。

统三段论在当代中国的新生"①。当然，这一评价妥否，值得研究。

制约逻辑构建者认为，这种逻辑有自己的研究领域、哲学思想和理论观点。每门学科的内容一般至少有三个方面：其一，所研究领域的基本的事实与规律；其二，一定的哲学思想；其三，以基本的事实与规律为依据，以一定的哲学思想为指导，系统地提出来的理论观点。制约逻辑所研究的领域是，"现实世界的对象域上的个体、集、1元或多元函数、1元或多元关系、关系间的真值函数关系、关系间的充分条件（即制约）关系，和上述客观关系的客观规律，以及，它们在意识中的反映——概念（或词）、命题和推理。这中间，制约逻辑以关系间的充分条件（即制约）关系为研究的核心，其余的一切都是围绕这个核心，为透彻地研究这个核心服务的：由于在关系间的充分条件关系的前后件中会出现1元或多元关系、真值函数关系，而在这两者中又会出现个体、1元或多元函数，以及1元或多元关系、真值函数关系（这些构成数理逻辑的主要研究对象），作为一种次要的辅助"②。

制约逻辑的哲学思想为辩证唯物论。制约逻辑最重要的理论观点是，"推理式是现实世界的个体间、类间、个体与类间的一元或多元关系间的条件关系的规律在意识中的反映，是人类认识世界过程中从已知进入未知的初等工具"③。制约逻辑的最显著的特异性可归结为下述元逻辑思想："客观世界具有像化学结构、化学规律一样客观的逻辑结构、逻辑规律；宇宙不仅具有按一定的化学结构、化学规律从原有物质由之生成新物质的化学反应能力，而且，还具有按一定的逻辑结构、逻辑规律从原有事件必然过渡到新事件的逻辑运演机制。制约逻辑即以宇宙际客观的逻辑运演机制为研究对象。"④ 制约逻辑的元逻辑思想旗帜鲜明地表明了自身

---

① 张金兴：《传统三段论在当代中国的新生——从〈工具论〉到〈制约逻辑〉》，《毕节师专学报》1994年第1期，第13页。
② 林邦瑾：《制约逻辑——传统逻辑与现代逻辑的结合》，贵州人民出版社1985年版，第10页。
③ 林邦瑾：《制约逻辑——传统逻辑与现代逻辑的结合》，贵州人民出版社1985年版，第10页。
④ 龚启荣、林邦瑾：《宇宙智能、人类智能、人工智能》，《贵州大学学报》（自然科学版）2002年第1期，第62页。

的逻辑客体说思想。在逻辑史上，具有自发逻辑客体说思想倾向的两个重要人物分别是维特根斯坦和中国近代逻辑先驱王延直先生，比较而言，制约逻辑的逻辑客体说更具自觉性。

制约逻辑体系由语义学、语构学、语用学三者组成。制约逻辑语义学研究客观世界的逻辑结构和逻辑规律，而以其中的客观的制约关系和有关制约关系的客观的逻辑规律为主要研究对象。制约逻辑语构学研究刻画客观的逻辑结构和规律的表意的人工符号的机械的排列结构和变形规则。制约逻辑语用学研究在指谓同一的原则下符号语言与自然语言的互相翻译。总的来说，制约逻辑所研究的领域是：现实世界对象域上的个体、集、一元或多元函数、一元或多元关系、关系间的真值函数关系、关系间的充分条件（制约）关系，和上述种种关系的客观规律，以及它们在意识中的反映——概念（词）、命题和推理。其中，制约（充分条件）关系为研究核心。①

在深入分析人类普通的逻辑思维实际的基础上，运用数理逻辑的演算技巧，林邦瑾提出了命题演算 Cm 系统、名词演算 Cn 系统，以及带等词号的名词演算 Cnd 系统和初等数论的形式系统 N。Cm 中的"制约"命题 $p \rightarrow q$ 跟 p 和 q 的真假共有七种，$p \rightarrow q$ 也获得三真四假的纪录。这一点与刘易斯（Lewis）的严格蕴涵一致。但 Cm 跟刘易斯的模态系统是有区别的。Cm 系统有以下主要特征：（1）在 Cm 中，所谓"必然"，并非某一命题的性质，而只能是两个命题间的联系。$p \rightarrow q$ 表示 p 和 q 之间有某种"必然"联系。（2）除了为一般模态系统所避免的像 $p \rightarrow (q \rightarrow p)$ 等著名的蕴涵怪论以外，Cm 还避免了像 $p \neg p \rightarrow q$ 这一类最难避免因而为一般模态系统所容纳的蕴涵怪论。（3）跟一般模态系统不同，Cm 有像 $[p \rightarrow (q \rightarrow r)] \rightarrow [q \rightarrow (p \rightarrow r)]$ 这一类公式。（4）相当于在一般形式逻辑书中列出的传统命题逻辑推理式的定理它都具有。（5）没有像 $\neg p (p \vee q) \rightarrow q$ 这一类公式。（6）凡是在传统形式逻辑中看起来好像是用了相当于被 Cm 排除了的二值系统中的定理的地方，Cm 都有很好的处理方

---

① 林邦瑾：《制约逻辑语义学、语构学和语用学——四谈制约逻辑》，人大复印报刊资料《逻辑》1986年第12期。

法。在 Cm 系统的基础之上建立的 Cn 系统,只是扩充形式语言(引入个体变元、函数词和谓词),而不用量词。这样不仅在技巧上可避免含有量词的形式系统所不可避免的许多麻烦,使得演算的进程原则上是命题演算,而且从主导思想方面说,这比引入量词更接近普通逻辑思维实际。倘若在 Cm 的基础上引入量词[①],很可能原有的那些紧密结合普通逻辑思维的特征将会因此丧失。再者,没有量词的名词演算 Cn 系统可能对解决判定问题提供新思路。

林邦瑾认为,"两个独立性"是在论证中出现的推理式所必具的确保论证不循环的逻辑精髓。沈有鼎在《〈制约逻辑〉序》中认为,《制约逻辑》"最精彩的地方,是在演绎推理问题上提出的两个独立性——第一独立性和第二独立性。这是深刻的逻辑理论观点"[②]。有学者认为制约逻辑在学术和科学实践等方面有重大意义:它可以分析、处理一系列逻辑史上迄今争论不休、久悬未决的难题。对命题的真假对错、主词存在、宾词周延和演绎推理能否推出新知、已证明的结论是否已证实,以及在数学史上引起第三次数学危机的悖论等问题,都给出了至少是初步的解决方案。[③]

制约逻辑的一个隶属于一个的命题演算 Cm 系统、名词演算 Cn 系统、带等词的名词演算 Cnd 系统以及初等数论形式系统 N,前三个为逻辑演算形式系统,最后一个为建立在 Cnd 上的初等数论形式系统。由于制约系统贯彻了"两个独立性",故而,制约系统 Cm 排除了一切衍式,亦即,Cm 是无衍系统。鉴于 Cm 排除了一切衍式故而排除了 $A\neg A\rightarrow B$,然而 Cm 又包含 $(A\rightarrow B\rightarrow C)\rightarrow B\rightarrow A\rightarrow C$。据此二特征,$Cm$ 与一般的模态系统(如刘易斯的 S_4)殊异(互相包含对方的真部分)。与阿克曼-安

[①] 沈有鼎的研究生张清宇的硕士学位论文《Cm 系统附加量词及等号》通过对 Cm 系统附加量词及等号的研究,提出 QCm 系统。文章引入 QCm 结构的概念,并证明了 QCm 系统对于这种结构的协调性。全文分四节:一,QCm 型理论;二,QCm 型理论中的一些定理;三,QCm 型结构;四,QCm 结构的完全性。共 2 万余字。

[②] 沈有鼎:《〈制约逻辑〉序》,征得沈有鼎同意后载《贵州民族学院学报》(社会科学版)1986 年第 1 期,第 51 页。

[③] 参见孟广雨《林邦瑾提出"制约逻辑"新学说》,《光明日报》1986 年 10 月 6 日第 3 版。

特逊的 E 系统比较，因为 Cm 中的 A→（A→B）→B 等定理在 E 系统中不可证，据此，二者不同。与相干逻辑命题演算 R 系统比较，张清宇认为 Cm 系统与 R 系统等价[1]，但桂起权对此提出自己的看法，认为具有形式等价性（可译性）的系统之间同样可以具有实质的特异性，他并不反对这种形式上的对照，反对的是"从其中引申出错误的结论"[2]，认为"把制约逻辑看作相干逻辑的简单变种是不正确的、不公道的"[3]，但认为二者都是"探讨'衍推'（entailment）关系的逻辑，则是妥当的。再退一步说，即使 Cm 和 R 之间存在比形式等价性更强的等价性，制约逻辑仍不能简单地与现有相干逻辑等同起来。因为，Cm 只是制约逻辑总体系的一部分，只是制约逻辑形式系统序列中的一个最小的系统。就形式系统而讲，除了 Cm 之外，还有比 Cm 大的不用量词的独特的名词演算系统 Cn，还有比 Cn 系统大的带等词号的名词演算形式系统 Cnd。此外，制约逻辑还包含建立在 Cnd 之上的初等数论形式系统 N，对理论物理（如伽利略落体的论证）的形式化处理方法，对辩证命题的形式化处理方法。制约逻辑还有独特的模态理论和'悖论'分析方法等。所有这些课题和头绪都包藏着尚未充分展开的丰富思想"[4]。桂起权由此认为，"一个公正的、尊重科学事实的人似乎不应否认制约逻辑提出者的创造性劳动。……即使制约逻辑的正直的、严肃认真的反对者也会承认这个系统是标新立异、独树一帜的"[5]。如果说 Cm 系统与 R 系统的不等价是相对不等价的话，那么可以说，没有量词的制约逻辑名词演算 Cn 系统与带量词的相干逻辑谓词演算系统 RQ 系统绝对不等价。提请注意：这里的"绝对不等价"是逻辑术语。A、B 二形式系统绝对不等价是指：在不改变A、B 的形式语言的条件下，任意改变 A、B 的公理和规则，均不能使 A、B 等价。A、B 的差异不是在公理、规则这个层次上，而是在形式语言这个层次上，亦即，对 A、B 的形式语言做出纯语构（不顾及语义）对照，

---

[1] 张清宇：《制约逻辑 Cm 系统与相干逻辑 R 系统的等价性》，《数学通报》1987 年第 2 期。
[2] 桂起权：《系统间的形式等价性（可译性）与实质特异性》，《当代逻辑》1987 年创刊号。
[3] 桂起权：《系统间的形式等价性（可译性）与实质特异性》，《当代逻辑》1987 年创刊号。
[4] 桂起权：《系统间的形式等价性（可译性）与实质特异性》，《当代逻辑》1987 年创刊号。
[5] 桂起权：《系统间的形式等价性（可译性）与实质特异性》，《当代逻辑》1987 年创刊号。

A、B 的形式语言中的式未必能互相对译：A 的式对译后可以不是 B 的式，或者，B 的式对译后可以不是 A 的式。① 从语义上说，制约关系与相干蕴涵不同：前者强调"独立性"，后者注重"相干性"。

跟 Cm 对照，尽管 Cn 采用而且只采用 Cm 的全部公理模式与规则，Cn 却扩大了形式语言。Cn 是 Cm 的一个只扩大形式语言的独特的扩充，从而 Cm 只适用于命题逻辑，Cn 则也适用于名词逻辑。比起对原子命题的内部结构不做分析的 Cm 来，鉴于 Cn 将原子命题分析到名词（关系、项），因此，不仅增强了语言表达能力，而且增添了无限多个真正的名词逻辑（需分析到名词后才显出有效）定理。

跟正统的一阶谓词演算 F 对照，从形式上说，Cn 与 F 的形式定理之集交叉，互相只包含对方的真部分。从语义上说，F 的公式与 Cn 的公式的解释含义很不相同：F 的公式是外延的（对无限外延竟然要求根本无法实施的无穷合取），而 Cn 的公式却是内涵的（对无限外延只要求通过可有限实施的内涵科学分析法去建立第一独立性）。因此，Cn 可称为以内涵为主兼顾外延（对无限域或有限域）的名词逻辑。

Cn 包括全部传统命题逻辑与名词逻辑的推导格式（诸如假言、选言、归谬、二难推理，与换质换位、对当关系、三段论、附性、完全归纳、关于"必然""可能"的推理，以及不完全归纳、类比等）。因此，传统的形式逻辑构成制约系统的真子部分。

关于制约逻辑，逻辑学界有各自的看法。华南师范大学的郑锦霞和方稳根认为，"制约逻辑可以说是开辟了现代逻辑发展的新领域"②；上海大学的张金兴撰文指出："制约逻辑确实已给亚式三段论建构了一个既完全合乎其原貌又易为人理解和接受的迄今为止最彻底的形式语言系统。制约逻辑这一近乎完美无缺的成功，为三段论这一古老的学说在现代逻辑领域的发展，开辟了灿烂的前景。"③ 制约逻辑是"传统三段论在当代

---

① 参见盛作国《蕴涵理论研究——从〈墨经〉到〈制约逻辑〉》，贵州大学研究生院，2008 年，第 13 页。
② 郑锦霞、方稳根：《亚氏三段论的古今考察——兼论逻辑表述语言的转向》，《兰州学刊》2000 年第 5 期，第 42 页。
③ 张金兴：《亚氏三段论的现代逻辑改造》，《昆明师专学报》1996 年第 2 期，第 68 页。

中国的新生"①。贵州大学的龚启荣则认为,"制约逻辑是逻辑史上的新突破"②;制约逻辑是"传统形式逻辑在我们时代的崭新发展"③。复旦大学的李欣评论为:制约逻辑是"立于世界逻辑之林的一棵新树","是建国以来最富探索性、创造性和挑战性的逻辑著作"④。

对制约逻辑的批评也较为尖锐、激烈。批评者认为:制约逻辑 Cm 系统与相干逻辑 R 系统等价;制约逻辑不可能定义"必然""可能"这类概念;制约逻辑名词演算 Cn 系统可以证明"可能"与"必然"互制;制约系统包含"怪论";关于初等数论的形式系统 N 可以证明 $1=0$,而 N 的第一条公理就是 $1\neq 0$,所以 N 是不一致的(矛盾的)⑤;制约逻辑的"一独"和正统数理逻辑的"二依"均是虚假的;制约逻辑元逻辑思想定位失当;制约逻辑并未跳出正统数理逻辑的圈子。⑥ 面对批评,有学者针对性地撰文提出自己的看法。⑦ 桂起权先生认为,"制约逻辑作为一种新的逻辑理论是否成功,有待于时间的考验。它很可能遭受种种反驳,甚至被证伪。即使将来被证伪,它也包含成功的一面,因为提出富于启发性的新问题本身就是对于逻辑进步的一种贡献"⑧。究竟孰是孰非,历史终究会给出答案。制约逻辑何处为真理,何处是谬误;对它的学术价值将怎样做出历史性的评价;它能否经受得住社会实践的考验;等等。相信时间终将给予确切的答案。

---

① 张金兴:《传统三段论在当代中国的新生——从〈工具论〉到〈制约逻辑〉》,《毕节师专学报》1994年第1期,第13页。
② 龚启荣:《从对〈悖论〉的剖析看制约逻辑坚定彻底的辩证唯物论思想》,林邦瑾等编著《制约逻辑导论》,贵州人民出版社1990年版,第310—315页。
③ 龚启荣:《制约逻辑——传统形式逻辑在我们时代的崭新发展》,林邦瑾等编著《制约逻辑导论》,贵州人民出版社1990年版,第244—246页。
④ 李欣:《立于世界逻辑之林的一棵新树——读林邦瑾的〈制约逻辑〉》,林邦瑾等编著《制约逻辑导论》,贵州人民出版社1990年版,第247—251页。
⑤ 郭世铭、董亦农:《评〈制约逻辑〉中的几个形式系统》,《自然辩证法通讯》1987年第3期,第72页。
⑥ 倪荫林:《制约逻辑元思想剖析》,《锦州师范学院学报》(哲学社会科学版)2000年第3期,第110页。
⑦ 盛作国:《论"两独"与"两依"——兼评〈制约逻辑元思想剖析〉》,《贵阳学院学报》2008年第1期,第57页。
⑧ 桂起权:《从逻辑哲学观点看制约逻辑》,《武汉大学学报》(社会科学版)1987年第4期,第71页。

五 制约逻辑在贵州的传播与影响

20世纪80年代初，贵州学者开始与林邦瑾接触，制约逻辑遂传入贵州。1985年12月《制约逻辑》一书在贵州问世，1990年在贵州成立了全国首家制约逻辑学会，制约逻辑理论体系直接影响了贵州的一大批学者，贵州学者发表了数十篇关于制约逻辑的论文，出版了多部关于制约逻辑的论著。这在逻辑学和人工智能领域产生了一定影响。数十人次受到数届"国际逻辑学、方法论与科学哲学大会""世界泛逻辑大会""国际数理逻辑研讨会""世界哲学代表大会""国际符号学大会"等特邀参会，并发表论文。以下列出制约逻辑学者出席国际会议或发表文章部分情况，见表3-1。

表3-1 贵州制约逻辑学者出席国际会议或发表文章部分情况

会议时间	会议地点	会议名称	发表论文
1987.8.17—22	莫斯科	第八届国际逻辑学、方法论和科学哲学大会	林邦瑾：《制约逻辑命题演算Cm系统和名词演算Cn系统》；龚启荣：《传统形式逻辑在我们时代的崭新发展》；何伊德：《逻辑科学的新体系》
1988.9.13—23	保加利亚柴卡	Heyting' 88国际数理逻辑研讨会	龚启荣：《人工智能建立的逻辑根据》；崔同庆《制约逻辑对正统数理逻辑的超越》；周训伟：《消解原理与制约逻辑》
1990.6.6—15	保加利亚	Kleene' 90国际数理逻辑研讨会	龚启荣：《传统命题的制约逻辑剖析》；何伊德：《制约逻辑与人工智能》；蒋学锋：《基于CER-LEL方法的知识表示》
1991.8.7—14	瑞典乌普萨拉大学	第九届国际逻辑学、方法论和科学哲学大会	林邦瑾：《制约逻辑名词演算Cn系统》；龚启荣：《制约逻辑可以逻辑地表示一切知识》；何伊德：《制约逻辑是人工智能最合适的逻辑工具》；蒋学锋：《基于制约逻辑的消解原理》；李国富：《制约逻辑坚决而彻底地了结了"永恒的说谎者悖论"》；周感华：《制约逻辑对n元关系的内涵分析》；向容宪：《逻辑规律是客观世界的规律，不是思维的规律》；林邦瑾：《制约系统——命题演算Cm和名词演算Cn系统》；龚启荣：《制约逻辑与知识表示》；周训伟：《基于数理逻辑的程序设计理论中的循环论证》

续表

会议时间	会议地点	会议名称	发表论文
1993.8.22—28	莫斯科	第十九届世界哲学代表大会	林邦瑾:《必然、可能的逻辑性质》;龚启荣:《关于逻辑研究对象的三种理论》《只有制约逻辑才能作为人工智能的逻辑工具》《制约逻辑是知识表示的合适的逻辑工具》;何伊德:《人工智能所面临的困难和制约逻辑的解决办法》;蒋学锋:《基于模糊方法的知识库系统的研制》;罗昭良:《关于语言逻辑》
1989.7.23—28	巴西	第八届拉丁美洲国际数理逻辑专题讨论会	龚启荣:《制约逻辑与知识表示》
1995.8.19—25	意大利佛罗伦萨	第十届国际逻辑、科学方法和科学哲学讨论会	林邦瑾:《什么是制约门》;龚启荣:《关于传统命题AEIO的剖析》;李国富:《悖论探讨》;何伊德:《制约逻辑可以解决人工智能研究中遇到的困难》;高东升:《制约门原理》
1997.10.20—23	中国华东师范大学	第二届东亚符号学国际会议	龚启荣:《正统数理逻辑符号系统F与知识表示》;向容宪:《符号学与语言学和逻辑学》
1999.10.7—9	德国德累斯顿科技大学	第七届国际符号学大会	龚启荣:《制约逻辑符号系统可以逻辑地表示一切知识》

  1990年至2004年,贵州制约逻辑学会每年召开一次学术年会,促进制约逻辑研究的不断深入。2005年至2007年,贵州制约逻辑学会成功举办三届全国性逻辑系统专题学术会议,2008年又举办了全国性逻辑系统、智能科学与信息科学学术会议,既为研究逻辑、智能科学与信息科学以及相关领域的全国各地学者、研究人员提供了一个多学科交流、研讨和报告他们最新研究成果的良好机会,同时也扩大了制约逻辑学术研讨的影响力。与会专家就逻辑系统的构造、特征与应用、智能科学、信息科学的研究路线、方向和新成果应用进行了广泛深入的研究和探讨。本次大会共收到来自全国各地提交的相关论文300余篇,经专家评审录用了168篇。① 2007年,美国《符号逻辑杂志》(副刊)2007年第3期刊载了龚启荣的《制约逻辑符号系统可以逻辑地表示一切知识》核心内容。

---

① 周静:《贵州制约逻辑学会致力学界发展》,《贵州日报》2009年3月6日。

2009年8月9日至15日,由清华大学承办的第十三届国际逻辑学、方法论与科学哲学大会在北京市友谊宾馆举行,张学立应邀参加了此次会议。此次会议是首次在亚洲地区和发展中国家举办的国际逻辑学、方法论与科学哲学大会。"国际逻辑学、方法论与科学哲学大会"(Division of Logic, Methodology and Philosophy of Science, DLMPS)是国际性的逻辑学家和科学哲学家的学术组织,每四年举办一届,是国际逻辑学、方法论与科学哲学界的最高盛会。

六 沈有鼎与林邦瑾——"论敌"间的友谊①

一个新的逻辑学说——制约逻辑已在我国诞生,不久前,四五十万字的专著《制约逻辑》已付梓问世。它的创立在国内外引起反响。

制约逻辑的创立者林邦瑾同志已接到国际逻辑、科学哲学和科学方法论讨论委员会主席的信,邀请他赴莫斯科参加1987年召开的国际学术讨论会并作专题发言。在此之前,我国逻辑界人士还没有接到过这种邀请。

中国人民大学、清华大学、上海教育学院、哈尔滨船舶工业学院等十多所院校邀请林邦瑾前去讲学;辽宁省锦州市和抚顺市还相继成立了制约逻辑研究会。

林邦瑾的知名度在提高。不过,他的一段经历鲜为人知。它简直像块宝藏,理应挖掘出来奉献给读者。

1. 第一次见面②

一名中年男人走出了北京开关厂大门。他步履匆匆,眉头紧皱。

他就是北京开关厂工程师林邦瑾,在中国逻辑学界默默无闻。此时,他要去拜访我国著名的数理逻辑学家沈有鼎,请后者谈谈对制约逻辑的看法。他知道,制约逻辑学说与数理逻辑体系在诸多方面观点尖锐对立,一些研究数理逻辑的人把他的学说当作异端而不予理睬。这次他拜访数

---

① 本小节全文转录自任彦圣、余良军《"论敌"间的友谊》,《经济日报》1986年8月2日。
② 序号由转录者所加,下同。

理逻辑专家沈有鼎,也会遭到冷遇吗?

这是 1974 年深秋的一个下午。

沈有鼎教授在中国社会科学院哲学所工作,早年先后留学美国、英国和德国,是我国数理逻辑学的权威之一。他当时住在北京市朝阳区南小街东罗圈胡同 11 号。

"请坐。"教授搬过来一个小凳。

"我写了点东西……向您请……请教。"他有点紧张。

"不要急,慢慢说。"

他简要讲了自己的学术观点。教授坐在他对面,一言不发,低首垂目,用宽阔而饱满的额头对着他,仿佛在打盹。

他说:"您知道,充分条件关系是形式逻辑最重要的研究对象,并在事实上构成了形式逻辑体系的理论核心,这一理论核心把建立在条件关系上的推理格式当作人类认识的从已知进入未知的工具。"

"现在的问题是,对这一充分条件的逻辑语义,形式逻辑没有语义科学说明,还停留在'有 A 必有 B,无 B 必无 A'的水平上,而它仅仅是两千多年前亚里士多德的水平。"

"我认为,充分条件的逻辑语义是:可独立于前后件的真值确定不会是前真后假,这叫第一独立性;前件为真可独立于后件的真值确定,这叫第二独立性。"

"这两个独立性决定充分条件的推理式中前后件之间存在制约关系,而且前件和后件中存在制约关系,所以,我把我的逻辑叫做'制约逻辑'。"

教授突然抬起头来:"你的两个独立性有什么意义?这有点象玄学。"

"有意义。形式逻辑没有揭(举)充分条件中所蕴含的两个独立性,我给揭(举)出来了。在牛顿发明万有引力定理以前,人们都知道苹果离开树枝会落地,但为什么会落地而不会飞到天上去?不知道。其实是因为地球引力在起作用。我的发明就是要告诉人们'知其所以然',同牛顿发明万有引力定理一样。这样的比喻不一定适当,我不能和牛顿相比,我只是用这个比喻来说明我揭(举)两个独立性的意义,请您理解我。

第三章 现代逻辑在贵州的传入和创新

它听上去有些拗口，也有点'玄'，但举例分析，还是明白易懂的。"

教授说："用数理逻辑的观点看，你的两个独立性根本不是逻辑思想。"

"的确，它不是数理逻辑的逻辑思想。"

接着，两人就"什么是真正的逻辑"展开了争论。两人的声音平缓，但观点针锋相对，争论充满火药味。

九点时林邦瑾起身告辞。临走前他说："沈老，我今天第一次见到您就同您抬杠，不是我不谦虚，而是我觉得自己的观点对，我非这样说不可。我晓得，我还没资格做您的学生，他们有的是北大的一级教授，有的是美国的著名逻辑学专家。我的水平还不如您的学生的水平。请您原谅我的冒昧和大胆。"

"我不同意不要紧，"教授的眼睛看上去很明亮，"你不要往心里去。我们做学问的人，同意就同意，不同意就不同意。我这个人，你慢慢会了解的。有空再来吧，我们的争论还没完呢。"

2. 沈老的格言

上次见面后，林邦瑾在两年之内，每星期去两次教授家"抬杠"。双方在繁复而深奥的逻辑学领域里猛烈碰撞，甚至都想动摇对方逻辑思想的基石。但这种激烈的思想交锋并不妨碍两人友谊的发展。

教授往往有咖啡和水果来招待自己的"论敌"，如果林邦瑾下班后匆匆赶来，没来得及在工厂食堂吃饭，教授就留他进餐。教授还借给他外面借不着的书。

教授如此宽宏和蔼，令他感激敬佩不已，他总是想替教授干点什么，为他经常打扰教授作点补偿。教授夫妇没有子女。教授当时的住所是一间旧平房，墙壁上有的地方石灰剥落，土地面啃坑坑洼洼，他请来几位朋友，补补墙壁，平整平整地面；教授家烧蜂窝煤的炉子坏了，他帮忙糊好。

友谊归友谊，争论归争论，有一段时间，两人就"悖论"展开了一场大战。"悖论"是逻辑学上的术语，现代数理逻辑很注重研究它。

林邦瑾说，罗素的"不自属的集之集悖论"、"理发师悖论"和"理查得悖论"等不过是聪明过度的"智者"们向人类理智开了一个严肃认真的玩笑。

教授不同意他的观点，但他欣赏他别出心裁的分析、新颖独到的论证。

后来，他把话题一转："我认为您的两个'沈氏悖论'也有问题。"

教授曾构造出两个悖论，有关的论文发表在美国《符号逻辑杂志》上。这两个悖论很有名，被国外称为"沈氏悖论。"

他把同教授讨论"沈氏悖论"，作为一个重大战役来对待。他对现有的悖论基本上持否定态度，他要向悖论提出挑战。目前世界上著名的悖论的构造者，要么在国外，要么辞世，在国内见得着的，仅有沈教授一人。因此，在他看来，同"沈氏悖论"作战，就意味着与世界悖论的代表者作战。这是非同小可的事。

问题是以前他与教授的争论并未涉及教授自己最重要、最得意的学术观点"沈氏悖论"，它是教授精神上的爱子，现在他想掐死这个爱子，教授受得了吗？

"请讲。"教授既不恼怒，也不感到突然。

他说："……您构造的悖论比罗素构造的悖论都要复杂，我以为，您的悖论与罗素的悖论在本质上是一样的，也就是说，是不成立的。"

"怎么会不成立呢？"教授站起来，手中扇子的频率加快了（当时是夏天），"我觉得你对我的提法并没有完全理解。"

"我完全理解。……你的观点是不是这个意思？噢，是，那好。用制约逻辑的观点看，这个观点是谬误。"

当时他说出"谬误"二字时，心中微微一震：这个词是不是重了一点？

教授似乎没有理会这个词，但为自己辩解的声音显得有点急促。他说话一向是慢条斯理的。

争论进入高潮。教授一边说一边在屋里踱圈子。看得出来，教授在努力控制自己。

……

这次争论没有结果。

"悖论之争"之后不久，也就是 1977 年，中国逻辑学会举行粉碎"四人帮"以来的第一次学术讨论会。毫无名气的林邦瑾无资格参加，但教授带他去了。他被分到数理逻辑小组参加讨论，小组长不同意他发言，教授就对小组长说："让他讲吧，有人唱反调也好。"小组长属教授学生辈，按教授的话办了。

几年后他问教授："您为什么当初那样对待我的非难？"

教授回答："我有个格言：凡是与我观点不同的意见我要更仔细地倾听。只是没写出来罢了。否则，如果那意见对，你就失去了以错误换取真理的机会；如果那意见错了，你就失去了真理与错误冲突中产生出来的对于真理更清晰的认识。这是合乎逻辑的。"

3. 争论的妙处

在人类精神发展史上，对的意见和错的意见或都包含着真理和谬误的意见混在一起不断发生冲突，整个来说理智的意见占优势。这是因为人类不断完善自己的要求使人类能够修正自己的判断。讨论或者说争论就是纠正错误意见的一个有效手段。当它被人重视并加以运用时，人们就会渐渐摈弃自己的片面性观点，而作出科学的判断，变得聪明起来。

林邦瑾与沈有鼎的争论也是如此。

两人当初的学术观点可谓针锋相对，经过断断续续近十年的争论（近两年教授年事已高，身体欠佳，他才去得少），两人的一些观点奇迹般趋于一致了。教授在《制约逻辑》的序言中写道：

"本书最精彩的地方，是演绎推理问题上提出的两个独立性——第一独立性和第二独立性。这是深刻的逻辑理论观点。……"

显然，教授修正了自己以前对两个独立性的看法。

争论也使林邦瑾修正了一些对数理逻辑的偏激看法。而且他认为他与教授之间的争论胜过闭门冥想十倍，胜过一潭死水、不予交流百倍，胜过压制批评、不让人言千倍！这种激烈的争论，使他受益无穷。

他曾对教授说："数理逻辑不是逻辑，而是离散数学。……"

"你这样责难数理逻辑，你研究过数理逻辑吗？你知道数理逻辑的主导思想、演算技巧和好历代大师的主要观点及其发展演变吗？如果你知道，说给我听听。"教授诘问他。

他讲了数理逻辑的主导思想和演算技巧，对数理大师的观点及其发展演变的考题未当场交卷，而说："等我回去考虑考虑，过几天再来回答您，行吗？"

"当然可以。"

他对历代数理逻辑大师的作品有过接触，但涉猎不深。他看出了自己的不足，通过教授借了一些数理逻辑的经典著作，如罗素的《数学原理》、希尔伯脱的《数理逻辑》，然后回家苦读，写出心得，列出回答"考卷"的提纲，再去找教授。他说完后教授指出他某些方面理解上的片面性。一场争论宛若获得硕士学位的答辩。

后来，他把这个提纲和教授的点拨加以整理，作为给某大学上数理逻辑基础的讲义。

《制约逻辑》的第三章，即古典公理系统、现代公理系统与逻辑演算形式系统是与教授争论后有所启发并通过教授借资料写成的。这一章谈的是逻辑的元理论，即逻辑理论的理论，它出现在《制约逻辑》中，无疑提高了该书的学术价值。

另外，他与教授争论，寻求教授的反驳和质难，试了试自己在家里练了二十多年的"拳脚"，接受了一位第一流拳师的考核，他对自己的"功夫"的深浅有了更清楚的认识。

他觉得，他与教授的争论好处是一言难尽的。

自由的学术争论是智力相加，甚至是智力相乘，因为它能促使人们互相取长补短。

4. 一朵绒花

1986年，《制约逻辑》出版了。第一次看见封面上"制约逻辑"四个金色的大字，林邦瑾心中充满了胜利的喜悦，二十八年的心血没白费啊！他想唱想叫想喊想跳，渐渐地，他想起了教授。

1979年，有人反对把他的一篇文章收进一个论文集，教授对此予以批评，亲自审查过他的文章后，把它收入论文集。

有位逻辑界人士说他读书少，言外之意是他未经过系统训练，没留过洋。教授说："老林搞出了一套新东西，这是事实，它比留没留过洋、受没受系统训练都重要。我们首先要看到这个事实。"

教授为"制约逻辑"写了序言，这就等于审稿，使该书得以顺利出版。……

五十年代就读于清华大学机电系的林邦瑾，1980年被推选为中国形式逻辑学会理事。1987年，他作为中国的一位逻辑学专家首次在世界逻辑学讲坛上宣读论文。这是他的光荣。

回想教授的赞助和支持，看看制约逻辑的声誉和影响与日俱增的现状，他喃喃地说："我有福气呀，碰上了沈教授！"

他信手翻开《制约逻辑》。书上说，形式逻辑坚持不循环论证，坚持推理的结论对前提来说是新知，其主导思想是深刻又正确的，但它的演算技巧陈旧落后，定义不准确；数理逻辑用数学方法作命题演算和狭谓词演算，其演算技巧是严格精密的，可是，它舍弃了一些非数学的逻辑精髓，因而远离了普通逻辑的思考实际。二者各有所长，也各有所短；制约逻辑就是运用严格精密的数学方法，构造的一个能正确体现传统逻辑的深刻正确主导思想的逻辑系统。

他又仔细读了他看了十几遍的那篇序。教授在序中说："这一部实际上是探索性创造性的论著……"

知我者莫若教授！

除了这书之外，他还有一些重要的公式未发表，它们与制造新一代智能计算机有关。逻辑推论和智力是紧密相关的。届时如果用这些公式制造新一代智能计算机获得成功，那又是什么景象！

想到这儿，他在办公室的凳子上怎么也坐不住了。"让教授也分享一下我的快乐吧。"他带着两本《制约逻辑》兴冲冲来到崇文门附近的一座新公寓前。沈有鼎教授的新居就在这里。

教授近年快八十岁了，还是象以往那样把宽阔而饱满的脑门对着他，还是象以往那样慢吞吞地说："祝贺你，你打了一个大胜仗。"

"这要首先感谢您。"

"我为你高兴。"

"我也为您高兴。"

教授显然明白了他的"高兴"的含义，抬起头说："一个有价值的学术观点产生后，他就不光属于创造者个人——你懂我的话的意思吗？"

"懂。"

他留下两本书走了。

公寓外，有一棵点缀着朵朵绒花的大树，它不象白杨树那样挺拔，多数枝丫几乎水平朝着一个方向伸展，树叶浓密，如伞如盖，颇有黄山老松的风姿。绿叶间盛开着朵朵绒花。每朵花由一束绒毛组成，绒毛顶部呈玫瑰色，底部为乳白色，两色过渡自然，互为映衬，更现艳丽。整朵花象一把缩小的淑女用的香扇。清风徐来，遍布大树的"小扇子"款款摇曳，给大树又平添了几份风韵。

端详着美丽的绒花，他脑袋里冒出了《制约逻辑》中的一句话："如果说，意识是宇宙之花，那么，预言是意识之花（预言是靠推理得出的——笔者注）。逻辑思考的园林中盛开着这种奇迹般的瑰丽鲜花……"

"我的制约逻辑就是一朵绒花。"他想。

七　胡乔木致胡绳、汝信和邢贲思的信①

致胡绳、汝信、邢贲思

（一九八七年九月一日）

胡绳、汝信②、贲思③同志：

林邦瑾④同志所创立的"制约逻辑"，我只在《经济日报》上看

---

① 《胡乔木书信集》，朱元石、李良志主编，人民出版社2002年版，第745—746页。
② 汝信（1931— ），江苏吴江人，时任中国社会科学院副院长兼哲学研究所所长。
③ 贲思，即邢贲思（1930— ），浙江嵊县人，时任中国社会科学院哲学研究所副所长。
④ 林邦瑾（1937— ），浙江宁波人，时任北京开关厂工程师。他经过近十年的艰苦探索，在传统形式逻辑和数理逻辑的基础上，创立了新颖的逻辑体系——制约逻辑，为新一代电子计算机的研制提供了新的思路，引起国内外专家的关注。《制约逻辑——传统逻辑与现代逻辑的结合》一书，1985年12月由贵州人民出版社出版。

到一篇很动人的报道，介绍沈有鼎①先生从坚决否认它到充分肯定它和他对林的长期帮助的过程；我至今还未见到林的书，恐很难读懂，但我对沈先生是十分尊敬和信任的。据新华社《国内动态清样》说，现林面临必须在本月内办好出国的迫切问题②，而沈老衰迈，无能为力，如属实，不知能尽力迅速帮助解决否？伫候佳音，如旱望雨。

胡乔木（据胡乔木手稿排印）
八七年九月一日

第四节　贵州籍学者对现代逻辑的贡献

本节所指"贵州籍学者"特指属贵州籍，既在贵州研习或从事过逻辑教研工作，又在贵州省外从事逻辑教学或研究的学者。这些学者的逻辑思想，有的在黔形成；有的发端于黔地，成于黔外；有的则在黔广泛传播且产生重要影响。

一　蔡曙山运用现代逻辑方法构造的三段论系统

蔡曙山，男，1950年生，哲学博士，贵州贵阳人。贵州民族大学民族文化与认知科学学院院长，清华大学心理学系教授，博士生导师，清华大学心理学与认知科学研究中心主任，教育部985重大创新基地清华大学认知科学创新基地主任；中国逻辑学会副会长、常务理事，中国逻辑

---

① 沈有鼎（1908—1989），江苏嘉定人，数理逻辑专家。时任中国社会科学院哲学研究所逻辑研究室研究员。林邦瑾创立的制约逻辑最初哲学界多有非议，沈有鼎先生也不予同意。后林邦瑾向沈先生登门求教，经连续三年的切磋，沈先生终于从不同意到充分肯定，并从1977年起大力推荐林邦瑾进入国际国内的逻辑学术界，并为《制约逻辑——传统逻辑与现代逻辑的结合》一书的出版写了序言。1986年8月2日的《经济日报》（作者任彦圣、余良军）发表题为《"论敌"间的友谊》一文，详细叙述了沈有鼎与林邦瑾之间的争论、切磋以及沈先生对林的大力扶持经过。

② 胡乔木并不认识林邦瑾，他从新华社《国内动态清样》上看到林邦瑾在办理出席莫斯科第八届国际逻辑学、方法论和科学哲学讨论会出国申请时受阻，写信给胡绳等请予以协助，使林邦瑾顺利成行。

学会语言逻辑专业委员会主任；中国认知科学学会理事；国家自然科学基金通信评审专家；国家社会科学基金学科规划评审组专家；教育部人文社会科学规划和项目评审专家；北京市自然科学界和社会科学界联席会议顾问专家；国际逻辑学、方法论和科学哲学协会协理；国际符号学研究会理事；国际符号交际学会会士；恩贝克特国际教育创新联盟主席。已经出版著作6部，在《科学通报》《中国社会科学》《哲学研究》《学术界》《北京大学学报》《清华大学学报》等国内外学术期刊和重要学术会议上发表学术论文150余篇。

蔡曙山1982年7月毕业于贵州大学哲学系，获哲学学士学位；1982年9至1984年7月在贵州省黔南民族师范高等专科学校任教师；1984年9月至1987年7月在中国人民大学哲学系获得哲学硕士学位；1987年9月至1989年7月在贵州教育学院任教；1989年9月至1992年7月在中国社会科学院研究生院获得哲学博士学位，师从逻辑学家周礼全先生；1992年9月至2000年7月在中宣部全国哲学社会科学规划办公室工作，任规划处处长；2000年7月起在清华大学工作；2015年12月任贵州民族大学民族文化与认知科学学院院长、教授。

1984年9月至1987年7月，蔡曙山在中国人民大学哲学系攻读硕士学位期间，完成了其硕士学位论文《一个与卢卡西维兹不同的亚里士多德三段论形式系统》，论文核心部分载《哲学研究》1988年第4期，蔡发文时任贵州教育学院（现贵州师范学院）政治教育系教师。著名的波兰数学家、逻辑学家卢卡西维兹曾运用现代逻辑的方法对亚氏三段论进行形式化的研究，并建立了亚氏三段论的形式系统（以下称 *LS*）。*LS* 使用4条公理和14个断定命题以及3条推理规则，形式地证明了三段论的24个有效式，排斥了其他232个非有效式，并讨论了 *LS* 的元逻辑问题和判定问题。

通过对亚氏三段论进行形式化的研究，卢卡西维兹得到了若干有意义的结果。卢氏认为，（1）亚氏三段论是用变项来表示的逻辑理论。三段论是蕴涵式而非推论式。（2）三段论使用了命题逻辑的定理和推理规则。因此，命题逻辑是比三段论更基本的逻辑理论。（3）三段论是一种

第三章 现代逻辑在贵州的传入和创新

关于非空、非单一的普遍词项的逻辑理论，即关于 A、E、I、O 诸命题常元的演绎系统。这个系统不同于命题逻辑系统，也不同于谓词逻辑系统，"有它自己的公理系统和自己本身的问题"①。

蔡曙山认为，卢卡西维兹的研究是开创性的，但他的工作并非令人满意，主要之点是，他所建立的形式系统并非原来意义上的亚氏三段论系统。② 首先，在使用的公理和断定命题上。LS 的 4 条公理，除 Barbara 之外，其余的都未见亚里士多德作为公理使用过。14 个断定命题，也只有少数两条是亚氏使用过的。其次，在使用的推理方法上。LS 不能体现亚氏三段论的"化归"思想，即不能经由 Barbara 和 Celarent 来证明三段论的其他有效式。其三，在理论体系各个部分之间的关系上。LS 不能说明构成亚氏三段论体系的各种理论，如命题换位理论、名词周延理论、三段论格的理论、化归理论等之间的关系。最后，LS 的这些缺陷，影响了对亚氏三段论的正确评价。蔡曙山进一步指出，亚氏三段论是一个自足的公理系统，无须假定卢氏的许多公理和断定命题，只要根据亚氏本人的思想，首先把三段论建立为一个公理系统，进而就可以把它建立为一个形式系统。蔡曙山的目的就是要改进卢卡西维兹的工作，建立原来意义的亚氏三段论形式系统，以便能更好地用现代逻辑的方法来研究亚氏三段论的系统特征，研究亚氏三段论与其他逻辑理论（如命题逻辑和谓词逻辑）之间的关系，正确、客观地评价亚氏三段论的理论成就及其在逻辑史上的地位。

为了建立亚氏三段论的形式系统，蔡曙山首先分析了亚氏三段论的公理系统，包括 4 条公理和 4 个断定命题。

公　理：

1. Barbara　　　MAP∧SAM→SAP

---

① 〔波兰〕卢卡西维兹：《亚里士多德的三段论》，李真、李先焜译，商务印书馆 1981 年版，第 63 页。
② 蔡曙山：《一个与卢卡西维兹不同的亚里士多德三段论形式系统》，《哲学研究》1988 年第 4 期，第 33 页。

2. Celarent　　MEP∧SAM→SEP

3. E 命题换位律　　SEP↔PES

4. 矛盾关系律　　¬（SIP）↔SEP

　　　　　　　　¬（SOP）↔SAP

断定命题：

Ⅰ（A→B）∧A→B　　　　肯定前件式充分条件假言推理

Ⅱ A∧B→B∧A　　　　　　合取交换律

Ⅲ（A→B∧¬B）→¬A　　　矛盾关系反证律

Ⅳ（A→SAP∧SEP）→¬A　　反对关系反证律

亚氏三段论一共有 24 个有效式，除了公理断定的 Barbara 和 Celarent 之外，还有 22 个有效式，它们都可以用以上公理和断定命题来证明。

在公理化的基础上，他进而建立亚氏三段论的形式系统（简称 AS）。AS 包括初始符号、形成规则、形式公理和变形规则（语法、语义一同陈述）组成。

（一）初始符号（从略）

（二）形成规则（从略）

（三）形式公理

公理 1　bAc∧aAb→aAc

公理 2　bEc∧aAb→aEc

公理 3　aEb→bEa

其中，公理 1 是 Barbara，公理 2 是 Celarent，公理 3 是 E 命题换位律。公理 3 只需用蕴涵式表示，在给出变形规则后，即可得到相应的等值式。

此外，还有两个断定命题：

断定命题Ⅰ（p∧q→r）→（q∧p→r）

断定命题Ⅱ （p∧r→q）→（p∧¬q→¬r）

公式Ⅰ称为"合取前提交换律"，公式Ⅱ称为"矛盾关系反证律"。它们是对亚氏三段论公理系统中相应的断定命题的形式化表述。

以下两个断定命题是对"反对关系反证律"的形式化表述。

断定命题Ⅲ （p∧q→aAb）→（p∧aEb→¬q）
断定命题Ⅳ （p∧q→aEb）→（p∧aAb→¬q）

断定命题Ⅲ和断定命题Ⅳ是含有命题常元 A 或 E 和词项变元的非纯命题逻辑公式。它们都是重言式，可以用真值表法或归谬赋值法加以说明。

（四）变形规则

1. 代入规则（从略）
2. 分离规则（从略）
3. 置换规则（包括定义置换规则和等值换位律置换规则，从略）

亚氏三段论一共有 24 个有效式，除了公理断定的 Barbara 和 Celarent 之外，其余 22 个有效式均表现为 AS 的形式定理。可以证明，AS 系统是一致的、语义完全的和公理间相互独立的。[①] 与 LS 相比，AS 更接近于亚氏三段论的本来面貌。

首先，在使用的公理和断定命题上，AS 的 3 条公理 Barbara、Celarent 和 E 命题换位律都是亚里士多德使用的公理。而 LS 的 4 条公理只有 Barbara 是亚氏使用过的公理。其次，AS 全部定理的证明都经过 Barbara 和 Celarent，这正是亚氏在化归理论中坚持要做并且已经做到了的。AS 充分体现了亚氏三段论的化归理论。而卢卡西维兹使用了其他公理和规则，

---

① 参见蔡曙山《一个与卢卡西维兹不同的亚里士多德三段论形式系统》，硕士学位论文，中国人民大学，1987。

使得 LS 完全不能反映亚氏三段论化归理论的这些特征。最后，AS 体现了亚氏三段论系统中各种基本理论之间的关系。Barbara 和 Celarent 反映了三个词项所形成的两种最基本的关系，因而它们被确定为公理。E 命题换位律充作 E 命题主、宾词的两个词项之间可以互换的这样一种基本关系，它也是词项逻辑的基本前提。至于化归理论，实质上是一种公理化方法。用现代逻辑的话来说，公理之间要相互独立，而推理系统要尽可能完全。

对亚氏三段论进行形式化研究的一个重要意义是，有可能建立一种不同于命题逻辑和谓词逻辑的逻辑系统，这就是词项逻辑。所谓词项逻辑，就是以词项为变元的，关于 A、E、I、O 诸常元的演绎系统。它包括了传统逻辑中非模态演绎推理的全部内容。蔡曙山指出："谓词逻辑引入量词无疑是一个历史的进步，但它却使推理大大地复杂化了。而在某些场合（例如，在词项逻辑的范围内），量词的引入并没有必要。""可以证明，命题逻辑是词项逻辑的真子系统，而词项逻辑又是谓词逻辑的真子系统。"

在《三段论自动推理的一个逻辑模型》（原题为《词项逻辑与亚里士多德三段论——兼复王路同志》，《哲学研究》1989 年第 10 期）中，蔡曙山从模型和方法的不同角度说明亚氏三段论系统 AS 的特征，并在词项逻辑的模型中构造了亚里士多德三段论的公理系统 [AS] 和自然推理系统 [AS]*，并在此基础上给出亚氏三段论自动推理的模型以及对亚里士多德三段论的现代解释给出自己的看法。蔡曙山的这些思想主要形成于贵州，并在全国逻辑界产生重要影响。1989 年，蔡曙山获得"贵州省逻辑科学八十年代优秀成果奖"数理逻辑论文一等奖。2006 年以来，清华大学博士后研究人员张寅生、高东平等在蔡曙山的基础上进行了计算机自动推理研究。此外，蔡曙山在认知逻辑研究上有开创性的贡献，这部分内容将在第四章系统介绍；另在言语行为与语用逻辑方面亦有突出贡献，这部分内容将在第七章第一节介绍。

二 熊明辉对非形式逻辑的多维探讨

熊明辉，男，哲学博士，1968 年出生于贵州省遵义市务川自治县，现为中山大学逻辑与认知研究所教授、博士生导师、副所长,主要从事非形式逻辑、法律逻辑、论辩理论和批判性思维研究,发表论(译)著数十篇(部)。教育背景:1991年9月至1994年6月,在西南师范大学(现西南大学)哲学研究所逻辑学专业攻读硕士学位(硕士学位论文《论说谎者悖论的消解》,导师:苏天辅教授)。2003年9月至2007年6月,中山大学哲学系逻辑学专业攻读博士学位(博士学位论文《诉讼论证的逻辑分析》,导师:鞠实儿教授)。

1931年,德国逻辑学家肖尔兹(Scholz)在《简明逻辑史》一书中首次使用了"非形式逻辑"这一概念。关于非形式逻辑的对象与性质,国外学者一直存在不同的理解,有的甚至相互反对。对此国内逻辑学者已有论及,近年探讨更加丰富。"非形式逻辑"概念成为中国逻辑界频繁出现的术语,这体现了这项研究的重要性。

熊明辉提出了一个关于论证理论的新框架,由论证类型新理论、论证分析新理论和论证评价新理论构成。理性是人类交往的理想追求境界,批判性思维是人们通往理性的桥梁,论证则是实现批判性思维的重要途径。在《工具论》和《修辞学》中,亚里士多德便是从这三个维度来讨论论证分析与评价的。遗憾的是,随着以亚氏三段论为基础的演绎逻辑得到进一步的发展和完善,论证评价的语用维度似乎被人们忽略了,论证被看作无目的性、静态性、零主体性(至多是一种独白式的)和缺乏背景敏感性的。日常生活中的论证却具有目的性、动态性、主体性(特别是多主体性的)、背景敏感性等特征。换句话说,论证有一个语用维度,且离开这个维度所进行的论证评价显然是不充分的。非形式逻辑之所以是"非形式的",关键在于把论证分为自然语言论证和人工语言论证。非形式逻辑所关注的是前者,而形式逻辑所关注的是后者以及逻辑系统。形式逻辑和非形式逻辑都要研究论证,形式逻辑研究是基于语义或语形的研究,而非形式逻辑研究则是基于语用的研究。实际上非形式逻辑是语用逻辑的最新发展。

经典逻辑并不研究某个推理的前提是否真实。不同于此,由于进行论证评价时必须考虑到语境问题,前提的真实性对于非形式逻辑是很重要的,它直接关系到结论的可靠性。归纳强度是进行论证评价的另一种标准,但这还不够,因为有些论证既不是演绎的,也不是归纳的。因此,熊明辉认为还需引入"似真性"才能涵盖论证的语用评价。"似真性"概念与悖论研究中新出现的"悖论度""公认度"概念异曲同工。这在一定程度上反映出逻辑学研究可能的新方向。

三 杨武金对弗协调逻辑理论的研究

杨武金,男,侗族,1964年生,贵州天柱人,哲学博士,中国逻辑学第一位博士后,现任中国人民大学哲学院教授,逻辑室主任,主要研究方向为中国逻辑史、超协调逻辑和批判性思维。

弗协调逻辑(paraconsistent logic)又称超协调逻辑、不协调逻辑、次协调逻辑、矛盾逻辑等。弗协调逻辑是一种非经典逻辑,是现代逻辑中非经典逻辑方向的一个重要分支。卢卡西维茨的研究结果表明,亚里士多德曾设想过矛盾律不普遍有效的逻辑,对弗协调逻辑有某种直觉。但弗协调逻辑的真正先驱是波兰逻辑学家卢卡西维茨和俄国逻辑学家瓦西列夫。他们在1910年和1911年间就曾设想过通过消除矛盾律来建立非亚里士多德逻辑。1948年,卢氏的学生雅斯可夫斯基根据老师的建议,建立了第一个弗协调逻辑系统——论谈逻辑。弗协调逻辑的真正创立者是巴西的逻辑学家科斯塔。他从1958年起就开始构造了一系列弗协调逻辑系统,有命题层次的,也有谓词层次的(包含带等词和带摹状词的),以及对集合论的某些应用。弗协调逻辑的其他重要研究者有澳大利亚的普里斯特和卢特列,南美洲的阿鲁黛等。

目前,世界各国都有逻辑学家对弗协调逻辑进行研究。我国学者张清宇研究员在科斯塔弗协调命题逻辑系统 Cn 的基础上建构了弗协调模态命题逻辑系统 CnG′、CnG′H′以及 CnUS 等。桂起权先生对弗协调逻辑在人工智能中的应用也做了可贵的探索。① 杨武金对弗协调逻辑也有很多理论上的探讨。杨武金强调了弗协调逻辑自身的一些理论特征:第一,弗

---

① 桂起权、陈自立、朱福喜:《次协调逻辑与人工智能》,武汉大学出版社2002年版。

第三章 现代逻辑在贵州的传入和创新

协调逻辑修改了经典逻辑中的矛盾律，在弗协调逻辑中矛盾律不普遍有效，这是对经典逻辑的重大"革命"；第二，在弗协调逻辑系统中，从矛盾不能推出一切，经典逻辑中的某些定理不再是弗协调逻辑中的某些定理；第三，弗协调逻辑是弗协调理论的逻辑基础，是为弗协调逻辑寻找依据而建立起来的，它反映了人们处理实际问题的弗协调态度。[①] 此外，他还对弗协调逻辑的理论意义和实践价值做了进一步的探索[②]，指出了弗协调逻辑在计算机和人工智能、政治、法律、经济等方面的应用前景，并且认为，弗协调逻辑在理论上可以追溯到古希腊，但古代中国的思想家也擅长于弗协调思维。[③] 弗协调逻辑尽管在20世纪以后才得到研究，但是弗协调思想在古希腊和古代中国都十分丰富。西方的弗协调思想最早可以追溯到赫拉克利特，他说："结合物是既完整又不完整，既协调又不协调，既和谐又不和谐，从一切产生出一，从一产生出一切。"赫拉克利特的中心思想是对立面得统一的主题即对立面是统一的。他还说："我们既踏进又不能踏进同一条河流，我们既是又非是"，肯定每一事物都处于运动变化之中，"一切皆流，无物常驻"，不协调性和矛盾产生了运动。这与爱利亚派的芝诺从普遍协调性假设出发，推导出运动不可能的做法是相对立的。在古代中国，弗协调的思想也不少。《易传》中说"阴阳接而变化起"强调矛盾是事物运动变化的源泉。老子说："反道者之动"，相反相成是事物运动变化的原因。值得注意的是，公元前6世纪中国古代哲学家邓析提出了"两可之说"，在历史上常被指责为"诡辩"，主要原因是人们站在协调性的立场来看问题的。但是，如果我们站在弗协调逻辑的立场上看，邓析不过是对事物情况采取了弗协调的态度而已。[④] 中国古代的辩者曾经提出过许多被指责为"诡辩"的论题，如"火不热"

---

① 杨武金：《弗协调逻辑及其理论特征》，《中共南京市委党校南京市行政学院学报》2004年第2期，第11—15页。
② 杨武金：《弗协调逻辑的理论意义和实践价值》，《中国人民大学学报》2005年第2期，第65—69页。
③ 杨武金：《弗协调逻辑的理论渊源和历史发展》，《贵州师范大学学报》（社会科学版）2007年第6期，第125—126页。
④ 张清宇：《弗协调逻辑》，中国社会科学出版社2003年版，第3页。

"目不视""规不可以为圆""鸡三足""南方无穷而有穷"等,从弗协调的立场看,也都是非常自然的。

悖论问题是逻辑学家们所关注的一个重要问题。一般而言,悖论的定义、实质、产生的根源和解决方案是逻辑学家们关注的重点。杨武金从弗协调逻辑的观点去看待悖论问题。悖论是一个论证,它根据一定的背景知识和逻辑法则,从已知为真的前提出发却推出了互相矛盾的命题,或者在一个命题和它的否定之间可以互推这样一种事实。他指出:从弗协调逻辑的观点看,处理悖论的最好办法,也许不是拒斥,而是容纳。他认为,弗协调逻辑主张容纳有意义的真矛盾,并不仅仅因为以往在解决悖论的方案上存在某些方面的缺陷,于是就转而承认矛盾和悖论,而是恰恰有许多哲学和认识论等方面的原因。弗协调逻辑必须更多地回答现实生活中提出来的问题,更多地考虑科学中不协调但并非不足道的理论。作为其逻辑基础并为这些不协调但并非不足道的理论研究服务,是弗协调逻辑的重大哲学意义之所在。弗协调逻辑从根本上说,就是为这些理论服务的。弗协调逻辑的发展,将为所有哲学或者科学史上的许多不协调理论提供重要的逻辑基础。①

需要提及,杨武金在《墨经》逻辑方面的研究。他从现代逻辑的语言层次观去审视《墨经》逻辑。他指出,《墨经》中(尽管)没有应用对象语言来表示的命题形式和推理形式,而只有应用典型的具体推理来体现的推理方式,但是,《墨经》中却有不少应用元语言来表述的逻辑规律。虽然这些不够精确,但表明《墨经》中的逻辑已经开始进入形式逻辑的阶段。② 这无疑拓展了《墨经》逻辑研究的新视域。

四 袁正校对现代逻辑教学及逻辑教学改革的主张

袁正校,男,教授,1948年8月生于贵州省毕节市,哲学硕士,

---

① 杨武金:《论悖论的实质、根源和主要解决方案——从弗协调逻辑的观点看》,《中国人民大学学报》2006年第2期,第59—60页。
② 杨武金:《从现代逻辑的语言层次观看〈墨经〉逻辑》,《广西师院学报》2004年第2期,第28页。

1985年2月到中央财政金融学院工作,历任讲师、副教授、教授。中央财经大学文化与传媒学院逻辑教研室主任,现代逻辑研究所所长,逻辑学硕士点负责人,西南师范大学兼职教授、硕士生导师,中国逻辑学会理事、中国逻辑学会形式逻辑专业委员会委员、北京市逻辑学会副会长。

  关于我国逻辑教学问题的争论,自王路发表《论我国的逻辑教学》①以来,部分学术刊物陆续发表了多篇论战文章,而郁慕镛教授的《关于我国逻辑教学的若干问题》②具有某种典型性。争论的焦点仍然是传统逻辑与现代逻辑在高校逻辑教学中的地位问题。一部分学者坚持以传统逻辑为高校逻辑入门课的教学内容,另一部分则强烈主张转变教学观念,从传统逻辑向现代逻辑转型③(这一部分又分为吸取论者和取代论者)。袁正校极力主张高校逻辑教材必须以现代逻辑为主,也保留传统逻辑的精华来组织教学内容和课程体系。这种改革,既要妥善处理好现代逻辑和传统逻辑的关系,又要紧密结合人们科学研究和日常思维实际,真正体现逻辑教学为培养和提高学生的逻辑思维素质和创新能力服务的宗旨。④他认为,在基础的广泛性、应用的普遍性以及提升当代大学生的逻辑思维素质和能力等方面,传统形式逻辑跟数理逻辑不可同日而语;在当代高等教育中现代逻辑应当成为素质教育的核心课程、基础课程。⑤显然,他探索出了一条既以现代逻辑为主又保留传统逻辑精华来改革教学内容和课程体系的思路,并把这种思路贯穿到他参与主持编写的《逻辑学教程》("面向21世纪课程教材",1999年8月第1版)和《逻辑学教程》("普通高等教育'十五'国家级规划教材",2004年7月第2版)以及中央财经大学重点系列教材《逻辑学新教程》(2001年1月版)中。这些教材对全国的逻辑学教学产生了广泛影响。

---

① 王路:《论我国的逻辑教学》,《西南师范大学学报》(哲学社会科学版)1999年第3期。
② 郁慕镛:《关于我国逻辑教学的若干问题》,《南京社会科学》2000年第2期。
③ 袁正校:《转变教育教学观念 促进逻辑教学转型——评〈关于我国逻辑教学的若干问题〉》,《西南师范大学学报》(人文社会科学版)2001年第6期。
④ 袁正校:《面向21世纪的逻辑教材》,《中国大学教学》2000年第3期,第24页。
⑤ 袁正校:《略论现代逻辑在当代高等教育中的地位和作用》,《安徽大学学报》2003年第2期,第39页。

第四章

认知逻辑的学科框架与心理逻辑研究

21世纪，人类两大秘密将被揭开，一是生命的秘密，二是心智的秘密。认知科学通过交叉融合多学科包括神经科学、心理学、人类学、社会学、计算机科学与人工智能、语言学和哲学的交叉研究，整合六大来源学科，探索人脑结构和功能，致力于揭开人类心智的奥秘。21世纪因此被欧美国家称为"脑科学时代"。世界一流大学纷纷开展认知科学研究。哈佛大学设立了心智、脑与行为多学科研究中心，组织生物学、心理学、哲学、语言学、计算机科学等各学科的学者通过研究脑的功能来挖掘和理解人的本质，并通过加强对人的认知功能和行为模式的理解来解答在医学、法律、公共政策与教育等领域的问题。麻省理工学院将"神经与认知科学"作为重要研究领域，并强调，神经科学与认知科学已被广泛认为是未来几十年内最令人兴奋的研究领域，也是麻省理工学院今后10—20年内最重要的增长领域。麻省理工学院设有"脑与认知科学系""麦戈文脑科学研究所"等机构，并出版杂志《认知神经科学》。加州大学圣迭戈分校的认知科学系主要从事三个领域的研究：脑、行为和计算。加州大学伯克利分校的认知研究所研究在实际生活中的认知活动，并试图对这些现象给予理论上的说明。斯坦福大学在1983年成立了语言与信息研究中心（Center for the Study of Language and Information，CSLI），主要研究信息技术，计算机与认知科学。它打破了学科间的界限，提供了一个多学科合作的研究平台，促进了这项新兴科学的发展，并将研究

第四章　认知逻辑的学科框架与心理逻辑研究

成果与实际应用联系起来,为机器人设计、软件设计、信息技术、教育、语言、应用心理等各领域提供了新的发展动力。布朗大学的"认知和语言科学系"是美国最早建立的认知科学系之一,视觉和言语是该系的主要研究领域。剑桥大学的"认知与脑科学研究所"的研究方向有:注意、认知和情绪、语言和交流、记忆和知识。东京大学的"生命与认知科学系"研究生命与认知行为的关系。国际上认知科学的发展如火如荼,在各相关科学领域取得了一系列非常重大的研究成果。这些成果,改变了人类对脑与认知,对自身和世界的认识。

中国认知科学起步较晚,一些重要的研究开始于20世纪末21世纪初。例如,陈霖1982年在《科学》(Science)杂志上提出拓扑性质知觉理论。清华大学、贵州民族大学蔡曙山教授及其团队取得丰硕的研究成果,中国科学院傅小兰教授及其团队,北京师范大学董奇教授及其团队,北京师范大学舒华教授及其团队,北京大学周晓林教授及其团队,北京大学周北海教授领导的逻辑、语言与认知研究中心,中山大学鞠实儿教授领导的逻辑与认知研究所,浙江大学黄华新教授领导的语言与认知研究中心也都取得了出色的成绩。2011年中国认知科学学会成立。

蔡曙山教授关于认知逻辑的学科框架与心理逻辑研究的思想形成于清华大学,进一步完善于贵州民族大学。蔡曙山及其领导的团队从21世纪之初开展全学科的认知科学研究,成果丰硕。蔡曙山提出要建立认知逻辑的体系来适应科学技术特别是认知科学的发展,并通过对心理学与逻辑学交叉融合的学理基础、历史演进和内在关联的探讨,分析了逻辑学与心理学的关系以及心理逻辑模型,取得具有重要价值的成果。本章主要介绍蔡曙山所主张的认知逻辑学科框架及在此框架下心理学、逻辑学的交叉融合与发展,心理逻辑模型等内容。[1]

---

[1] 本章结构由蔡曙山教授拟定。经与蔡教授商榷,大部分内容根据蔡提供的以下文献进行整理:《认知科学背景下的逻辑学——认知逻辑的对象、方法、体系和意义》《认知科学框架下心理学、逻辑学的交叉融合与发展》《逻辑、心理与认知——论后弗雷格时代逻辑学的发展》《科学发现的心理逻辑模型》《认知科学:世界的和中国的》。

第一节　认知逻辑的学科框架

一　认知逻辑的理论框架

1. 认知科学为认知逻辑提供理论框架

认知科学由六个相关学科支撑：哲学、心理学、语言学、人类学、计算机科学、神经科学。这六大支撑学科对人类认知的研究首先形成认知科学的六个核心分支学科：认知哲学、认知心理学、认知语言学、认知人类学、认知计算机科学、认知神经科学。认知哲学也称心智哲学（philosophy of mind），从人类心智过程，主要包括意识、思维、认识、推理和逻辑等方面来研究认知；认知心理学（cognitive psychology）是认知科学的一个重要分支学科，它在早期研究信息的检测和加工、信息的获取和记忆，也称为信息加工心理学。近年来，联结理论、多功能系统理论成为认知心理学的主要理论；认知语言学（cognitive linguistics）是认知科学的重要基础学科，它经历了乔姆斯基唯理主义和心理主义的第一代认知语言学，目前以拉柯夫为代表的经验主义的第二代认知语言学正在改变认知科学的语言学基础；认知人类学（cognitive anthropology）主要从文化和进化方面来研究不同文化对认知的影响；认知计算机科学即人工智能（artificial intelligence），这是认知科学最有成就的领域，但也面临困境。人工智能需要向人类智能学习，并需要重新理解人类智能。认知神经科学（cognitive neuroscience）利用现代科学技术如脑断层扫描技术（CT）、正电子发射层描仪（PET）、核磁共振（NMR）、功能性磁共振成像（FMRI）对脑认知的生理功能进行研究，提出了一系列崭新的认知科学理论。另外，六大支撑学科互相交叉，又产生出许多新兴的分支学科，如（1）控制论，（2）神经语言学，（3）神经心理学，（4）认知过程仿真，（5）计算语言学，（6）心理语言学，（7）心理哲学，（8）语言哲学，（9）人类学语言学，（10）认知人类学，（11）脑进化，等等。以上六大支撑学科、六个核心分支学科和十一个交叉分支学科构成认知科学的学科体系。①

将认知科学的学科框架映射到现代逻辑的背景中,得到一个新的结构,这就是认知逻辑(cognitive logic),它包括六个主要学科:哲学逻辑(philosophical logic)、心理逻辑(mental logic)、语言逻辑(logic of/and language)、人工智能的逻辑(logics in AI)、文化与进化的逻辑(logics in culture and evolution)、神经系统的逻辑(logic in neuro-system)。这些逻辑系统,有的已经存在,如哲学逻辑、语言逻辑、人工智能的逻辑,其历史可以追溯到20世纪50年代,与认知科学的起源同步;有的正在发展,如心理逻辑、神经网络逻辑,其发端在20世纪70年代中期,与认知科学的建立同步;有的虽然尚未开展,但预计将来可以得到发展,如文化与进化的逻辑等。②

2. 认知逻辑的语言学基础③

逻辑的基础是语言。逻辑是建立在某一特殊语言上的关于认识模式和推理系统的理论体系。不同的语言基础和不同的推理方法与模式才能将不同的逻辑系统区分开来。传统逻辑的基础是自然语言;数理逻辑的基础是形式语言;现代逻辑其他系统的基础也是形式语言,只是推理方法与模式各不相同。那么,认知逻辑的语言基础和特殊方法又是什么呢?

认知逻辑的基础是回归的自然语言。什么是回归的自然语言?就是从自然语言出发,经过形式语言的发展,再回到自然语言的这样一种辩证运动过程以后所认识的自然语言。很显然,这是一种包含了人类语言全部内容的无比丰富的语言。这种回归是从维特根斯坦开始的,经过日常语言学派的发展而臻成熟,特别是经过乔姆斯基(N. Chomsky)、蒙太格(R. Montague)、奥斯汀(J. L. Austin)和塞尔(John Searle)等人的发展,将形式化方法应用于自然语言研究,形成了语形学、语义学和语用学三个新兴的语言学研究领域。现代语言学家将这些研究成果应用于

---

① 蔡曙山:《认知科学背景下的逻辑学——认知逻辑的对象、方法、体系和意义》,《江海学刊》2004年第6期,第23—24页。
② 蔡曙山:《科学发现的心理逻辑模型》,《科学通报》2013年第34期,第3535页。
③ 蔡曙山:《认知科学背景下的逻辑学——认知逻辑的对象、方法、体系和意义》,《江海学刊》2004年第6期,第24—25页。

人类认知研究,又形成了认知语言学这一新兴的学科。认知语言学就是认知逻辑的基础。

认知语言学的发展经历了两个主要的阶段,第一阶段是以乔姆斯基为代表的唯理主义认知语言学,第二阶段是以拉柯夫(G. Lakoff)为代表的经验主义认知语言学。

乔姆斯基对认知语言学的性质做了这样的阐述:"所有有机体都有特别的子系统来引导它们以不同的方式处理其环境因素。这些子系统中的某些确定的部分就称为'精神的'或'认知的'。……认知系统的进化受到环境的影响,但其一般的进程是由遗传决定的。……有充分的证据表明,在人类的认知系统之中,有一种'语言能力'(faculty of language, FL),借用传统的术语来说,它就是大脑的某一子系统。……FL 的'初始状态'是由共同的人类基因天赋决定的。"① 乔姆斯基认为,FL 不仅仅是一种共同的人类属性,而且是一种更强意义上的物种的属性,应该被作为生物学的范畴来分析。

乔姆斯基把由 FL 获得的一种稳定的语言状态称为"内在化的语言"(I-language)。乔姆斯基认为,具有一种内在化的语言,一个人就具备了参与"创造性地使用语言"的能力。

乔姆斯基认为,从内在性的观点看,语言研究是生物学的一部分,它与对生物的视觉系统、循环系统和消化系统以及其他机体组织的性质的研究并列。对这些系统可以从各种不同的层面来进行研究。若从认知系统方面来看,可以分为"心理学的"和"生理学的"层面的研究。乔姆斯基认为,在"心理学层面"所学到的东西一般能够为探索神经系统的机理提供指导;相应地,对神经系统机理的了解也能够为以不同方式揭示有机体性质的心理学研究提供信息。乔姆斯基说:"问题转到对认知能力和认知结构的研究:昆虫的导航、理解运动中的刚性物体、内在语言等方面的理论都是认知研究的对象。我们寻求可能的统一性解释,这种解释是以不同的方式用严格的公式做出的,但我们并不预设统一性可

---

① F. Ungerer and H. J. Schmid, *An Introduction to Cognitive Linguistics*, Preface by Chomsky, 外语教学与研究出版社 2001 年版,第 13 页。

第四章　认知逻辑的学科框架与心理逻辑研究

能采取的任何形式的前提知识，即使它是人类智能可能达到的目标——毕竟人类智能是一个特殊的生物系统——我们寻求最好的解释，而不是普遍的方法。"① 他说："今天，我们努力将对生物体的认知能力的科学探索——包括对人类语言的探索——在心理学与物理学的层次上统一起来，我不知道这种努力会产生什么结果。"②

20世纪90年代末，两位卓越的思想家G. 拉柯夫（George Lakoff，又译G. 莱考夫、G. 雷柯夫）和M. 约翰逊（Mark Johnson）提出了认知科学的新蓝图。在《体验哲学——涉身的心智及其对西方思想的挑战》③ 一书中，开篇就提出三个重要的命题：心智与生俱来是被体验的；思维通常是无意识的；抽象概念大多数是隐喻的。拉柯夫认为，最近的认知科学已经摧毁了长期以来关于人的推理和预测能力的假定，而认知科学的三大发现提示了对"人是什么"这一根本问题的全新的和详尽的理解。根据拉柯夫和约翰逊，灵与肉完全分离的笛卡尔哲学意义上的人根本就不存在；按照普遍理性的律令而具备道德行为的康德哲学意义上的人根本就不存在；仅仅依靠内省而具备完全了解自身心智的现象主义意义上的人根本就不存在；功利主义哲学意义上的人、乔姆斯基语言学意义上的人、后结构主义哲学意义上的人、计算主义哲学意义上的人以及分析哲学意义上的人统统都不存在。

拉柯夫和约翰逊不仅阐明严格的认知科学研究所应遵循的哲学立场，还重新审查心智、时间、因果性、寓意、自我等认知哲学的基本概念，然后他们思考哲学的传统。最后，他们研究20世纪哲学的两个主要问题：应该如何看待理性？又应该如何看待语言？拉柯夫和约翰逊的划时代著作被认为是对西方哲学（特别是英、美传统分析哲学）教义的突破

---

① F. Ungerer and H. J. Schmid, *An Introduction to Cognitive Linguistics*, Preface by Chomsky, 外语教学与研究出版社2001年版，第16页。
② F. Ungerer and H. J. Schmid, *An Introduction to Cognitive Linguistics*, Preface by Chomsky, 外语教学与研究出版社2001年版，第15页。
③ George Lakoff and Mark Johnson, *Philosophy in the Flesh: The Embodied Mind and Its Challenge to Western Thought*, New York: Basic Books, 1999.

性挑战。现在我们可以给出认知逻辑的定义：认知逻辑是以认知语言学为基础的关于认知过程及其规律的逻辑系统。

这个定义表明，认知逻辑首先是一种逻辑，即以语言为基础的思维模式和推理规则。但认知逻辑与其他逻辑系统又是有区别的，这种区别主要表现在两个方面。一是它的语言基础不同，认知逻辑的语言基础是认知语言学，这就使它既区别于以自然语言为基础的传统逻辑，也区别于以形式语言为基础的数理逻辑以及现代逻辑的各种理论。二是它的研究对象是认知过程及其规律，这样它又必须把各种与认知有关的逻辑系统包括在内。

3. 认知逻辑的方法①

认知逻辑研究方法的特殊性在于，它同时使用现代语言学和现代逻辑学的方法。或者说，现代语言学和现代逻辑学共同支撑着认知逻辑的理论体系，并为之提供基本的研究方法。

（1）现代语言学的方法

现代语言学的方法可以分为唯理主义和经验主义两种基本的形式。前者以乔姆斯基的语法学和蒙太格的语义学为代表，后者以拉柯夫的认知语言学为代表；奥斯汀的言语行为理论和塞尔的语用逻辑则处于两者之间。

从乔姆斯基语形学到蒙太格语义学，再到奥斯汀和塞尔的语用学的发展，是一个不断发展的过程，这一发展过程有两个重要的特征值得注意。其一，从乔姆斯基理论到拉柯夫理论，现代语言学的发展具有越来越丰富的内涵。卡尔纳普在《语义学导论》（1942）一书中对语用学、语义学、语形学的表述是："我们把语言的三个研究领域区分开来。如果一种研究明确地涉及说话者，或者，用更加一般的术语来说，涉及语言的使用者，那么我们便把这种研究归诸语用学的领域（在这种场合下是否涉及指示者，对于这种划分没有影响）。如果我们抽去语言的使用者，而

---

① 蔡曙山：《认知科学背景下的逻辑学——认知逻辑的对象、方法、体系和意义》，《江海学刊》2004年第6期，第25—26页。

第四章　认知逻辑的学科框架与心理逻辑研究

仅仅分析语词之间的关系,我们便处于(逻辑的)句法的领域内。"① 从卡尔纳普的定义可以看出,从语形学到语义学再到语用学,其内涵是不断增加的,其研究范围也是不断扩大的。其二,这一发展过程体现了逻辑与历史的一致性。乔姆斯基理论形成于 20 世纪 50 年代,以后不断丰富和发展,直到 20 世纪 90 年代,这一理论还在不断增加新的内容,并逐渐向认知语言学过渡。蒙太格的内涵语义学形成于 20 世纪 70 年代,是对乔姆斯基语法的丰富和发展。奥斯汀的言语行为理论形成于 20 世纪 50 年代,此后塞尔将这一理论普遍化,1985 年他与范德维克一起建立了语用逻辑。这一历史进程与卡尔纳普所理解的从语形学到语用学的逻辑进程是十分吻合、非常一致的。其三,这一发展过程体现了现代语言学研究方法的一个重要转变,就是从唯理主义向经验主义的转变。唯理主义最杰出的表现形态是乔姆斯基的形式语法和形式文法,他所使用的方法是莱布尼兹提出、经过弗雷格和罗素发展起来的形式化方法,即从少数初始符号出发,使用变形规则和演绎推理,得到系统中所有有意义的语句。此后,蒙太格的内涵语义学将这种形式化的方法推向登峰造极的程度,他只用两个初始符号 e 和 t 来构造他对日常英语的量化分析系统。但是,这种完全形式化的方法在语用学的分析中却遭遇到困难,因为对语境条件(时间、地点、说话人、听话人以及其他语境要素)的分析有更多不确定的、难以量化的因素。20 世纪 90 年代,拉柯夫建立第二代认知科学理论。在拉柯夫看来,理解哲学和语言学的问题都需要自身的体验(embodied)和反省(intro-spection),思考这些问题与我们日常处理经验的能力有关。拉柯夫认为,第二代认知科学在所有方面都是一种关于涉身心智(embodied mind)的认知科学。他说:"我们所谓的'第一代'认知科学与'第二代'认知科学的对立……其区别正是所谓'非体验的'与'体验的'之间的区别,或者是'假定形式主义的分析哲学'与'不假定形式主义的分析哲学'之间的区别。这种区别是一种哲学和方法论假

---

① 〔美〕卡尔纳普:《语义学导论》,1924 年,第 9 页,转引自涂纪亮《分析哲学及其在美国的发展》(上),中国社会科学出版社 1987 年版,第 392 页。

设之间的区别。"① 在这个过程中，现代语言学被重新安放在经验主义的基础之上，其研究方法也从唯理主义转向经验主义。

（2）现代逻辑学的方法

现代逻辑根深蒂固地被置于唯理主义和形式主义的基础之上。虽然在西方哲学的发展过程中，曾经出现过被称为"逻辑经验主义"的派别，但作为英、美分析哲学的一个流派，其哲学基础仍然是唯理主义和形式主义的。拉柯夫用"精神的"（mental）这一概念来表示这个派别的共同特征，并区分了分析哲学的两种不同的流派。他说："在这种传统之下，'精神的表征'有两种不同的意义。在第一种意义下，一个精神表征被看作是一种概念的表达，而它仅仅被定义为该概念在一个形式系统内与其他概念之间的关系。在这样的考虑之下，一种精神表征就成为一个仅仅与给定的形式系统有关的、内在的符号表达式。在第二种意义下，一个精神表征被当作形式系统之外的某种东西的符号表达。"② 注意，拉柯夫所谓"精神的"即"唯理的"（rational），他使用"精神的"，主要是为了与"肉体的"（bodily）相对应。很显然，拉柯夫第一种意义下的唯理论指的是形式主义，第二种意义下的唯理论则指的是逻辑经验主义。当然，所有这些唯理主义、形式主义，以及在此基础之上产生的整个分析哲学，拉柯夫都是予以否定的。

正如拉柯夫所指出的，在20世纪，西方思想的主要根源是英、美的分析哲学。而分析哲学的基础是由数理逻辑发展起来的形式主义和形式化方法。在西方逻辑发展史上，逻辑学家总是试图建立一种普遍的、适用于一切民族和一切认知主体的思维模式，"逻辑"成为"思维"的依据。应该说，"逻辑为思维立法"并不仅是20世纪西方思想的特色，也是从古希腊以来西方思想的传统，而现代逻辑将这种思想推向极致。直到1931年哥德尔证明了形式系统的不完全性定理，人们才从独断的梦想

---

① George Lakoff and Mark Johnson, *Philosophy in the Flesh: The Embodied Mind and Its Challenge to Western Thought*, New York: Basic Books, 1999, p.78.
② George Lakoff and Mark Johnson, *Philosophy in the Flesh: The Embodied Mind and Its Challenge to Western Thought*, New York: Basic Books, 1999, p.76.

中苏醒过来。哥德尔定理关系到一个最古老的哲学问题：什么是真的？我们怎样知道它是真的？哥德尔定理迫使我们重新思考形式系统的限度，思考形式化方法的局限性，思考人的认知范围和认知能力。

可以得出这样的结论：要解决认知科学的问题，单靠英、美传统的分析哲学的方法（其主体是唯理主义和形式主义）是远远不够的。拉柯夫所建立的体验哲学（philosophy in the flesh）及其对西方思想的挑战，不仅使认知科学发展到一个新的阶段，也为逻辑学的发展开辟了新的思想空间。以现代语言学和现代逻辑学为基础，在认知科学特别是第二代认知科学发展的基础上诞生的认知逻辑，同样是对西方以形式主义为特征的现代逻辑的挑战。

二 哲学逻辑

哲学逻辑是在哲学思考的方向上成长起来的逻辑学科。戈布尔说："哲学逻辑由那些引起哲学家极大兴趣的逻辑种类组成。哲学逻辑建立起形式系统和形式结构，并用于分析作为哲学研究核心的概念和论证。"[①]哲学逻辑研究的对象包括：传统哲学的一些基本概念，如必然、义务、知识、存在、时间等等；逻辑学的一些基本概念和基本方法，如条件、否定、量词、真值、逻辑后承等等；各种逻辑系统的性质，如一阶逻辑、高阶逻辑、模态逻辑、认识逻辑、时间逻辑、直觉主义逻辑、自由逻辑、相干逻辑、多值逻辑，以及它们和经典逻辑的关系；对语言自身进行研究，特别注意研究自然语言的性质，以及自然语言和形式语言的关系。[②]

哲学逻辑的发展提供的思想和借鉴是：放弃逻辑学作为"思维立法者"的立场。推理的逻辑模式（句法形式或语义模型）只是逻辑学家规定出来的理想模式，并不是实际发生的推理模式。逻辑是工具，而工具是人为的，并且工具不能只有一种。每一种逻辑理论都只是它适用领域

[①] Lou Goble, ed., *The Blackwell Guide to Philosophical Logic*, Blackwell Publishers, 2001, p.1.

[②] 蔡曙山：《认知科学背景下的逻辑学——认知逻辑的对象、方法、体系和意义》，《江海学刊》2004年第6期，第26页。

内的相对真理体系,没有"绝对的逻辑真理参照系"。试图以某一种逻辑理论作为绝对的逻辑标准,或者试图用一种逻辑取代其他逻辑,在理论上是错误的,在实践上是有害的。①

三 语言逻辑

语言逻辑是在 20 世纪的指号学、语言学、逻辑学和语言哲学的基础上建立和发展起来的一门新兴、交叉学科。它使用数理逻辑、模态逻辑和多值逻辑的方法来研究语言学的问题,特别是自然语言的问题。因此,语言逻辑也称为自然语言逻辑。语言哲学的研究对象包括语形学、语义学和语用学。语形学(syntax)也叫句法学,是研究符号空间排列关系的理论,代表性成果是乔姆斯基句法结构理论和生成转换语法。语义学(semantics)是研究符号与所指称的对象的关系的理论,代表性成果是蒙太格的形式语义学。语用学(pragmatics)研究符号与符号使用者之间的关系,代表性成果有奥斯汀的言语行为理论和塞尔的语用逻辑。②

语言逻辑为我们提供的指导是:关注逻辑与语言的联系,特别是与自然语言的联系;关注逻辑在日常语言和日常生活中的使用。逻辑模式不是与人无关的抽象模型或教条,它是活生生的,是供人使用的,是为人服务的。因此,逻辑学要关心人。逻辑学不仅要关注语形学,也要关注语义学和语用学。③

语言逻辑诞生以后,又与众多的学科发生交叉。例如,语言逻辑与哲学逻辑、语言逻辑和元逻辑、语言逻辑与语言哲学,语言逻辑与理论语言学、语言逻辑学与心理语言学、语言逻辑学与认知语言学、语言逻辑与认知逻辑等等,它们都是关系十分密切且互相交叉融合的新兴领域。

---

① 蔡曙山:《认知科学框架下心理学、逻辑学的交叉融合与发展》,《中国社会科学》2009 年第 2 期,第 36 页。
② 蔡曙山:《认知科学背景下的逻辑学——认知逻辑的对象、方法、体系和意义》,《江海学刊》2004 年第 6 期,第 26 页。
③ 蔡曙山:《认知科学框架下心理学、逻辑学的交叉融合与发展》,《中国社会科学》2009 年第 2 期,第 36 页。

四 心理逻辑

心理逻辑是逻辑学与心理学（特别是认知心理学）交叉产生出来的新兴学科。里普斯（L. J. Rips）举了很多心理学的证据来支持心理逻辑。沃森（P. C. Wason）的纸牌游戏则生动说明了人们的推理如何受心理的影响。心智的计算——表征理解（CRUM）——是心理逻辑的内核，它认为思维是心理表征以及在这些表征上的计算过程的结果。CRUM 是多种多样的，逻辑、规则、概念、类比、表象、联结是六种主要的途径。目前还没有一种单一的计算-表征能涵盖人类思维的整个领域。CRUM 是成功的，在说明心理学性能的理论能力方面和提高这些性能的实践能力方面，计算-表征方式都超过了所有关于心智的理论。但 CRUM 也是不完善的，并非人类思维和智能的所有方面都能完全由 CRUM 来加以说明。对 CRUM 的实质性挑战表明了将它与生物学和神经科学方面的研究以及思维和知识的社会性方面的研究进行整合的必要性。

心理逻辑的一个最重要的领域是对无意识的研究。逻辑学是研究以语言为基础的思维形式和推理规则的科学。逻辑学研究的思维形式主要有概念、判断、推理和论证。这些思维形式都是在意识之下的。无意识从来没有进入逻辑学的领域。人在无意识的状态中是没有思维的，但却有认知。例如，在梦境里是有认知的，而且梦境中的认知是人类认知的重要方式。无意识的领域过去一直是心理学的领地。但对认知逻辑而言，无意识必须进入它的视野，这是认知逻辑与其他逻辑理论不相同的地方。[①]

心理逻辑给我们的启示是：人的心理状态影响逻辑思维（心理逻辑），同时，逻辑思维也影响心理过程和心理状态（逻辑心理学）。心理逻辑在心理学和逻辑学之间架设了桥梁，这就突破了自弗雷格以来在心理学和逻辑学之间人为设置的障碍。心理学和认知科学是涉身的，认知逻辑也是涉身的，从而逻辑也是涉身的。心理逻辑使我们更深刻地理解

---

① 蔡曙山:《认知科学背景下的逻辑学——认知逻辑的对象、方法、体系和意义》,《江海学刊》2004 年第 6 期, 第 27 页。

拉柯夫的著名论断:"心智与生俱来是被体验的;思维通常是无意识的;抽象概念大多数是隐喻的。"①

五 文化与进化的逻辑

文化与进化的逻辑是逻辑学与文化人类学交叉产生的新兴学科,它研究人类文化和进化的逻辑特征以及不同文化背景对逻辑思维的影响。不同民族、不同语言和不同文化背景的人有不同的认知模式。在表象的层次上,不同的民族对相同的颜色会产生不同的心理反应。对相同的符号刺激,不同民族和不同文化背景的人也会有完全不同的解释。对于概念的隐喻性,由于语言和文字的差异,不同民族从概念和语句得到的心理暗示是很不一样的。特别值得指出的是,汉字是一种非常特殊的象形文字,它集形、声、义于一体,即汉字是一字一形(每个汉字都是一个单独的图形)、一字一音(每个汉字都是单音节)、一字一义(每个汉字都表达单独的概念)。使用汉字可以书写如画一般优美的书法,可以书写音韵对仗都十分优美、如音乐一般的格律诗,还可以书写吉祥喜庆、文化底蕴十分丰厚的对联。由于汉字在图形上的独立性,汉字的排列不需要空格,甚至语句之间也可以不需要标点。然而,汉字排列的先后关系(空间关系)又起到语法结构的作用。这样,使用汉字还可以写回文诗,也可以写具有特殊隐喻的歧义句。这些都是汉语言文化的特殊认知方式。

汉字是一种特别适合表达个人经验和心理体验的图形文字,而基于语法规则形成的拼音文字则更适合表达理性思维。从具有严格语法规范的拼音文字很容易想到由初始符号和形成规则构成的形式系统,而汉语更注重个人的经验和心理体验而不是语法,在方法上更注重归纳而不是演绎。从语言进化的历史看,人类的语言都起源于语音,在一定的条件下才进化为文字。那么,在什么阶段和怎样的条件下,人类语言的进化最终分为两支:一支是注重经验的象形文,另一支是体现理性的拼音文

---

① 参见蔡曙山《认知科学框架下心理学、逻辑学的交叉融合与发展》,《中国社会科学》2009 年第 2 期,第 36 页。

字？是东西方语言文字的差异导致东西方文化和认知的差异，还是东西方认知的差异导致语言和文化的差异？这些都是值得研究的文化和进化的认知逻辑问题。①

文化与进化的逻辑提供的思想方法是：逻辑具有民族和文化的差异。例如，东西方逻辑就具有很大的差异性。西方逻辑崇尚理性和演绎的原则，东方逻辑重视经验、归纳和类比方法。但反映不同文化背景和具有民族差异性的不同的逻辑体系并不是互相排斥的，而是互相补充和彼此兼容的，它们服从人类共同的认知原则。重视经验和个体差异性的认知科学的发展为中国逻辑带来了机遇，我们应该加强对中国古代和近现代逻辑的研究。②

六 人工智能的逻辑

人工智能的逻辑是机器智能的逻辑理论，它的历史与认知科学一样久远。

逆推是充分条件假言推理的肯定后件式。在演绎逻辑的框架内，这样的推理是不能成立的。例如，如果一个人不努力学习，他就不能取得好成绩。现在王同学的成绩不好，是否就可以断定他不努力学习呢？显然不能。因为还有其他可能，如他不够聪明或因家庭贫困而中断了学习，或身体不好不能坚持学习，等等。总之，在"如果 p，那么 q"这个前提之下，加上"q"这个条件，是推不出"p"这个结论的。但是，我们还是可以把"p"作为可能的答案之一。根据这样的模式进行的可能性推理叫作"回溯推理"，它在人工智能中有非常重要的应用。著名的人工智能语言 Prolog 就是根据回溯推理的需要而设计的。使用这种语言，我们可以编制各种不同的专家系统。③

---

① 蔡曙山：《认知科学背景下的逻辑学——认知逻辑的对象、方法、体系和意义》，《江海学刊》2004 年第 6 期，第 27 页。
② 蔡曙山：《认知科学框架下心理学、逻辑学的交叉融合与发展》，《中国社会科学》2009 年第 2 期，第 36 页。
③ 蔡曙山：《认知科学背景下的逻辑学——认知逻辑的对象、方法、体系和意义》，《江海学刊》2004 年第 6 期，第 27 页。

人工智能的逻辑是当代逻辑最活跃的领域之一，它告诉我们，人并不能从自己创造的世界中获得自由，哥德尔已经指明了这一点。尽管哥德尔指出，在充分大的形式系统中一致性和完全性不可兼得，但我们仍然可以有所作为，因为我们拥有有穷或无穷多的一致而完全的子系统。这就是局部形式化的人工智能策略。在人工智能领域，悲观的论点似乎总占上风。彭罗斯（R. Penrose）断言，机器智能永远不能超越人类智能。塞尔的论断更令人悲伤，因为在他看来，目前的数字机器只是模仿人类智能而并不具有任何智能。好在他认为未来的非数字计算机也许可能有真正的人类智能，这就为人工智能逻辑留下了发展空间。量子计算机和生物计算机的逻辑理论成为人工智能逻辑的前沿领域和突破口，尽管这个历史悠久的领域存在太多的禁忌，但我们仍在前进。[①]

七 神经系统的逻辑

神经系统的逻辑是逻辑学与神经科学的结合，正如人工智能的逻辑是逻辑学与计算机科学的结合一样。演绎推理的封闭性决定了目前的二值逻辑计算机不能产生智能，21 世纪最有希望的计算机从硬件上来说有两种：一种是基于量子力学原理和多值逻辑或概率逻辑制造的量子计算机；另一种是基于神经网络原理和并行计算制造的生物计算机。

人类在发明计算机的初期，采用的是最容易在硬件上实现的开关线路和二值逻辑，这是人类认知的一种有效模型，但不是理想的模型。由于脑与神经科学的研究，人们发现神经元的联结方式并不是二元的而是网络的，其运算方式也不是串行的而是并行分布式的（PDP）。人的大脑有大约 1000 亿个神经元，它们组成了神经网络系统。根据神经网络的原理，人们发展了网格计算技术。网格计算技术发展初期主要集中在高性能科学计算领域，提升计算能力。网格已经从计算网格发展为面向服务的网格，它能识别资源的语义，有效地管理知识。2001 年，弗兰·伯曼（Fran Berman）提出"知识网格"（Knowledge Grid）的概念，指出知识

---

① 参见蔡曙山《认知科学框架下心理学、逻辑学的交叉融合与发展》，《中国社会科学》2009 年第 2 期，第 37 页。

网格的主要研究内容是：利用网格、数据挖掘、推理等技术从大量在线数据集中抽取和合成知识，使搜索引擎能够智能地进行推理和回答问题，并从大量数据中得出结论。网格技术被称为"第三次网络浪潮"。全球多个网格研发组织发布了网格标准，并举办了"全球网格论坛"（Global Grid Forum）。2002年6月，全球网格论坛公布了开放网格服务架构（Open Grid Services Architecture，OGSA）。这是一组基于现有开放标准的技术规格和标准，旨在为世界各地的网格提供一个公共的技术基础。这个"公用设施"有三个好处：一是节省资源；二是能进行分布式计算；三是打破信息孤岛，实现信息的多元一体化服务。①

这一新兴学科带给我们的思考是：在40亿年漫长的生命进化过程中形成的人的大脑仍然是最复杂和最先进的认知系统。自文字发明以来，人类上下求索，现在它回到它的栖息地。21世纪最有可能取得突破性进展的智能发明之一是神经网络计算机，而它的理论基础是神经系统的逻辑。②

综上，蔡曙山教授给出的认知逻辑的系统结构包括逻辑哲学和哲学逻辑、语言逻辑、心理逻辑、文化与进化的逻辑、人工智能的逻辑、神经系统的逻辑。他指出，我们理解的认知逻辑与以往的理解有两点根本的不同。第一，认知逻辑（cognitive logic）包括了认识逻辑（epistemic logic），而又与认识逻辑不同。一般地说，认知逻辑包括了哲学逻辑，而哲学逻辑又包括了认识逻辑。所以，认识逻辑只是认知逻辑的一个子系统，而认知逻辑的范围则要广得多。第二，认知逻辑是由现代逻辑与认知科学的相关学科结合产生出来的逻辑理论，认知逻辑并不是单一的逻辑理论，它包括哲学逻辑、语言逻辑、心理逻辑、文化与进化的逻辑、人工智能的逻辑、神经系统的逻辑，它们共同构成认知逻辑的有机整体。

---

① 蔡曙山：《认知科学背景下的逻辑学——认知逻辑的对象、方法、体系和意义》，《江海学刊》2004年第6期，第27—28页。
② 蔡曙山：《认知科学框架下心理学、逻辑学的交叉融合与发展》，《中国社会科学》2009年第2期，第37页。

第二节　认知逻辑学科框架下心理学、逻辑学的交叉融合与发展

在认知科学的综合框架下，心理学与逻辑学这两个长期分隔的学科是如何重新交叉融合并得到创新发展的？心理学与逻辑学统一性的基础是什么？心理学与逻辑学交叉融合的形式是什么？本节试图梳理蔡曙山教授对以上问题的系统分析。

一　心理学与逻辑学的分离与重新融合

蔡曙山分别从认识形式、认识史、认知科学三个角度深刻分析了心理学与逻辑学的关系。

1. 从认识形式看心理学与逻辑学的关系[①]

人类认识从低级到高级的形式依次是：感觉、知觉、表象；概念、判断、推理。前三种被称为感性认识形式，是心理学研究的对象；后三种被称为理性认识形式，是逻辑学研究的对象。所有这些形式都是哲学认识论研究的对象，分别被统称为认识的初级阶段和高级阶段。因此，心理学和逻辑学不仅在学理上密切相关，在科学发展史上也都曾经孕育和生长于哲学的母体之中。蔡曙山用下图（图 4-1）来说明心理学、逻辑学、哲学以及认知科学这几个研究对象的关系。

首先是心理学、逻辑学、哲学和认知科学的关系。左边的三角形说明：认识是从感觉开始的，感性认知是理性认识的基础。右图则说明各种认识形式之间以及它们与心理学、逻辑学和哲学之间的关系。心理学研究认识的低级形式，包括感觉、知觉和表象。逻辑学研究认识的高级形式，包括概念、判断和推理。左边三角形中向上的箭头具有多重含义。其一，它说明人的认识是从低级向高级发展的，低级的认识形式有待于

[①] 蔡曙山：《认知科学框架下心理学、逻辑学的交叉融合与发展》，《中国社会科学》2009 年第 2 期，第 26—28 页。

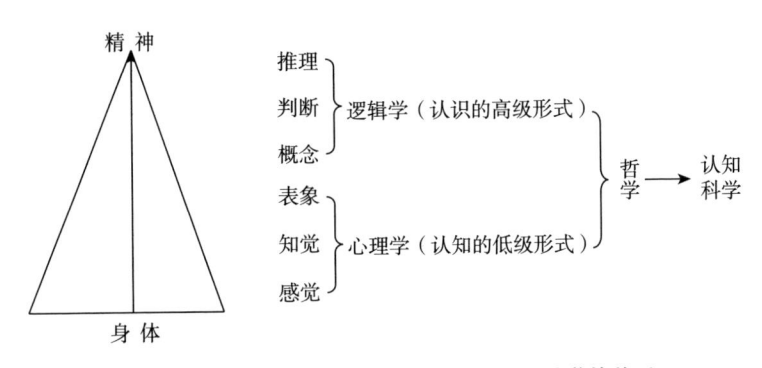

图 4-1　心理学、逻辑学、哲学以及认知科学的关系

发展到高级的认识形式，高级的认识形式包含低级的认识形式。其二，它说明低级的认识形式与人的身体直接相关，在很大程度上是一种生理活动；高级的认识形式与人的精神相关，更多的是一种精神活动。例如，感觉和知觉是一种生理活动，这种低级的认知方式甚至连动物都具有；而凭借语言进行的判断和推理是一种精神活动，这种高级的认知方式只有人类才具备。其三，越是高级的认识形式，其抽象程度越高，越是属于精神活动的范畴，其个体差异性也越小；越是低级的认识形式，其抽象程度越低，越是属于生理活动的范畴，其个体差异性也越大。后面两种意义，已经越出哲学领域，进入了认知科学的领域。箭头表示哲学是认知科学的来源学科之一。

其次是精神与身体的关系、意识与无意识的关系。脑与神经系统产生心智的过程叫认知。认知科学是研究认知规律的科学。作为认知科学分支学科之一的心智哲学，其最为经典、深刻和持久的问题是精神与身体的关系问题。精神和身体的关系问题与哲学史上经久不衰的心身关系问题密切相关，它来源于心身关系问题，同时又融入现代科学特别是神经科学的研究成果。需要指出的是，认知不同于传统哲学所讲的认识。传统哲学认识论是在主客体对立的框架下建构的，理性认识与感性认识是对立的。因此，逻辑学与心理学也是对立的，就像弗雷格所主张的那样。在这个框架下，研究精神活动初级形式的心理学理所当然地被排斥在逻辑学之外。认知科学建立以后，这个传统的、哲学思辨的、缺乏实验事实支持的论断被推翻了。拉柯夫和约翰逊在《体验哲学：涉身心智及其对西方思想的挑战》①一书开篇的三个论断是"心智在本质上是涉身的""思维大多数是无意识的""抽象概念大部分是隐喻的"。这三个论断被称为认知科学的三大发现。在认知科学的框架下,心身重新被统一起来,人的精神活动和身体活动(主要是脑的活动)重新被统一起来,甚至精神活动中的意识行为和无意识行为也重新被统一起来。认知科学诞生以后,由于研究领域的交叉,众多学科实现了交叉和融合。例如,哲学发生了认知转向,即哲学与认知科学的交叉融合,其结果是心智哲学的诞生。心理学与逻辑学也重新融合起来,其结果是心理逻辑学和逻辑心理学的诞生。

最后是认知、语言与认识的关系。认知与认识的主要区别在于,传统哲学认识论是在主客体对立的框架下讨论认识主体与客体(世界)的关系。这种认识论不需要也不可能用科学实验的方法来加以验证,而仅仅是一种哲学的思辨。逻辑实证主义试图改变这种认识方法,它通过人工构造的语言和逻辑系统,分析传统哲学的概念、命题和论证,试图解决传统哲学的问题,而将它不能解决的问题斥为形而上学问题。这种方法导致分析哲学的诞生,并引领西方哲学风骚数十年,形成席卷西方学术的形式化风潮。哥德尔1931年证明不完全性定理和维特根斯坦后期建立语言游戏论以来,哲学家们认识到人工语言和形式系统的局限,重新返回自然语言,语言哲学由此诞生。语言哲学是不同于传统哲学和分析哲学的又一次哲学变革,它改变了哲学的话语体系和叙述方法。语言哲学认为,认识主体无法直接达到客观世界,除非通过使用语言。语言哲学按照句法学、语义学和语用学的三分框架来研究语言和哲学。在这种研究框架下,哲学家看到的并不是客观世界,而是经过语言描述的客观世界;哲学家也不可能直接去改变世界,而只能通过语言建构社会现实来改变世界。以后期维特根斯坦为标志,语言哲学又在西方哲学中引领风骚数十年。

20世纪70年代中期随着认知科学建立而诞生的心智哲学,不再将语

---

① George Lakoff and Mark Johnson, *Philosophy in the Flesh: The Embodied Mind and Its Challenge to Western Thought*, New York: Basic Books, 1999.

言活动看作哲学的对象，而把语言活动看作心智活动的反映，心智活动才是哲学的对象。心智哲学吸收了认知科学特别是认知神经科学的积极成果，这些成果包括：人的认知过程就是人脑加工信息的过程；感觉是信息的获取；知觉和认识是赋予意义的信息解释；学习和记忆是信息的存储和修正；思维和意识是信息的使用和反刍；决策是对外界的未来状态和行为结果的预测；运动控制是行为的引导；语言则是交际的工具，这种交际包括人际沟通、人机交互以及人和环境之间的信息交换；等等。心智哲学是从传统哲学、分析哲学、语言哲学发展而来的，它们是一脉相承的。关于心智的三个经典的哲学问题是：精神与物质的关系问题（包括心身关系问题、二元论的问题）；心智和知识的结构问题（包括唯理论和经验论以及两者的关系问题）；第一人称与第三人称知觉问题（包括自我与他心的问题）。传统哲学和语言哲学中的这些经典问题虽然包含着心智哲学的种子，但它们毕竟不是心智哲学。心智哲学的问题是从传统哲学和语言哲学发展而来的，但它又区别于以往的任何一种哲学理论，有它自己特殊的研究对象。心智哲学不仅关注和研究与心智和语言相关的认知现象（它们被称为高阶认知），也关注和研究与身体和无意识相关的认知现象（它们被称为低阶认知）。这样，在心智哲学中，逻辑学和心理学不仅可能而且已经重新融合起来了。

2. 从认识史看心理学与逻辑学的关系[①]

认知科学诞生以前，心理学与逻辑学的共同基础是哲学。很多著名哲学家一身二任，同时也是具有重要影响的心理学家。在赫根汉（B. R. Hergenhahn）的《心理学史导论》中所阐述的从古希腊到近代的泰勒斯、柏拉图、亚里士多德、奥古斯丁、托马斯·阿奎那、奥卡姆的威廉、培根、洛克、休谟、笛卡尔、康德、黑格尔等都是哲学家兼心理学家。古希腊哲学家柏拉图的《对话录》、亚里士多德的《论灵魂》、奥古斯丁的《忏悔录》等著作都被当作西方心理学史上的重要文献。《心理学史导论》第一章列出的"心理学中的永恒问题"可以说也是"哲学的永恒主

[①] 蔡曙山：《认知科学框架下心理学、逻辑学的交叉融合与发展》，《中国社会科学》2009年第2期，第28—30页。

题"。其中,尤其值得称道的是古希腊百科全书式的哲学家、逻辑学家、科学家亚里士多德。亚里士多德的哲学著作,特别是亚里士多德的认识论著作,系统地论述了灵魂、因果论与目的论、感觉、常识、被动理性与主动理性、记忆与回忆、想象与梦、动机与幸福、情绪与选择性知觉等心理学问题。他的《论灵魂》一书,被认为是心理学的开山之作。亚里士多德在他的灵魂学说也就是心理学中,将灵魂从低到高分为植物的灵魂、动物的灵魂和理性的灵魂三个层级,理性的灵魂是人类所特有的。他还把理性分为被动理性和主动理性两种形式,被动理性具有综合经验的作用,它使日常生活有效进行,但它不能使人理解本质或第一原理。从一个人的大量经验中抽象出来的第一原理,只能通过主动理性才能获得,被认为是思想的最高形式。灵魂的主动理性为人类设定了最高目的,这就是隐德来希(entelechy)。隐德来希使事物朝着预定的方向运动或发展,直到完全实现它的潜能。在这里,我们看出,作为一位逻辑学家,亚里士多德为他的灵魂学说即心理学设置了最终原因或最高目的,它相当于逻辑学的公理——"不动的推动者"。但这个不动的推动者并不是神,而是逻辑必然性。这样,亚里士多德的目的论哲学、逻辑学和心理学就完美地统一起来了。

布伦塔诺(Franz Brentano)在心理学上认同冯特关于实验心理学有其局限性的观点,认为过分强调实验会分散研究者对重要问题的注意力。但他不同意冯特的心理元素论,认为对心理元素的研究仅仅是一种静态的心理学。布伦塔诺主张心理学研究应该强调心理过程而不是心理内容。关于心理,重要的不是它里面有什么而是它做了什么。布伦塔诺的这种理论被称为意动心理学(act psychology),其核心概念是"意向性"(intentionality)。意向性概念指心理意动总是指向某物,即心理意动包含物理世界的某物或某种心理意象即观念。在这种框架下,我们就区分了看见红色和被看见的红色这两个不同的内容,前者是一种心理意动,而后者是这个心理意动指向的外界事物。由此可见,意动心理学重在理解心理机制而不是它的元素,它是处理心理过程和物理事件之间关系的心理学。

第四章 认知逻辑的学科框架与心理逻辑研究

布伦塔诺著述不多,但不论在心理学上还是在哲学上他对后世的影响都非常大。像所有伟大的布道者一样,布伦塔诺相信口头交流才是最重要的。他在心理学和哲学上的重要影响都是通过他的学生或受过他的影响的人来实现的。他的这些得意门生包括音乐心理学的奠基人斯顿夫(C. Stumpf)、现象学大师胡塞尔、精神分析学派的领袖弗洛伊德、波兰逻辑学派的创始人塔斯基等。史密斯说:"一群布伦塔诺的学生……可以说……几乎囊括了欧洲大陆20世纪所有最重要的哲学运动。"[①] 布伦塔诺的不同寻常之处在于,在他的学说中,心理学、数学、逻辑学、哲学协调一致,归于一体。这就使得我们在追溯心理学、哲学与逻辑学的统一一直至认知科学起源时,布伦塔诺都具有重要地位。

美国早期的心理学似乎重演了这段历史。萨哈金(W. S. Sahakian)将美国早期心理学分为四个阶段:道德哲学和心灵哲学阶段(1640—1776年),这个时期的心理学与伦理学、哲学和神学结合在一起。洛克的《人类理智论》(1690)成为心理学的标准读物。罗巴克(A. A. Roback)在《美国心理学史》中这样评价这一时期的美国心理学:"心理学为逻辑而存在,逻辑为上帝而存在。"[②] 理智哲学阶段(1776—1886年),这个时期主要受英格兰常识哲学的影响,这种常识哲学具有神学的意义,但上帝的存在和性质并不需要得到逻辑的证明。这个时期的心理学教科书开始涉及知觉、记忆、联想、注意、语言、思维之类的主题,心理学逐步脱离哲学和神学,成为独立的学科。美国的文艺复兴阶段(1886—1896年),这个时期心理学从宗教和哲学中完全独立出来,成为一门经验科学,主要标志有杜威的《心理学》(1886)、詹姆士的《心理学原理》(1890)相继出版;《美国心理学杂志》(1887)创刊;铁钦纳在康奈尔大学开设其有巨大影响的构造主义课程(1892)。

近代以来,更多的心理学家致力于使心理学成为科学。例如,费希

[①] 参见 B. R. 赫根汉《心理学史导论》(上册),郭本禹等译,华东师范大学出版社 2004 年版,第 411 页。

[②] 参见 B. R. 赫根汉《心理学史导论》(上册),郭本禹等译,华东师范大学出版社 2004 年版,第 494 页。

纳指出物理刺激以几何级数增加时，感觉强度以算术级数增加。他提倡用极限法、恒定刺激法、调整法来探索心身关系，开创了心理物理学的研究。冯特和詹姆士几乎同时建立了心理学实验室，冯特的实验室用于研究，詹姆士的实验室用于教学演示，这标志着哲学心理学向科学心理学的过渡。此外，众多科学取向的心理学家都为心理学的科学化做出了努力。但是，心理学究竟是不是科学，自亚里士多德以来一直是争论不休的问题。

特别值得指出的是，20世纪著名的哲学家和逻辑学家维特根斯坦不仅研究心理学，还将心理分析应用到他所建立的语言游戏论中。二战以后，维特根斯坦曾有几年时间自愿到奥地利农村担任小学教师。在这几年中，维特根斯坦集中研究了语言学习、原始语言以及私人语言等问题。他曾经问自己："我是在研究儿童心理学吗？"巴特利认为，导致晚期维特根斯坦哲学转变的两个主要的原因：一个是特拉腾巴赫儿童心理学实验，另一个是他意识到某人所做出的一个手势是不能分析的。维特根斯坦使用"语言游戏"来指代其后期理论。在《哲学研究》的前六节中，维特根斯坦一一考察了在命名、原始语言、儿童语言学习、语言使用和交流中所出现的语词，在随后的第七节他总结说，儿童学习他们的母语的各种游戏称为语言游戏，有时也可将原始语言称为语言游戏，给石料命名或者跟着某人重复词的过程也可以叫作语言游戏。而最有普遍性的语言游戏则是指语言行为。这样，维特根斯坦就从早期的逻辑图像论进入他后期的语言游戏论。语言不再被当作世界的图画，而是心智（mind）的规则。

20世纪30年代后期，维特根斯坦开始写作《哲学研究》，该书的第一部分完成于1945年，第二部分完成于1949年。在此期间，维特根斯坦对心理学哲学做了大量认真系统的研究，写下了大量的手稿。后来根据这些手稿编辑成《心理学哲学评论》（1946—1947年）和《关于心理学哲学的最后著作》（1948—1949年）。这两本书的部分内容被包括在《哲学研究》中。特别是第二本著作，它有一个副标题是"关于《哲学研究》第二部分的预备性研究"。本书有很多节都是与《哲学研究》第二部分和

第四章 认知逻辑的学科框架与心理逻辑研究

《心理哲学评论》互相参照的。在本书中，维特根斯坦提出语言的意义与使用者的心理状态相关，而这种心理状态是语境的一部分。例如，当我在一个特殊的语境中说出"我害怕"这个语句时，它到底是由于害怕而产生的心理行为，还是仅仅在描述一种心理状态呢？维特根斯坦认为，这两种理解是非常不同的。维特根斯坦对自然语言的这种分析，直接导致其后奥斯汀等人的言语行为理论的建立和语用学的发展。维特根斯坦所观察到的视觉两可图，如著名的鸭兔图和两可立方体，至今仍然是心理学和认知神经科学研究的对象。

可以看出，维特根斯坦后期的转变不仅是语言基础的转变——从理想语言转到自然语言，也是分析方法的转变——从单纯的语言分析转到语言分析与心理分析相结合。我们甚至可以说，维特根斯坦是从心理分析进入语言游戏论的，即语言游戏论等于自然语言分析加心理行为分析。

巴特利认为，维特根斯坦后期思想与著名儿童心理学家、维也纳大学哲学教授卡尔·彪勒（Karl Bühler, 1879 – 1963）的主要思想有惊人的相似之处：他们都反对心理学原子主义和逻辑原子主义，并以构造主义或完型主义取代原子主义；主张彻底的语言约定论和"无形象思维"的观念，反对本质主义学说。可见，在维特根斯坦身上，心理学、逻辑学、哲学同样得到了完美的统一。

从以上分析可看出，心理学与哲学、心理学与逻辑学、心理学与科学的关系始终处于分离与融合交替的状态。而相关学科是否接受心理学，或心理学是否被相关学科接纳，在很大程度上取决于研究者的个人偏好。可以说，在认知科学建立以前，不仅上述学科的交叉不存在合理的框架，相关领域的交叉研究也没有科学合理的根据。

3. 心理学与逻辑学交叉融合的认知科学基础[①]

认知科学诞生以后，心理学与哲学、心理学与逻辑学、心理学与其他相关科学才算找到了统一的基础和根据。蔡曙山分析了这种关系。

---

① 以下内容摘自蔡曙山《认知科学框架下心理学、逻辑学的交叉融合与发展》，《中国社会科学》2009 年第 2 期，第 30—32 页。

(1) 哲学、心理学、语言学、人类学、计算机科学和神经科学在认知科学框架下的统一

认知科学的学科关系清楚地说明哲学、心理学、语言学、人类学、计算机科学和神经科学在认知科学的框架下不可避免地发生了关联和交叉。首先，这六大学科与认知科学交叉，生长出心智哲学、认知心理学、认知语言学（语言与认知）、认知人类学（文化、进化与认知）、人工智能和认知神经科学六大分支学科；其次，这六大学科之间互相交叉，又生长出控制论、神经语言学、神经心理学、认知过程仿真、计算语言学、心理语言学、心理哲学、语言哲学、人类学语言学、认知人类学、脑进化等众多的交叉学科。

可以看出，在认识科学框架下，心理学也不可避免地与其他学科发生了交叉和关联。例如，心理学与哲学的交叉形成心理哲学，心理学与语言学的交叉形成心理语言学或语言心理学，心理学与人类学交叉形成认知人类学，心理学与计算机科学交叉形成认知过程仿真，心理学与神经科学交叉形成神经心理学，等等。但这还不是问题的全部。如果我们从逻辑学的角度来考察它在认知科学背景下的发展，我们还将看到更多有意思的深刻变化。

(2) 逻辑学在认知科学的框架下形成的新研究领域和学科群

如果把认知科学的学科框架即图4-2所示的认知科学六角形图放到

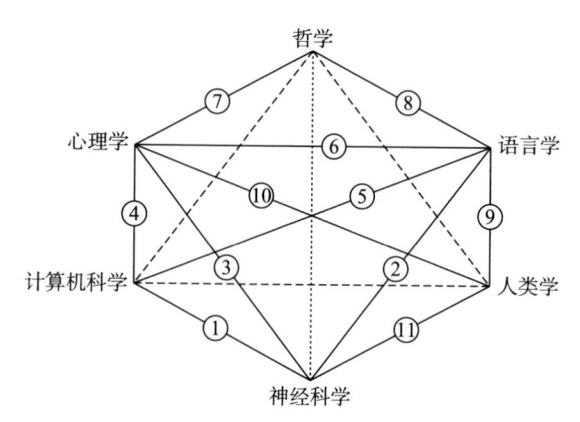

图4-2 认知科学与相关学科关系

现代逻辑的背景中,可以看到现代逻辑与认知科学交叉所得的新的研究领域,那就是"认知逻辑"(cognitive logic)。认知逻辑用认知科学的框架对现代逻辑各学科"重新洗牌",建立认知逻辑的动机是使当代逻辑的发展适应认知科学的需要。

认知科学的建立,开启了学科大交叉、大融合的时代,蔡曙山称这个时代为"综合的时代",以区别于20世纪"分析的时代";认知逻辑的建立,则开启了当代逻辑学发展的新时代,逻辑学告别20世纪上半叶局限于数学基础研究和数学推理的狭隘路子,走上了作为多学科共同工具的广阔的发展道路。其中,心理逻辑的建立,结束了弗雷格所主张的将逻辑学与心理学分离的局面。

(3)心理学和逻辑学的交融是值得注意的新兴研究领域

现在我们看到,在认知科学发展的背景下,心理学与逻辑学这两个彼此分隔的学科终于结合起来了。但这一次,心理学不再需要为自己的科学性和合理性辩护。因为认知科学的发展已经为它做了这种辩护。在认知科学的框架下,人类认知既有与语言相关的理性思维和逻辑推理的部分(高阶认知),也有与身体相关的感性认知和无意识的部分(低阶认知)。前者属于逻辑学的范畴,后者属于心理学的范畴。这样,逻辑学与心理学就自然而且必然地统一起来了。著名心智哲学家、认知科学第二代领袖人物拉柯夫的"三大发现"(心智的涉身性、思维的无意识性和抽象概念的隐喻性)将认识的这两端重新结合在一起。

心理学与逻辑学的交叉融合产生了逻辑心理学和心理逻辑学这样一些重要的新兴领域,它们的发展与认知科学同步。在短短30年间,心理学与逻辑学的交叉领域取得了一系列的新进展。不论是从两者合合分分的历史看,还是从两者若即若离的关系看,都可以期待两者结合可能产生的新成就。

二 心理学与逻辑学交叉融合的两种形式

在认知科学发展的背景下,心理学与逻辑学的交叉融合已经发生了。那么,这种交叉融合又是如何进行的呢?蔡曙山认为,从目前的发展看,可能的交叉融合形式有两种,即逻辑心理学(logical psychology)和心理逻辑学(mental logic)。

1. 逻辑心理学①

逻辑心理学以逻辑要素为自变量,心理要素为因变量。或者说,逻辑心理学把逻辑思维映射到人的心理活动当中去。因此,逻辑心理学把人的心理活动看作某种形式的逻辑推理的反映,它认为人的心理行为受逻辑思维或逻辑推理的影响。

逻辑心理学具有以下特征:其一,逻辑心理学是心理学,是逻辑因素的心理函数;其二,逻辑心理学以逻辑要素为自变量,心理要素为因变量;其三,逻辑心理学认为,人的心理行为受其逻辑思维或逻辑推理的影响。

从大脑或神经系统产生心智的过程即认知。与脑和神经及身体相关的认知形式称为低阶认知(lower order cognition),与语言相关的认知形式称为高阶认知(higher order cognition)。低阶认知研究与身体相关的认知形式,包括感觉、注意和意识、知觉、表象、物体识别、记忆等;高阶认知研究与语言相关的认知形式,包括语词(概念)与分类、命题(语句)和知识、推理与决策、问题解决、创造性思维等。由于语言具有民族性和社会性,高阶认知还被广泛应用于经济、社会、政治、法律、教育、国防等一切与语言的使用有关的领域。

除感觉之外,认知心理学基本覆盖了低阶认知和高阶认知的全部内容。另外,认知心理学并不特别研究人的心理与行为之间的关系,除非这种行为是与认知相关的。这样,认知心理学就与其他心理学分支相互区分开来。

逻辑心理学研究概念、判断、推理这些逻辑元素如何影响心理学的效果。概念或语词的元素包括主词、谓词、关系词、模态词、量词等;判断或命题的元素包括直言判断、关系判断、假言判断、选言判断、联言判断等;推理元素包括直接推理、三段论、假言推理、选言推理、联

---

① 蔡曙山:《认知科学框架下心理学、逻辑学的交叉融合与发展》,《中国社会科学》2009年第2期,第32页。

言推理、谓词逻辑（量词推理）、归纳推理、类比推理等。逻辑心理学将这些逻辑元素作为自变量，研究它们在人的心理活动中引起的反应和规律。

2. 心理逻辑学[①]

心理逻辑（学）是逻辑学，以下简称心理逻辑。心理逻辑以心理要素为自变量，逻辑要素为因变量。换句话说，心理逻辑把人的心理活动看作一种逻辑思维，或者说，把人的心理活动映射到逻辑推理当中去。因此，它认为逻辑思维或逻辑推理受心理因素的影响。

心理逻辑有以下特征：其一，心理逻辑以心理要素为自变量，以逻辑要素为因变量。其二，心理逻辑是逻辑学。心理逻辑是心理因素的逻辑函数。其三，逻辑思维或逻辑推理受心理因素。

三 心理逻辑研究的一些重要成果

在维特根斯坦的语言游戏论、乔姆斯基的心理主义语言学和认知科学中涉身因素的共同影响下，心理学与逻辑学重新交融在一起，心理因素重新进入逻辑学的研究领域，并形成了心理逻辑这门新兴的学科。在心理逻辑的研究方面，已经有很多的著作问世。如 R. J. 纳尔逊的 *The Logic of Mind*（1989，第 2 版）、奥古斯特·斯特恩的 *Matrix Logic and Mind*（1992）、保罗·萨迦德的 *Mind：Introduction to Cognitive Science*（1996）、马丁·布雷恩和大卫·奥布赖恩的 *Mental Logic*（1998）、保罗·萨迦德的 *Coherence in Thought and Action*（2000）等。此外，还有很多有关认知科学的著作和文献将心理学与逻辑学的研究结合起来。[②]

沃森（P. C. Wason）有一个非常著名的、经典的选择任务实验，可以充分说明心理逻辑的这种特征。实验任务是这样设计的：有一副纸牌，其中每张都是一面印着大写英文字母，另一面印着阿拉伯数字。被试要

[①] 蔡曙山：《认知科学框架下心理学、逻辑学的交叉融合与发展》，《中国社会科学》2009 年第 2 期，第 33 页。

[②] 蔡曙山：《逻辑、心理与认知——论后弗雷格时代逻辑学的发展》，《浙江大学学报》（人文社会科学版）2006 年第 3 期，第 10—11 页。

求在呈现的四张纸牌中翻开尽量少的几张,以检验(证实或推翻)下面的规则:

  R1 如果纸牌的一面是辅音字母,则它的另一面是奇数。

  这样就可以用很多组纸牌来做充分条件假言推理的测试,如 S3A2、EK69、AB47 等。例如,在 S3A2 这一组中,如果翻开 S,表明被试懂得使用肯定前件式;如果翻开 2,表明被试懂得使用否定后件式——这两种都是正确的推理形式。如果翻开 3,表明被试使用了肯定后件式;如果翻开 A,表明被试使用了否定前件式——这两种是错误的推理形式。

  马库斯和里普斯的统计结果表明,有将近 100% 的被试懂得使用肯定前件式的有效式进行推理。但只有约 50% 的被试使用否定后件的有效形式,这表明很多人感到否定后件式要困难得多。尽管在逻辑学中将肯定前件式(Modus Ponens,MP)和否定后件式(Modus Tollens,MT)看作同样正确和等价的推理形式,但大多数人并不这样认为。在这个实验中,有超过一半的人使用了肯定后件和否定前件的错误推理形式,前者占 33%,后者占 21%。其原因何在?这是因为在规则 R1 中,"辅音字母"和"奇数"得到了表征,而"非辅音字母"和"非奇数"却没有得到表征。所以,在有效的推理形式中,选择翻开辅音字母的比选择翻开偶数的要多;而在无效的推理形式中,选择翻开奇数的又比选择翻开元音字母的要多。这就表明,人们在进行推理时受到心理因素的影响。也就是说,逻辑不是抽象的而是具体的;逻辑不是与心理无关的而是与心理相关的。有趣的是,如果我们将推理规则和推理任务稍稍改变,推理的成绩也会受到影响。请看下面的规则:

  R2 如果一个人在公开场合喝酒,他的年龄一定超过法定年龄。

  如果要求被试设想自己是一名警察,他走进一家酒馆要检查是否有未成年人在违法饮酒。推理任务设计为要求被试在四张纸牌中翻开一张

第四章 认知逻辑的学科框架与心理逻辑研究

或几张以完成他的工作。这四张纸牌分别是：（1）喝酒；（2）喝可乐；（3）16 岁；（4）22 岁。

这个选择任务与前面的选择任务在推理的逻辑形式上是完全一样的。但前者较为抽象（称为抽象的沃森选择任务），而后者较为具体（称为具体的沃森选择任务）。实验结果，使用肯定前件式（MP）的成绩在两种选择任务中没有改变，而在具体的选择任务中，使用否定后件式（MT）的成绩却大大提高。即使在抽象选择任务中不能完成 MT 的被试，在具体的选择任务中仍有高达 72% 的人给出了正确答案[1]。这个实验说明，推理所涉及的情景和人们的经验同样影响推理的结果！

1966 年以后，沃森选择任务实验被人们以种种不同的方式重复进行，其结果都是，人们的推理受到心理因素、推理情景和特殊经验的影响。研究心理因素如何影响逻辑推理逐渐成为一个新的逻辑领域，这就是心理逻辑。[2]

蔡曙山结合被称为改变人类生存方式和提高人类生存能力的两大科学计划：人类认知组计划（Human Cognome Project，HCP）和人类基因组计划（Human Genome Project，HGP），以及 2000 年美国国家科学基金会（NSF）和美国商务部（DOC）共同资助 60 多位科学家开展的一个研究计划（研究报告的题目是《聚合四大科技 提高人类能力：纳米技术、生物技术、信息技术和认知科学》），阐明认知科学的重要性，并进一步说明心理学和逻辑学共同处于心理、认知和学习的层面上，它们以基因细胞生物学和人体生理学为基础，并且又成为更高层次的研究如社会组织、群体行为、社会规则、文化、价值、宗教、本地和全球环境研究的基础。蔡曙山教授指出，在过去的一个世纪，我们把一些相关性本来很强的学科如逻辑学与心理学截然分开，是因为我们对不同层次的研究缺乏全面的认识和整合能力，更缺少能够将不同层次的研究交叉融合在一

---

[1] R. A. Griggs and J. R. Cox, "The Elusive Thematic-materials Effect in Wason's Selection Task," *British Journal of Psychology* 73 (1982): 407.
[2] 蔡曙山：《认知科学框架下心理学、逻辑学的交叉融合与发展》，《中国社会科学》2009 年第 2 期，第 33—34 页。

起的具有科学根据的研究框架。认知科学的诞生表明人类认识已经发展到这一步，它需要而且能够将人类已有的全部知识整合在一起。因此，"认知科学不仅是心理学与逻辑学统一性的科学基础，也是心理学与逻辑学协调发展的希望"[1]。

蔡曙山还以近代科学发现的一些著名例子，如大陆漂移和板块结构理论、大爆炸宇宙论的建立和培根机器的定理证明，来说明溯因推理、归纳推理和类比推理在科学发现中的作用。特别以著名的沃森实验为例，详细分析演绎推理和溯因推理的心理逻辑性质，建立认知逻辑（cognitive logic）的学科体系，将溯因推理安放在认知逻辑和心理逻辑的合理框架内。最后，建立包括溯因、类比、归纳三个并行通道和演绎的一个串行通道的科学发现的心理逻辑模型（详见本章第三节）。

第三节　科学发现的心理逻辑模型

蔡曙山教授从认知科学和神经科学的新角度，使用新的科学事实和实验数据考察溯因推理的由来与发展，特别考察著名的沃森选择任务实验与溯因推理的关系，分析它的心理逻辑性质，并将它安置在认知科学的一个合理的框架之中。蔡曙山又探讨并建立包括溯因推理、类比推理、归纳推理和演绎推理的科学发现的逻辑模型，并分析与此模型相关的心理逻辑问题。

一　演绎和溯因[2]

溯因方法的使用可以追溯到古希腊时期。柏拉图在他记述苏格拉底思想的著名篇章《美诺篇》中，详细讲述了苏格拉底如何用启发式教育法诱导柏拉图的一名没有哲学和数学知识的童奴一步一步地推导出"什么是德行（virtue）"以及"如何将一个正方形的面积扩大两倍"这样的

---

[1] 蔡曙山：《认知科学框架下心理学、逻辑学的交叉融合与发展》，《中国社会科学》2009年第2期，第38页。
[2] 蔡曙山：《科学发现的心理逻辑模型》，《科学通报》2013年第34期，第3531—3533页。

学习过程①。

虽然在苏格拉底和柏拉图时代，毕达哥拉斯已经发现并证明后来以其名字命名的定理，也就是中国人更早发现并随后证明的勾股定理，根据这个定理，不难知道一个正方形，若将其面积扩大两倍，后者的边长应为原来正方形的对角线，但由于美诺的童奴不具备数学和毕达哥拉斯定理的知识，因而他并不知道正确答案。如何让他学会将 ABCD 的面积扩大两倍呢？苏格拉底采用启发式教育法和试错法，利用童奴的一些常识，通过提问，一步步诱导美诺的童奴得出正确答案。

《美诺篇》的第一个意义是，它记述了苏格拉底所使用的，并且至今仍然被广泛使用的一种教育法——启发式教育法，它现在仍然是西方大学教育的基本方法。《美诺篇》的第二个意义是，它记载了苏格拉底所使用的，从某一结论寻求它的证明方法，这就是溯因（abduction）方法。例如，勾股定理的结论只有一个，但有 400 多种不同的证明。

蔡曙山继续分析中国古代数学家给出的两种勾股定理的证明过程，指出每一种证明的建立（求证），都是一个溯因过程。不仅勾股定理的证明是如此，所有定理的证明过程（定理的求证）都是一个溯因推理的过程。

古希腊亚里士多德三段论系统是人类历史上第一个逻辑公理系统，欧几里得几何是第一个数学公理系统。蔡曙山以这两个系统为例，对此进行了说明。他指出，与演绎推理一样，溯因推理也是一种古老的思维与推理方法。两者好比一对孪生兄弟，因为由因及果的演绎和由果及因的溯因是思维过程的两面，两者互相联系，密不可分，但两者却有完全不同的命运。

苏格拉底和柏拉图以后的 2000 多年间，无人将《美诺篇》中记述的溯因方法作为一种科学方法系统地加以阐释和提倡，直到皮尔士（C. S. Peirce）出现。皮尔士对溯因推理的经典定义是："如果我们观察到一个令人惊讶的事实 C，并且如果 A 是真的，则 A 可能引起 C，这时我们

---

① 《柏拉图全集》，王晓朝译，人民出版社 2002 年版，第 491 页。

就可以运用溯因推理，猜测 A 可能是真的。"①

皮尔士对推理的分类如下：

$$\text{推理}\begin{cases}\text{解释前提的推理（分析方法或演绎推理）}\\\text{扩展前提的或综合的推理}\begin{cases}\text{溯因推理}\\\text{归纳推理}\end{cases}\end{cases}$$

在皮尔士看来，作为人类思维最高形式的推理，首先应该分为解释前提的推理和扩展前提的推理。所谓解释前提的推理，系指结论并未超出前提断定范围的推理。例如，所有人都是有死的，苏格拉底是人，所以，苏格拉底是有死的。演绎推理的结论包含于前提之中，所以它是解释前提的推理。演绎推理的结论具有必然性，但不包含新的知识。在科学发现中，演绎推理并不能用于假说的提出，但可用于假说的验证。

所谓扩展前提的推理，系指结论超出前提断定范围的推理。皮尔士认为它包括溯因推理和归纳推理两种基本形式。归纳推理是基于有限观察的、从有限样本推出一般结论的推理，它的前提是关于个别事物具有某种性质的论断，结论却试图得出全体事物皆具有此性质的论断。典型的例子是从已观察到的某些天鹅是白的，推出所有天鹅都是白的。数千年来欧洲人一直相信天鹅是白的，直到在澳大利亚发现黑天鹅。溯因推理是从结果追溯原因的推理。根据皮尔士的观点，溯因推理是关于采纳假说的推理。采纳一个留待观察的假说不能被适当地称为归纳，但它仍然是推理，虽然它的安全性低，但它的生育力（uberty）强。皮尔士认为溯因过程本质上是推导。他说："虽然从逻辑规则说有一点小小的障碍，然而它是逻辑推导，它仅以疑问的或猜测的方式断定其结论，它是真的，因为它有一种完全明确的逻辑形式。"② 我们可以把这种形式表示为：

---

① 参见 K. T. Fann, *Peirce's Theory of Abduction*, The Hague：Martinus Nijhoff, 1970, p. 7。
② 参见 K. T. Fann, *Peirce's Theory of Abduction*, The Hague：Martinus Nijhoff, 1970, p. 8。

B，

如果 A，则 B；

所以，A 是 B 的原因。

例如，

地面湿了

如果下雨，地面就会湿；

因此，下雨可能是地湿的原因。

虽然皮尔士将溯因和归纳归为一类，但它们的差异非常大。归纳推理是一种从个别到一般的推理，即从个别样本所具有的性质推导出样本所在的全体也具有该性质。溯因推理却不是个体与整体关系的推理，它是因果关系的推理，即从某一观察事实或事件推导出（猜测出）引起该事实或事件的原因。

由此可见，溯因推理与演绎推理有更加密切的联系。前已指出，溯因推理是一种由果溯因的因果关系推理，演绎推理可以被适当地看作从原因寻找结果的推理。两者的关系可以从一个著名的关于福尔摩斯和华生的故事来说明。福尔摩斯和华生去野营。星空下，他们支起帐篷，进入梦乡。半夜醒来，他们看到天上的星星。从同一事实出发，两人却得出了不同的结论，因为两人使用了不同的推理方法，华生使用的是演绎和分析，他得出的结论是有的行星上可能有生命；福尔摩斯使用的则是溯因和综合，他得出的结论是帐篷被偷了。两人的推理形式如下面的式（1）至式（3）：

演绎解释（华生）：$p \rightarrow q_1, q_2, q_3, \ldots$ （1）

溯因解释（福尔摩斯）：$r_1, r_2, r_3, \ldots \rightarrow p$ （2）

或者：$p \leftarrow r_1, r_2, r_3, \ldots$ （3）

华生的思维是这样的：天上有很多的星星（p）→可能有数百万颗星星（q_1）→这些星星中有的有行星（q_2）→有的行星上可能有生命

(q3)。福尔摩斯的思维过程完全相反,尽管他们的出发点是一样的:天上有很多星星(p)←我们睡在露天里(r1)←我们的帐篷没有了(r2)←我们的帐篷被偷了(r3)。其中,→表示推出关系;←表示溯因(逆推)关系。前者是从因推果,后者是由果溯因。面对同一事实或事件,我们既可以像华生那样,以这一事件为原因去推导出若干结果,也可以像福尔摩斯那样,以这一事件为结果去追溯引起它的原因。在现实世界中,一个原因可以导致多种结果,如式(1)所示;一个结果也可能由多种原因所致,如式(2)或式(3)所示。可将溯因推理的公式表示如下:

B,
如果 A_1,则 B;   假设 1
如果 A_2,则 B;   假设 2
……   ……
如果 A_n,则 B;   假设 n
所以,A_i ($1 \leq i \leq n$) 是 B 的原因。 溯因结论

二 将溯因推理安放在认知逻辑的框架内

蔡曙山通过对沃森选择任务实验中溯因推理的考察,以及对清华大学心理学系某两个年级 50 名本科生进行的讲授逻辑学知识之前和之后的沃森选择任务对比实验,得出结论:其一,人们头脑里的逻辑并不等于"逻辑学"。人们头脑里的逻辑,或者说人们在思维与认知活动中所使用的逻辑是与经验相关的。那种与经验无关的、普遍的、无个体差异的逻辑是不存在的,或者说,它只存在于逻辑学家的理想模型之中。其二,理想的逻辑模型在实际应用时,往往会发生一定程度的心理偏差(psychological biases),这说明在人们的实际思维和认知过程中,逻辑过程与心理过程是相互交织在一起的,逻辑推理是会受到心理因素影响的。其三,虽然心理因素对逻辑推理会产生影响,但正确的逻辑推理模型(包

括先天的 MP 和习得的 MT）会对思维和认知过程进行约束与修正。

蔡曙山指出，溯因推理是一种心理逻辑，它以心理因素为变量，逻辑因素为函数，表明在人的思维和认知过程中，逻辑推理是受到心理因素影响的。在对认知科学的学科框架、认知逻辑的学科体系以及溯因推理的心理逻辑性质进行分析后，蔡曙山认为，可以将溯因推理安放在一个合理的位置上，这个合理的位置，就是心理逻辑。

如前所述，心理逻辑有以下特征：第一，心理逻辑以心理要素为自变量，以逻辑要素为因变量。第二，心理逻辑是逻辑学。心理逻辑是心理因素的逻辑函数。第三，逻辑思维或逻辑推理受心理因素的影响。

沃森选择任务实验，可以充分说明心理逻辑的这种特征。实验证明，人的心理因素和经验、工作记忆和实验任务的难度等非逻辑的因素，都会对推理的结果产生影响，因此，在人的实际思维中，逻辑加工与心理加工过程是互相影响的。逻辑学家给出的逻辑规则是理想模型，而在思维中发生的心理逻辑过程与理想的逻辑模型是有偏差的。[1]

三　科学发现的心理逻辑模型

蔡曙山首先分析了马格纳尼（L. Magnani）在《溯因、推理和科学——发现和解释的过程》一书中给出的综合溯因、演绎和归纳的假说推理模型（model of hypothesis reason），他认为该模型的成功之处在于将演绎、归纳与溯因综合在一个模型之内，说明这三种推理方法在科学发现的提出假说和验证假说阶段的作用。同时他指出了该模型的缺陷：一是它不能区分演绎推理与归纳推理和溯因推理在科学发现中的不同作用；二是它不能说明类比推理在科学发现中的作用。蔡曙山继续分析了大陆漂移学说和大爆炸宇宙论建立假说时运用的溯因推理和类比推理，得出：类比推理在科学发现中具有与溯因推理同样重要的作用。他特别指出，认知科学建立以后，类比推理及相应的隐喻方法受到高度重视，被看成"人类赖以生存的"认知方式。

蔡曙山给出了科学发现的心理逻辑模型（见图 4-3）。

---

[1] 蔡曙山：《科学发现的心理逻辑模型》，《科学通报》2013 年第 34 期，第 3536 页。

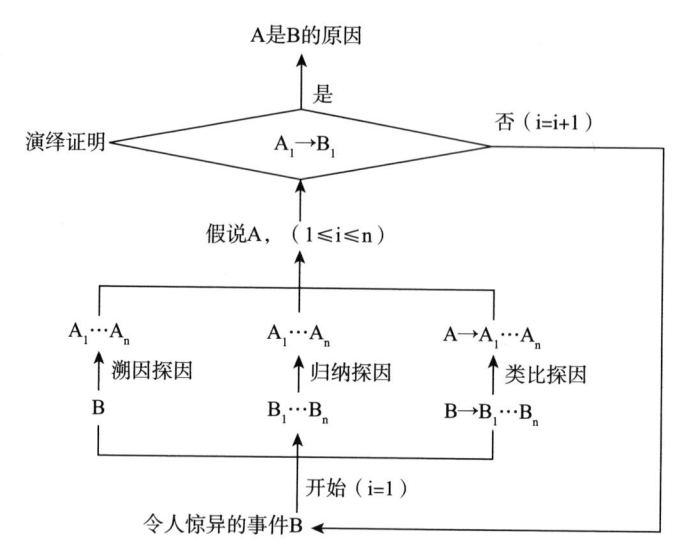

```
                    A是B的原因
                       ↑ 是
         演绎证明  ┌─ A_i→B_i ─┐ 否（i=i+1）
                  └───────────┘─────────┐
                       ↑                │
                 假说A_i（1≤i≤n）        │
         ┌──────────┬──────────┬──────────┐
         A_1…A_n   A_1…A_n   A→A_1…A_n   │
         ↑溯因探因  ↑归纳探因  ↑类比探因   │
         B         B_1…B_n   B→B_1…B_n   │
         └──────────┴──────────┴──────────┘
                       ↑ 开始（i=1）
              令人惊异的事件B ←────────────┘
```

图 4-3 科学发现的心理逻辑模型

此模型将科学发现的四种推理方法综合在一起,并且把每一种推理都看作一种心理逻辑方法。其中,"扩展前提"的三种推理(溯因、归纳和类比)用于科学发现中提出假说的阶段,"解释前提"演绎推理用于验证假说。当我们发现"令人惊异的事件"B并且要探究其原因时,科学发现的过程就开始了。这时有三条通道去寻找事件B的原因A。

通道1　溯因加工

引起事件B的原因可能有多个,我们用$A_1, \cdots, A_n$来表示。例如,地面湿的原因可能是下雨,也可能是洒水或浇花,还可能是地下水管破裂或河水泛滥,等等。其中每一个A_i（$1 \leq i \leq n$）都是一种假设,它将被送到证明模块中去进行检验。

通道2　归纳加工

事件B的原因$A_1, \cdots, A_n$与B的样本空间相关。例如,在著名的"摸彩球"实验中,当你连续三次摸到红球时,你可能猜测袋子里全是红球（A1),接下来当你摸到一个黄球时,你又猜测袋子里是红球或黄球（A2)。当证据积累得越多时,例如,你摸了100次都是这两种球,你的猜测越准确。直到你摸到另一种颜色的球如蓝球时,你又会改变你的猜测，认为袋子里全是彩球（A3）。其中每一个 Ai（1≤i≤n）都是一种假设，它也将被送到证明模块中去进行检验。

通道 3　类比加工

类比的方法不是从事件 B 直接去寻找原因 A，而是先将事件 B 类比于事件 B1，…，Bn，并找到它们的原因 A1，…，An，从而可以找到 B 的原因有可能是 Ai（1≤i≤n）即 A。例如，要寻找谱线红移这种现象的原因，很难直接入手，但很容易想到当声源离观测者而去时声音频率降低这种经验知识（如警车或消防车远离我们而去时的经验）。其中每一个 Ai（1≤i≤n）都是一种假设，它也将被送到证明模块中去进行检验。

"解释前提的"演绎推理与上面三种方法截然不同，它在我们模型中的作用也与"扩展前提的"推理截然不同。演绎推理的结论没有超出前提的范围，不可能产生新知识，因此也就不可能充当科学发现中提出猜想的逻辑工具，但它可以充当而且只有它能够充当假说检验的工具。在我们的模型中，检验假说的工具由充分条件假言推理来充当，这就是图 4-3 中的"演绎证明"的模块。它的工作原理是充分条件假言推理的肯定前件式 MP，即：

$$Ai, Ai \rightarrow Bi \vdash Bi.$$

如果假说 Ai 成立，并且条件命题 Ai→Bi 也成立，那么由 MP 就可以逻辑地推出 Bi，并且 Ai 就可能是 Bi 的原因。例如，当观测到地面湿这个现象时，猜测可能是天下雨了。对假说进行证明的关键之处在于，假言命题 Ai→Bi 一定是真的，即不可能 Ai 真而 Bi 假。"如果天下雨路面就会湿"是真的，因为不可能天下雨而路面不湿。所以，这时只需检验条件命题 Ai→Bi 是否成立就行了，即：

$$? Ai \rightarrow Bi = 1.$$

注意，不能也无须要求假说 Ai 为真。例如，如果一个人在漆黑的夜晚出门路滑摔了一跤，但他什么也看不见，这时他仍然可以猜想是天下雨了。当然他要有下雨导致路湿的经验，却不必去考察天是否正在下雨。

又例如，谱线红移这个观测事实的原因是宇宙膨胀，提出这个猜想只要求"如果宇宙膨胀，那么测得的恒星光谱就会向红端移动"这个命题为真，猜想就能成立。而这个猜想或假说是否为真，最终要靠其他观测事实，演绎地加以证明。广义的假说证明，当然应该包括对 A/Ai 的证实，即：

$$? Ai \rightarrow Bi = 1, Ai = 1.$$

但本模型只给出条件关系的验证，因为只需如此，假说就已经成立了。

蔡曙山又通过考察如何使用"扩展前提"的三种方法来提出假说，回答："科学发现有规律可循吗？"

方法1 溯因

一个事件可能由另一个单一事件引起，这是一因一果；也可能是由几个事件同时引起，这是多因一果。例如，地面湿可能是天下雨，也可能是洒水车走过，也可能是地下管道破裂，甚至有可能是河水泛滥。当一个人看到地面湿这个事实时，怎样提出假说则是与他的经验相关的。一个生活在干旱无雨的沙漠地区的人，不可能由地面湿想到下雨这个自然的原因，而只可能想到有人在地面泼水这种人为的原因。换句话说，运用溯因推理提出假说的过程，并不是一个逻辑的过程，而是一个经验的过程。由于经验形成人的心理，所以它又表现为一个心理的过程。在溯因假说的过程中，经验、直觉、心理、信念、情绪、记忆等因素起决定的作用，而不是逻辑起作用。从本质上说，溯因是一种典型的心理逻辑，心理因素在推理中是自变量，它影响甚至决定逻辑推理，从而导致不同假说的提出。

方法2 归纳

归纳中有更多的心理因素。在一个有穷大的样本中，只要样本空间没有被穷尽，使用的都是简单枚举归纳推理。对于无穷大的样本，我们根本不可能穷尽该样本空间，因此只能使用简单枚举归纳推理。简单枚举归纳推理是一种扩大前提的推理，它的结论是不可靠的。使用归纳推

第四章　认知逻辑的学科框架与心理逻辑研究

理提出假说，其假说是非常脆弱的，因为对它的证实是不可能的，除非你穷尽样本空间，而一旦如此，你使用的已经不是归纳推理了。它的脆弱性还表现在，只要一个反例，就可以轻易地推翻这个假说。例如，长期以来欧洲人都认为天鹅都是白的，因为没有反例。所以相信它，凭的是经验。所以休谟说，习惯是人生伟大的指南。因为经验的重复会造成人的心理变化，对这个事实加以确认，这就是习惯和信念。归纳在科学发现中也有重要的作用，因为科学发现总是基于对事实和现象的观测。

方法 3　类比

类比推理是一种非常特殊的推理，即从个别到个别的推理。它与其他推理的不同之处在于：溯因、归纳和演绎的前提或结论都包含一个全称命题，但类比推理的前提和结论都是单称命题，没有全称命题。对类比推理的合理性，从古到今有各种不同的解释。例如，亚里士多德学派的公式是：HAND：PALM：：FOOT：SOLE（手对于手掌相当于脚对于脚掌）。近代逻辑学家给出类比推理的经典公式：a 有 C，D，E，F，G 属性；b 有 C，D，E，F 属性；因此，b 可能有 G 属性。但培根（F. Bacon）和穆勒（J. S. Mill）只是将类比看作归纳的特例，并没能给予它应有的科学地位。类比推理重新受到重视，是在认知科学建立以后。霍利约克和萨伽德（K. Holyoak 和 P. Thagard）提出多重强制理论（multi-constraint theory within structure mapping theory），他们认为，类比的融贯性依赖于结构一致性、语义相似性和认知目的性。查尔莫斯（D. Chalmers）等认定，类比是一种高级感知能力。福巴士（K. Forbus）也承认类比是一种高级感知能力，它就是一种隐喻。著名认知科学家拉柯夫（G. Lakoff）则断言"抽象概念大都是隐喻的"，并将这一论断视为认知科学的三大发现之一。霍夫斯达特则明确指出"类比是认知的核心"。所有这些，都给予类比和隐喻极高的认知地位。经验证据表明，类比是认知过程的一种映射操作，它从一个特殊的个体（源）向另一个特殊的个体（靶）传输信息和意义，它受到信息表达秩序的影响，而这种秩序是在人们的经验和心理、知识和信念的基础上建立起来的。因此，类比推理与溯因推理、归纳推理和演绎推理一样，都是一种心理逻辑。用类比推理的方法提出假说，不仅会受到逻辑模型的制约，更会受到各种心理因素的影响。①

四　一些结论和讨论

第一，科学发现确实是有逻辑规律可循的，但科学真理是不可穷尽的。②

前一个论断源于对溯因、类比、归纳和演绎这几种逻辑方法在科学发现中地位的认知。溯因、类比、归纳这三种"扩展前提"的推理用于提出假说，而演绎这种"解释前提"的推理则用于验证假说。我们给出了科学发现的逻辑模型。因此可以说，科学发现是有规律可循的。

但有规律可循并不意味着我们就可以发现科学真理，更不意味着我们可以穷尽科学真理。这一论断源于我们的另一个重要论断：所有逻辑都是心理逻辑。无论是溯因推理、类比推理还是归纳推理，甚至是被认为最富理性而唯一具有必然性的演绎推理，都有复杂的经验和心理的因素交织于其中。事实上，人们的心智与认知过程是一个复杂的心理逻辑过程。科学发现与其说是一个理性和逻辑的过程，不如说是一个经验和心理的过程。由于经验和心理因素的不确定性和不可靠性，以及人类理性的不完备性③，交织着经验心理因素和理性逻辑因素的人类认知过程也就不可避免地带有不可靠性和不完备性。因此，试图凭借对规律的认识而去发现真理甚至穷尽真理，都是不可能的。

由这个问题还引出另外两个问题并得出相应的结论。

第二，存在科学发现的机器，但机器智能永远不会超过人类智能。④

科学发现的逻辑模型说明，存在科学发现的机器。事实上，科学家们已经使用某种"逻辑机器"来发现真理。最有开创性的工作是从1977年开始兰利（P. Langley）在西蒙（H. A. Simon）指导下设计一系列培根程序来尝试做科学发现的工作。例如，程序 Bacon.1 重做了早期重要的物

---

① 蔡曙山：《科学发现的心理逻辑模型》，《科学通报》2013年第34期，第3538—3540页。
② 蔡曙山：《科学发现的心理逻辑模型》，《科学通报》2013年第34期，第3540页。
③ K. Gödel, *On Formally Undecidable Propositions of Principia Mathematical and Related Systems*, New York: Dover Publications, 1992, pp. 37–72.
④ 蔡曙山：《科学发现的心理逻辑模型》，《科学通报》2013年第34期，第3540—3541页。

理定律的发现，包括波义耳定律、开普勒的行星运动第三定律、伽利略的斜面上物体的运动定律等。波义耳定律表示为 PV = C，即气体的压力与体积是反比关系，两者的乘积是常数 C。怎样让计算机去"重新发现"这个定律呢？考虑两个变量 P 和 V 之间的函数关系，只可能有以下八种：P，V，P+V，P-V，V-P，PV，P/V，V/P。Bacon.1 用输入的数据对这八个函数逐一进行运算，当运算到 PV 时，得到了期望的常量。兰利据此宣布，Bacon.1"重新发现"了波义耳定律。由于程序使用培根（F. Bacon）的归纳法（排除法）作为推理工具，兰利将它命名为 Bacon.1。此后，程序 Bacon.3"重新发现"了理想气体定律、库伦的电流定律；Bacon.4"重新发现"了欧姆电流定律、阿基米德定律、布莱克的比热定律、牛顿万有引力定律、动量守恒定律等。Bacon.5 是一个值得注意的进展，它将类比推理运用于科学发现，包括动量守恒定律、布莱克的比热定律、焦耳的能量守恒定律等。溯因推理在科学发现中运用的例子是使用 Prolog 或其他的人工智能语言编制的按问题求解的各种"专家系统"，这种智能软件在某一专业领域的推理能力堪比专家，如已经击败国际象棋大师的"深蓝"，能够给人们看病和开处方的"医疗诊断系统"，等等。自 Bacon.1 问世以来，各种"科学发现"的机器不断出现。但从一开始，这些"科学发现"的机器就饱受争议，主要的问题有：机器对这些已经知道结果的科学定律所做的事情是"重新发现"还是"重新证明"？按照人们设计的程序运行的计算机所具有的智能行为（如果有的话）到底是人的智能还是计算机的智能？说到底，目前的计算机到底有没有智能？在兰利等人所从事的"机器学习"研究达到顶峰的时候，著名心智和语言哲学家塞尔（J. R. Searle）站出来对以上所有问题说"不"。1984 年，他在 BBC 的一个讲座中首次提出"中文房间论据"（Chinese room argument，CRA），到目前为止，所有计算机都无法通过 CRA 的智能测试。据此，塞尔断言"所有数字计算机都没有智能"，尽管他并不排除将来的生物计算机具备智能的可能性。作为人的创造物，计算机的智能永远不会超过人类。

第三，学习和掌握演绎逻辑的规律会提高人们的逻辑思维能力，但可能抑制人们运用溯因推理的能力和其他非逻辑的或非经典逻辑的思维能力。①

前面提到的蔡曙山在以清华大学心理学系本科生为被试所做的沃森选择任务实验中，对两个班级 50 名本科生做了学习逻辑学之前和之后的选择任务实验。结果发现，在学习充分条件假言规则之前的选择任务测试中，四项任务的成绩符合沃森选择任务实验大样本统计结果。而在学习并掌握充分条件假言推理的规则之后进行的选择任务实验中，肯定前件式 MP 的支持率仍然保持为 100%，否定后件式 MT 的支持率也上升到 100%，而肯定后件式 AC 和否定前件式 DA 的支持率都降到 0，这正是逻辑学的理想结果。这一结果提示：学习和掌握演绎逻辑的规律会使人们正确地进行逻辑思维，但同时也会抑制人们运用溯因推理的能力，即抑制人们的非经典逻辑的思维能力（经典逻辑包括一阶逻辑和高阶逻辑，其特征是二值的和演绎的），从而抑制人们的科学发现和科学创新能力。因为前已说明，科学发现不是仅仅依靠纯粹理性思维和经典逻辑的推导，而是同时依靠各种非理性和非逻辑的因素。

蔡曙山指出，早在 20 世纪 50 年代，人工智能之父西蒙（H. A. Simon）就主张人工智能要借助心理学，心理学也要借助人工智能——这就是他的心理主义人工智能路线。他说："大多数人仅仅具有部分理性，而他们行为的其余部分则是情感的和非理性的。"② 他又说："在形式表述和解决复杂问题方面，以及在处理（接受、存储、检索、传输）信息方面，有限理性主体的经验受到限制"③——这就是著名的"有限理性"学说。这位跨学科科学大师、政治学家、经济学家、心理学家、诺贝尔经济学奖（1978 年）得主的伟大思想和贡献成为认知科学革命的思想来源和财富。认知科学改变了 20 世纪以来唯理主义和分析主义的思维方式，转向理性与经验并重、分析与综合并重——这就是认知转向，其本质是经验

---

① 蔡曙山：《科学发现的心理逻辑模型》，《科学通报》2013 年第 34 期，第 3541 页。
② H. A. Simon, *Models of Man: Social and Rational-Mathematical Essays on Rational Human Behavior in a Social Setting*, New York: Wiley, 1957, p. 12.
③ H. A. Simon, *Models of Man: Social and Rational-Mathematical Essays on Rational Human Behavior in a Social Setting*, New York: Wiley, 1957, p. 12.

第四章 认知逻辑的学科框架与心理逻辑研究

转向和心理转向。认知科学的研究表明,人的心智有两种基本的信息加工方式:逻辑的和心理的。

由此,蔡曙山得出的结论是:人类认知有两个并行的而又相互影响的通道,即心理的通道(psychological channel)和逻辑的通道(logical channel)。在科学发现和其他一切认知活动中,不能忽视经验和心理因素的作用。他强调,科学主体的心理资源、实践经验、知识积累、文化背景、艺术修养、感情偏好、灵感直觉等经验和心理因素在科学发现中也起着重要的甚至是关键的作用。

综上,蔡曙山将认知科学的学科框架映射到现代逻辑的背景中,得到了认知逻辑,它包括哲学逻辑、心理逻辑、语言逻辑、人工智能的逻辑、文化与进化的逻辑和神经系统的逻辑六个主要学科。他既论证了认知逻辑的语言学基础是回归的自然语言,又论证了认知逻辑的方法是现代语言学和现代逻辑学的方法。他又分别从认识形式、认识史、认知科学三个角度深刻分析了逻辑学与心理学的关系以及心理学与逻辑学交叉融合的认知科学基础,探讨了它们交叉融合的两种形式,即逻辑心理学和心理逻辑学,指出心理逻辑将逻辑分析与心理分析结合在一起,重新考虑人的经验和心理因素对人类思维的影响。蔡曙山通过分析心理逻辑研究的一些重要成果,如沃森选择任务实验,证明人们的推理受到心理因素、推理情景和特殊经验的影响。在此基础上结合人类认知组计划和人类基因组计划,以及 NBIC 即聚合纳米技术(Nanotechnology)、生物技术(Biotechnology)、信息技术(Information Technology)和认知科学(Cognitive Science)的聚合科技研究计划,阐明心理学和逻辑学共同处于心理、语言和思维的认知层面上,它们以基因细胞生物学和人体生理学为基础,并且又成为更高层次的研究如社会组织、群体行为、社会规则、文化、价值、宗教、本地和全球环境研究的基础。此外,蔡曙山还建立了包括溯因推理、类比推理、归纳推理和演绎推理的科学发现在内的逻辑模型,并分析与此模型相关的心理逻辑问题。

尤其值得关注的是,由蔡曙山主持的 2015 年度国家社会科学基金重大项目"语言、思维、文化层级的高阶认知研究"就是以语言认知、思维认知、文化认知为研究对象，体现高阶认知与低阶认知的关联，多学科交叉综合的高阶认知研究。其中的第二子课题"语言、思维与认知"正是语言、心理和思维三个认知层级的综合，涉及语言学、心理学和逻辑学三大学科的交叉。该子课题重点研究语言与思维的关系、语言和思维共同决定的人类认知、左右脑分工协同以及由此决定的逻辑加工和心理加工的认知模式、双系统加工的原理和机制以及心理逻辑的认知模型和交叉学科的新发展。通过左右脑的分工与思维的重新定位、心理逻辑的理论与方法、溯因推理的理论及其心理逻辑实验、先天逻辑能力的理论假设和实验证明、决策的双系统理论及其改进、心理逻辑双通道加工的理论与方法等方面的研究来理解人类的心智与认知。

  认知逻辑是逻辑学与认知科学交叉发展的新领域，其中，心理逻辑、文化与进化的逻辑以及神经系统的逻辑都是尤其值得关注的。认知科学的发展将带来一个学科综合交叉、问题引领科学研究、科学研究引领学科建设、人才全面发展的新时代。因此，蔡曙山的研究不仅具有重要的理论价值，还具有重大的现实意义。

第五章

逻辑比较与逻辑史

贵州逻辑学者开展逻辑比较研究的一项重要内容，就是试图建构比较逻辑的理论体系，这是一项创造性的尝试。基于此，关于逻辑比较研究工作的开展及其内容，本章将聚焦贵州学人关于比较逻辑的讨论。我们认为，比较逻辑是一门跨时空、跨民族或跨文化的关于推理或论证的学问。学界对其尚无统一的界定。笔者认为，它是涉及不同文明传统、不同民族、不同时空的逻辑比较研究，而且它还研究逻辑学与其他学科，诸如计算机理论、心理学、人类学、语言学等领域之间的关系，涵盖了艺术、哲学、历史、社会科学、自然科学、宗教等。简单来说，比较逻辑研究是一门横向与纵向相互结合与汇通的逻辑研究。对比较逻辑的研究始于19世纪末20世纪初，近年来，比较逻辑研究有了新的进展，国内外比较逻辑研究的专题、专著以及论文相继出现，并取得了一些成果。贵州在比较逻辑研究方面近年来取得了一些新进展。本章重点梳理贵州学者开展比较逻辑研究的状况，并简要介绍贵州学者对逻辑史研究的情况。

第一节 比较逻辑研究背景

20世纪作为历史的一页已然掀过，21世纪的今天充满了进取和创新，在这个新的时代，文化的交流促使逻辑学汇通与融合，文化所具有的世界性使得逻辑学本身也处于动态变化之中。今天，多个国家和地区的逻辑已然走向世界，不同逻辑之间的相互对话、交融已成为比较逻辑研究的一个趋势，在比较逻辑研究方面，无论是国外还是国内都取得了一定的成绩。下面我们从比较逻辑研究的背景、阶段以及存在的问题来探讨比较逻辑在贵州的传播和发展。

一 比较逻辑研究的背景

季羡林先生指出，"我们都有这样的经验：如果我们只了解观察一种事物，我们的视野就受到限制，思路就容易僵化，只有把或多或少有某些类似之处或某些联系的事物摆在一起，加以观察，加以对比，我们才能发现各个事物的优缺点，对我们自己比较熟悉的事物才能做出正确评价"①。比较逻辑研究即是在此基础之上，充分解构不同逻辑体系和现象的同异，从而使得逻辑研究能够更加深入和广泛。同时，对于比较逻辑的研究自身来说，通过对逻辑本身或者逻辑与相关学科的关系，贵州学者进一步构建比较逻辑学的学科体系，进而使逻辑研究在平等公正的平台上展开。

1. 国外比较逻辑研究概况

从现有资料来看，比较逻辑研究始于 20 世纪，颇具代表性的人物及其主要研究成果如下。

（1）日本的大西祝。日本的大西祝博士较早对比较逻辑进行研究，代表作是《论理学》，该书在 1906 年由胡茂如译成中文，传入中国。该书的主要成果是对因明的三支作法与逻辑三段论法的同异做了比较。

（2）荷兰的法台考。荷兰的法台考（B. Faddegon）也对比较逻辑进行了研究，代表作是《胜论体系，借助最早的版本说明》（*The Vaicesika-System, Described with the Help of the Oldest Texts*）一书，主要内容是反映因明中的命题多用假言命题形式表述的特点，提出"只根据亚里士多德逻辑来解释印度逻辑是不恰当的"②。

（3）苏联的谢尔巴茨基。苏联的谢尔巴茨基（Th. Stcherbatsky）对比

---

① 转引自《人民日报》1982 年 6 月 15 日。
② 《比较思想论》，中村元，岩波书店 2005 年版，第 269、270 页。

较逻辑研究方面的贡献也很大，代表作为《佛教逻辑》（*Buddhist Logic*），该书主要内容是比较印度因明与亚里士多德逻辑。

（4）印度的达塔。达塔（D. M. Datta）在比较逻辑研究方面开始用符号逻辑来解释因明，代表作是《宗教中的象征主义》（*Symbolism in Religion*）。另外，美国哈佛大学的因格尔斯（D. H. H. Ingalls）在其代表作《新正理派逻辑研究资料》（*Materials for the Study of Navya Nyaya Logic*）和《印度哲学与西方哲学之比较》（*The Comparison of Indian and Western Philosophy*）等著作或论文中也从符号逻辑的角度论及印度逻辑。此外，日本的中村元博士、加拿大的罗宾生（R. H. Robinson）教授、瑞士的波亨斯基（I. M. Bochenski）教授等也同样在此方面进行了很多有益的尝试。

（5）波兰的卢卡西维茨。在用现代逻辑来解释古代逻辑，特别是亚里士多德逻辑的比较研究方面，卢卡西维茨（J. Lukasiewicz）做出了突出贡献，代表作《亚里士多德三段论》一书以现代逻辑为根据凸显了亚里士多德三段论与传统三段论的根本区别。

在比较逻辑研究方面，日本对此的研究无论是在时间上还是在研究学者的数量等方面都居于领先地位，代表人物除大西祝博士、中村元博士外，宇井伯寿、清水义夫、末木刚博的贡献也是显著的。他们分别在传统形式逻辑和符号逻辑，西方逻辑、印度因明和中国名辩的比较研究方面做出较为全面、系统的分析。

2. 国内比较逻辑研究概况

我国的比较逻辑研究有着深厚的文化渊源和历史背景。

（1）伴随着西方科学技术的引进，西方的逻辑理论也传入中国，异质文化的交流促进了中国传统名辩理论与西方逻辑的共同发展，这对于比较逻辑研究无疑是一个促进。

西方逻辑的传入和传播是历史的必然，它根源于文化的融通。西方文化涌入近代中国，冲击着传统的思维方式和行为习惯，这就使得人们对异质文化的比较研究有了现实的基础。随着外来文化在中国的日益传播、渗透，如本书第一章所述，西方逻辑也在"五四"后逐渐被消化。这体现为大量译著的出现，如日本高山林次郎的《论理学纲要》（1925），美国枯雷顿的《逻辑概论》(1926)、琼斯的《逻辑》(1927),等等。后期,随着研究的深入,国内的学者开始有了自己的著作及论文,代表人物有金岳霖、汪奠基、沈有鼎、王宪钧等。这就表明西方传统逻辑理论已在中国生根发芽。西方逻辑的传播,不仅促进了逻辑研究的深入,对于比较逻辑的探讨更具有决定性的意义。

(2) 印度因明早在南北朝时期就传入我国,唐朝以后,随着玄奘法师的译著《因明入正理论》和陈那的《因明正理门论》的出现,印度的新因明正式传入我国。

由于近代哲学家龚自珍、魏源以及国学大师章太炎,维新志士谭嗣同、康有为、梁启超等人的努力,法相宗逐渐复兴。后期,潜心佛学的杨文会及其弟子欧阳竟无在因明的复苏、弘扬方面贡献巨大。因明研究的深入,为比较逻辑研究注入了新的内容。

(3) 中国辩学源于先秦时期的名辩理论。明清之际,随着考据学的兴起和盛行,近代诸子学开始复兴,清中叶以后,考据学由治经而逐渐及于诸子之学。这样先秦名辩学开始得到重视和研究。

名辩学的复苏使一些重要的著作得以整理、校勘,如《公孙龙子》《荀子》《墨子》,以及最具经典内涵的《墨经》重昭于世。后期,毕沅、张惠言、孙诒让等的努力校勘和整理研究使《墨经》理论得以梳理顺畅。

中国学者对名辩思想的深入研究和挖掘使比较逻辑的研究成为一个主题,这也逐渐形成了我国近代逻辑发展最突出的特征,三者相互参证,有助于比较研究本身的深入开展和对三支逻辑源流更全面、更深刻的认识及客观的、正确的评估。

(4) 比较逻辑研究成果凸显。比较逻辑研究在国内始于19世纪末20世纪初,著名学者梁启超、胡适等人运用他们所掌握的西方逻辑和印度因明等方面的知识,考察了"三支逻辑源流",并分别取得了许多重要的研究成果。比如,在近代逻辑史上梁启超堪称比较逻辑研究的一代宗师,他在《论中国学术思想变迁之大势》中提出了比较逻辑的观点,随后在1904年他撰写了《墨子之论理学》一文,这标志着我国近代比较逻辑研究已由萌芽阶段走向自觉研究的开拓初创阶段。

20世纪80年代以来的比较逻辑研究成果，专著主要有杨百顺的《比较逻辑史》（1987）、崔清田的《墨家逻辑与亚里士多德逻辑比较研究》（2004）以及曾祥云的《中国近代比较逻辑思想研究》（1992）等；论文方面主要有刘培育的《20世纪名辩与逻辑、因明的比较研究》（《社会科学辑刊》2001年第3期），董志铁的《试论虞愚因明与逻辑的比较研究》（《哲学研究》1998年增刊），孙中原的《印度逻辑与中国希腊逻辑的比较研究》（《南亚研究》1984年第4期），曾祥云的《比较逻辑的性质、可比性原则及其价值评估刍议》（《福建论坛》1994年第1期），翟锦程的《比较逻辑研究述介》（《哲学动态》1994年第7期），张学立等的《试论比较逻辑成为独立学科的合理性》（《中州学刊》2007年第4期），等等。

二　比较逻辑研究的阶段

根据比较逻辑研究的历史，我们可以把比较逻辑研究分为三个阶段：其一是对历史上具有可比性问题的纯粹描述阶段；其二是对具有可比性观点的比较评价阶段；其三是比较逻辑学学科构建阶段。[①] 现今从事比较逻辑研究的学者的研究主要集中在比较逻辑研究的第二阶段。第三个阶段的研究主要体现在贵州学者对比较逻辑学学科的分析和构建上。下文我们将进一步展开说明。

三　比较逻辑研究中存在的问题

近年来，比较逻辑研究虽然取得了一些成绩，一些学者甚至开始逐步脱离原来对三大逻辑体系及其微观领域的简单对比分析，从而对比较逻辑的研究深入一些对其自身的基本理论的研究，而比较的方法也越来越受到逻辑史研究者的重视，但现阶段还存在一些问题。

近现代的学者在进行比较逻辑研究时，往往以微观的、具体的比较为主，以对三大逻辑体系之间某一具体问题或同一逻辑各部门之间某一

---

① 这种划分是根据个人认识的角度，或可商榷。

具体逻辑问题的异同比较为重心,而在对比较逻辑自身基本理论进行必要探究的层面却十分缺乏。这样我们就难以明确比较逻辑研究的目的和任务,那么在比较逻辑研究过程中就难免出现盲目性和随意性。

近现代的部分学者在一定程度上存在"比附"现象,以西方逻辑为标准模式,去套析或诠解中国名辩、印度因明,使中印逻辑成为西方逻辑的翻版,抹杀了中印逻辑的特点,歪曲了中印古代逻辑的面貌。这种现象的出现从根本上来说是缺少对比较逻辑研究方法论的探究,在比较逻辑研究的过程中,不应仅仅强调地域的区别、时间的先后,在不同的逻辑系统、理论中间存在多种多样的比较形式,比如归纳逻辑与演绎逻辑的对比分析,形式逻辑与辩证逻辑的比较分析,等等。对此,比较逻辑研究应该寻求更多的方法以支持自身的逻辑体系。

20世纪的比较逻辑研究,比较普遍存在的问题是未将三支逻辑源流纳入同一参考系进行考察,更未将三支逻辑源流纳入一门独立学科体系进行研究,如此易出现某一逻辑源流、系统或理论独占鳌头的现象,这样往往会抹杀其他逻辑理论的个性,甚至使其走向衰落或消亡。

比较逻辑研究在国内取得了一定成绩,为逻辑研究的科学性做出了贡献。在比较研究世界三大逻辑——中国、印度、西方逻辑——的过程中,排除了世界逻辑只此一家的观点,可进一步对三大逻辑体系的相关特性有一个清晰的描述。在此基础之上探讨不同逻辑体系之间的共同点与不同点、可比较处与不可比较处,有助于逻辑研究进行更深一步的探索和挖掘。贵州逻辑学者在国内外比较逻辑研究的基础上,进一步提出了构建比较逻辑学学科体系的设想,并进行了有益的探索和尝试。

第二节 比较逻辑研究

一 贵州开展比较逻辑研究的历史

比较逻辑研究不仅仅是学科内部的探讨,从更宽泛的角度来看,比较逻辑研究应该涉及学科之间的交叉融合。从这个角度出发,贵州进行比较逻辑研究的历史可追溯到20世纪之初。

从上面章节中我们了解到，西方逻辑传入贵州的开端是1912年王延直的《普通应用论理学》一书的出版。该书语言简练，内容丰富，书中不仅阐述了西方逻辑的基本原理，还对原理进行评述，对其他逻辑家在某一问题上的看法做出了评论，因而这本书除了是一本教科书外，还是一本供学者参考和研究的论著。作为一本既可供教学又可作为研究素材的著作，它对西方传统逻辑在贵州的传播和发展起到重要的作用。同时，王延直这一著作的第五章论及"论理学与各学科之间的关系"①，具体如下："欧西学者，每谓论理学为科学中之科学。斯言也最足以表示论理学范围之广大者也。夫其他各科学，所以必有待于此者，此其证必待远求，观于其各科专家所以定其学之名而知之矣。"② 同时，针对论理学与各科学之间的关系，王延直在该书中举例如下："生物学西语称为生物论理学、动物学西语称为动物论理学、昆虫学西语称为昆虫论理学、生理学西语称为生理论理学、地质学西语称为地质论理学、植物学西语称为植物论理学、矿物学西语称为矿物论理学、心理学西语称为精神论理学"③，对此，王延直阐释："多重科学皆不能离乎论理，然则欲深究各科学自不可不先究论理学，此固不待智者而后知者也。"④

王延直对逻辑与其他各学科关系的定位，表明了逻辑比较之可能性及逻辑学之重要价值。

二 贵州开展比较逻辑研究的近况

目前，贵州逻辑学者对比较逻辑的研究扩展到了更广的领域，同时对于比较逻辑研究出现的一些重要问题，贵州逻辑学者有了进一步的认识。下面我们从比较逻辑研究的学者、成果及其贡献等方面进行论述。

1. 刘宗棠

刘宗棠（1931— ），男，贵州贵阳人，贵阳学院教授。刘宗棠教授

---

① 王延直：《普通应用论理学》，中华民国元年七月印行，绪论第五章，第12页。
② 王延直：《普通应用论理学》，中华民国元年七月印行，绪论第五章，第12页。
③ 王延直：《普通应用论理学》，中华民国元年七月印行，绪论第五章，第12—13页。
④ 王延直：《普通应用论理学》，中华民国元年七月印行，绪论第五章，第13页。

在其论文或译著中多次谈到逻辑学与相关学科的关系，例如，于《贵阳师专学报》（社会科学版）1989年第4期上发表的《论丑与逻辑——兼与刘隆民先生商榷》一文，其中提到"逻辑学、美学、伦理学是三门关系紧密的科学。——鲍姆嘉通认为它们分别研究人类心理活动的知、情、意三个方面。但是，美学与伦理学的关系之研究，可以说是源远流长，丰富多彩；而美学与逻辑学关系之研究，似乎还不多见，这方面看来也应加强"①。同时刘宗棠还指出："美学（包括丑学）是一个广阔的领域，伦理美学，美学伦理，逻辑美学，美学逻辑，这些交叉领域也是大有可为的。在双百方针的指引下，美学跟美学有关的学术领域定会繁荣昌盛，万紫千红。"② 可以说，刘宗棠这篇早期的论文对比较逻辑研究有一定借鉴价值。同时，刘宗棠在其论文《逻辑与语言》（1987）③、《普通逻辑与符号学》（1991）④ 等作品中也涉及比较逻辑研究的一些具体内容。此处不赘。

2. 张连顺

张连顺（顺真）（1962— ），男，汉族，吉林桦甸人。中国社会科学院博士，贵州大学哲学系教授、宗教文化研究所所长，青海民族大学博士生兼职导师，中国逻辑学会常务理事、因明专业委员会副主任委员。主要研究方向为中西方比较哲学、印度佛学、因明学。张连顺对比较逻辑研究方面也做了一些贡献。主要体现在《陈那、法称"量-现量说"与笛卡儿、布伦塔诺"悟性-知觉论"之比较研究——兼论老树的"象思维"》（2009）⑤ 等文。在其中张连顺教授从佛教知识论的最后确立、近现代认识论的原创体系以及量论、知觉论的当代再度原创——"象思维"三个角度分析了"认识论层面的方法论之原创，从来都是哲学原创

---

① 刘宗棠：《论丑与逻辑——兼与刘隆民先生商榷》，《贵阳师专学报》（社会科学版）1989年第4期，第72页。
② 刘宗棠：《论丑与逻辑——兼与刘隆民先生商榷》，《贵阳师专学报》（社会科学版）1989年第4期，第72页。
③ 刘宗棠：《逻辑与语言》，《贵阳师专学报》（社会科学版）1987年第1期。
④ 刘宗棠：《普通逻辑与符号学》，《贵阳师专学报》（社会科学版）1991年第2期。
⑤ 顺真：《陈那、法称"量-现量说"与笛卡儿、布伦塔诺"悟性-知觉论"之比较研究——兼论老树的"象思维"》，《杭州师范大学学报》（社会科学版）2009年第6期。

智慧常新的渊源。东西方均有自家的深度方法论，但伴随着具体而且复杂的种种历史原因，思维的原创性源泉同时在东西方集体性地失去记忆。在详细回溯古老东方佛教量论因明学之'量－现量说'与西洋近现代哲学的'悟性－知觉论'的基础上，对老树的'象思维'理论体系作了东西会通的阐释，旨在唤起学界对方法论的深度认识和重新研讨"①。可以说，张连顺教授的这篇文章对于比较逻辑研究方法论的阐释有独到之处。

3. 张学立

张学立（1964— ），男，彝族，贵州大方人。南开大学博士，贵州省社会科学院研究员，贵州民族大学教授、博士生导师，教育部哲学类本科专业教学指导委员会副主任委员，中国逻辑学会副会长、中国逻辑史专业委员会主任委员，贵州省逻辑学会会长，主要研究方向为跨文化逻辑与认知比较等。张学立根据比较逻辑研究的历史和现状，从比较逻辑研究过程中所出现的问题和学科发展的方向入手，提出构建比较逻辑学学科理论体系。设计并主持基于比较逻辑研究的项目多项：如国家社科基金项目（西部）"中西方必然推理比较研究——以《九章算术》刘徽注为例"、贵州省教育厅2007年度高校人文社科研究项目（规划项目）"比较逻辑学理论体系建构"等。同时指导研究生申请获批贵州大学研究生教育创新基金项目两项："三大逻辑体系的比较研究及其现实意义"和"比较逻辑研究"，并已顺利结题。另外，针对比较逻辑学学科理论体系的提出和构建，张学立与其研究生发表了具有一定影响力的学术论文，如《试论比较逻辑成为独立学科的合理性》（2007年）②和《再论比较逻辑学的基本理论——基于一门独立学科的研究视角》（2007）③。其中《试论比较逻辑成为独立学科的合理性》一文荣获贵州省第八次哲学社会

---

① 顺真：《陈那、法称"量－现量说"与笛卡儿、布伦塔诺"悟性－知觉论"之比较研究——兼论老树的"象思维"》，《杭州师范大学学报》（社会科学版）2009年第6期，第9页。
② 张学立、张四化：《试论比较逻辑成为独立学科的合理性》，《中州学刊》2007年第4期。
③ 张四化、张学立：《再论比较逻辑学的基本理论——基于一门独立学科的研究视角》，《毕节学院学报》（综合版）2007年第2期。

科学优秀成果奖二等奖。2009年张学立主编的《比较视域下的逻辑探究》①选编了数十篇比较逻辑研究的文章。

张学立主张比较逻辑研究应当成为一个学科而不仅为一个方向,并努力构建"比较逻辑学"学科体系。下文,我们从贵州学者对比较逻辑研究的贡献和价值,尤其是从比较逻辑学作为一门学科的角度进一步进行分析说明。

第三节 比较逻辑学科建构探讨

张学立对于比较逻辑学理当成为一个学科,重点从以下几个方面进行分析。

一 构建比较逻辑学学科的必要性与合理性

张学立对比较逻辑学学科体系的建构从文理两个角度切入,进而分析比较逻辑学成为一门学科的可能性。他具体从以下五个方面论述比较逻辑作为学科的必要性与合理性。

1. 比较逻辑学与逻辑史和而不同

张学立在其著作中指出,有的学者所谓"比较逻辑研究'只是逻辑史范畴内的一种研究方法',是'逻辑史的比较研究'等观点。其实这些看法是逻辑史界对于一门并不属于(或不仅仅属于)自己学科研究范畴的学科最普遍的误解"②。他以为,比较逻辑与逻辑史方法论意义上的研究方向存在一定差异,它应当具有学科意义的独立价值。对此,张从以下两点阐述自己的观点。

其一,二者在研究的目的与任务上有一定的差异。"逻辑史研究的是人类思想发展史上所产生的所有逻辑思想,它的研究目的简单表述就是'回到原初',研究的是'史实',是求'实',以对三支逻辑源流分别进

---

① 张学立主编《比较视域下的逻辑探究》,中国社会科学出版社2009年版。
② 张四化:《比较逻辑学理论初构》,硕士学位论文,贵州大学,2008,第22页。

行史料考证与挖掘整理为主要研究诉求。"①

其二，比较逻辑有不同的层次。张学立等认为，"比较逻辑学研究可以初步分为三个不同的层次：描述的比较逻辑学、评价的比较逻辑学与汇通的比较逻辑学"②。针对这三个不同层次研究，具体阐释如下："描述的比较逻辑学，即是对三种根本殊异的历史背景与文化传统所支撑的三支逻辑源流本身进行研究，这是比较逻辑学研究得以进行的基础"③；"评价的比较逻辑学，即是对三支逻辑源流及其发展趋势进行纵横比对、同异比较，它是建基于描述的比较逻辑学之上的第二层次比较研究"④；"汇通的比较逻辑学是指建基于描述的比较逻辑学与评价的比较逻辑学之上的，以历史与现实中三种逻辑的平等对话与三者内在关系的融合汇通为基本研究对象的第三层次的比较逻辑研究，是比较逻辑研究的最高层级"⑤。

2. 比较逻辑于比较中凸显"汇通"

首先，比较逻辑学研究缺少不了比较的方法，比较是确定事物同异关系的思维方式，《现代汉语词典》将"比较"解释为："就两种或两种以上同类的事物辨别异同或高下。"⑥ 比较的主要类型是"同中求异"与"异中求同"⑦，但比较的方法仅仅是比较逻辑学研究中诸多方法之一，并且通过比较的方法可凸显比较逻辑研究的目的之一——汇通。

其次，比较逻辑研究不是简单的类比、比附，如果仅仅停留在对三大逻辑体系的表面现象的比对上，而"没有将自己的研究视域渗入与汇通到中国、西方、印度文化现象的深处，去探究三支逻辑源流之间的内

---

① 张四化：《比较逻辑学理论初构》，硕士学位论文，贵州大学，2008，第22页。
② 张学立、张四化：《试论比较逻辑成为独立学科的合理性》，《中州学刊》2007年第4期，第142页。
③ 张学立、张四化：《试论比较逻辑成为独立学科的合理性》，《中州学刊》2007年第4期，第142页。
④ 张学立、张四化：《试论比较逻辑成为独立学科的合理性》，《中州学刊》2007年第4期，第142页。
⑤ 张学立、张四化：《试论比较逻辑成为独立学科的合理性》，《中州学刊》2007年第4期，第142页。
⑥ 《现代汉语词典》，商务印书馆2005年版，第70页。
⑦ 杨武金：《墨经逻辑研究》，中国社会科学出版社2004年版，第148页。

在性、汇通性、深刻性与体系性"①，甚至于，没有在纵向上凸显其同异以及融合，"那么这种逻辑的比较（类比）因过于简单与机械，既没有成立的学术价值，也不能在学理上界定比较逻辑成为一门学科的视野、界限与意义"②。

最后，逻辑研究在日趋国际化的今天应该更加突出的是它的国际性的学术视野，在对不同地域、不同文化、不同民族的逻辑进行研究时，我们应该以三支逻辑源流互为参照系，这样就意味着"比较逻辑科学研究应当把重点放在逻辑的跨文化、跨民族之上。换言之，理应成为一门独立学科的比较逻辑学不是一种方法论意义上的研究方向，也决然不同于采用比较方法的其他逻辑研究，比较逻辑并不仅仅因为它运用了比较方法才成为一门独立的学科，更为决定性的原因在于，它具有自己特定的研究领域、价值取向与理论立场"③。

3. 比较逻辑研究的理论基础

比较逻辑研究是一种跨文化、跨民族与跨语言的逻辑研究，它的研究方法不再囿于简单的形式上的异同类比，更为主要的是包含多种不同的逻辑研究方法，从而更加突出三大逻辑体系各自的特征及三者间的相互联系。

"比较逻辑的'比较'属于理论基础意义上的比较视域，而不仅仅是方法论。各种不同的比较逻辑研究方法必须立足于比较逻辑的基础，即比较视域上展开的。比较视域是比较逻辑研究者拥有的一种重要的学术能力与学术眼光。"④ 这种学术视域可以有效地透视三大逻辑体系之间的关系以及其与相关学科之间的关系，"这种透视是跨越三支逻辑源流所依托的民族文化的内在汇通，也是跨越逻辑与其它相关学科知识的内在汇

---

① 张学立、张四化：《试论比较逻辑成为独立学科的合理性》，《中州学刊》2007年第4期，第140页。
② 张学立、张四化：《试论比较逻辑成为独立学科的合理性》，《中州学刊》2007年第4期，第140页。
③ 张学立、张四化：《试论比较逻辑成为独立学科的合理性》，《中州学刊》2007年第4期，第140—141页。
④ 张学立、张四化：《试论比较逻辑成为独立学科的合理性》，《中州学刊》2007年第4期，第141页。

通，而不是人们日常言语中误解为一种徘徊于表层的类比方法"①。对此，刘培育认为，"以西方逻辑为标准模式，对中国古代逻辑或削足适履，或画蛇添足，或无类比附，使中国逻辑成为西方逻辑的翻版，抹煞了中国逻辑及中国逻辑史的特点，歪曲了中国古代逻辑的面貌"②。张学立认为这种对于比较逻辑研究过程中所经常使用的类比方法确实是对研究不同逻辑观的一种歪曲，尤其是那种削足适履的研究方法，它使得某种逻辑观失去了本身所具有的个性。

4. 比较逻辑研究的必要性

张学立针对比较逻辑研究现状，进一步分析总结了其中存在的问题。

（1）理论格局不够高

近现代的学者诸如梁启超、胡适、章士钊等人，他们在进行比较逻辑研究时，普遍将"主要的学术兴趣放在微观比较上，以三支逻辑源流之间或同一种逻辑各部门之间某一具体逻辑问题的异同比较为主要研究重心"③，一直鲜有学者对比较逻辑自身的基本理论进行必要性的探究。

（2）盲目"比附"抹杀了个性和特点

近现代的部分学者在一定程度上存在"比附"的现象，以西方逻辑为标准模式，去套析或诠解中国名辩、印度因明，使中印逻辑成为西方逻辑的翻版，抹杀了中印逻辑的特点，歪曲了中印古代逻辑的面貌。

（3）参照系的不平等性

20世纪的比较逻辑研究，较为普遍的问题是未将三支逻辑源流纳入同一参考系进行考察，更未将三支逻辑源流纳入一独立学科体系进行观照，因此，这种逻辑的比较研究没有理论指导，在某种程度上存在盲目性与随意性。

（4）历史上比较逻辑研究的得失有助于理论的借鉴提升

比较逻辑研究过程中的这些纰漏有助于加深对构建比较逻辑学科理

---

① 张学立、张四化：《试论比较逻辑成为独立学科的合理性》，《中州学刊》2007年第4期，第141页。
② 刘培育：《中国逻辑思想史研究论略》，《南开学报》（哲学社会科学版）1981年第3期。
③ 张四化：《比较逻辑学理论初构》，硕士学位论文，贵州大学，2008，第21页。

论的初步认识，比较逻辑研究分为本体论和方法论两部分，对于本体论的研究有助于对三大逻辑体系之间、三大逻辑体系内部要素之间、同一逻辑体系不同的观点、人物等具有可比性的成分进行研究分析。在进行本体论研究的同时，研究的方法始终贯彻其中，这在整体上对于比较逻辑学学科的构建起到了奠基的作用。

5. 比较逻辑理应成为独立学科的必然性

根据以上问题，我们认为构建一门比较逻辑学学科是历史的必然。其理由如下。

在全球化背景下，各类学科分工越来越细，人类逻辑思维方式也随之有了很大变化，学科细化正在逐步形成，于是，这种"跨文化和跨学科研究成为当前一个十分重要的学科热点"①。逻辑学的研究已突破了一支独立的状况。随着学科分工越来越细化，不同文化和历史背景下多样化的逻辑观研究已成为趋势，这就要求我们必须加强多学科的综合研究。"构建'比较逻辑学'的初衷就是为了超越自己民族的视域，把眼光投向整体而非本民族历史背景与文化传统所提供的那些东西。"②

对逻辑进行比较研究，必须摆脱那种纯粹比附的方法，将逻辑研究纳入一个平等环境下来展开，这就需要我们"确立三支源流逻辑之间互动互惠的意识，改变一味追求共识、同一性或一味追求相异、特殊性的思维模式，调整传统的逻辑价值体系，重新确定逻辑的文化身份"③。

比较的方法是众多学科进行比较研究的最普遍的一种方法，逻辑学在运用比较研究的过程中对比较方法的运用也是最为重要的一项，但是，我们不能据此就断定这种对于逻辑比较方法的研究就等同于比较逻辑学，不仅如此，比较逻辑学在当下逻辑研究日趋国际化的背景下更为重要。"比较逻辑学应当是建基于各种逻辑学科之上的一门综合性理论学科。它以三支源流逻辑为基础，突出比较意识、比较思维与比较方法的自觉运

---

① 乐黛云：《跨文化之桥》，北京大学出版社2002年版，第1页。
② 张学立、张四化：《试论比较逻辑成为独立学科的合理性》，《中州学刊》2007年第4期，第141页。
③ 张学立、张四化：《试论比较逻辑成为独立学科的合理性》，《中州学刊》2007年第4期，第141页。

用,有自己特有的学科特性与学科视域、学科范畴。"① "比较逻辑研究是中国人面向世界、面向未来,积极探索变革思维方式,有效吸收他文化的途径之一。21世纪的比较逻辑研究,既要树立一种文化全球化与文化多元化意识的文化观念,又要成为人类精神相互对话和沟通的语境与操作平台。"②

二 比较逻辑学学科体系的建构

1. 学科定义

比较逻辑学是建基于各种逻辑科学之上的一门独立的逻辑学综合性理论学科,主要有"比较的理论"与"具体的比较"等不同的研究层面。它以三大逻辑体系之间的平等对话与贯通融合为主要研究诉求,突出比较意识、比较思维与比较方法的自觉运用,并从人类历史背景与文化传统的角度进行解释,以促进不同文化、不同思维方式之间的对话与沟通。③

2. 学科特征

比较逻辑学有其自身的特性,比如可比性、开放性、宏观性、理论性、边缘性、跨界性、包容性等,这些特性无不表明它是一门独立的学科,一门具有强大生命力的学科。在21世纪,逻辑科学发展日新月异的今天,各门学科都存在老化与更新的矛盾,都有再生的喜悦与湮没的苦恼,而待生机勃发的比较逻辑学正以其独有的特性为逻辑学的发展提供新的内容。

3. 比较逻辑学学科发展阶段

前此,我们提到张学立与其学生所规划的比较逻辑学学科体系大概划分为三个不同的层次,即描述的比较逻辑学、评价的比较逻辑学和汇

---

① 张学立、张四化:《试论比较逻辑成为独立学科的合理性》,《中州学刊》2007年第4期,第141页。
② 张学立、张四化:《试论比较逻辑成为独立学科的合理性》,《中州学刊》2007年第4期,第141页。
③ 整理自张学立、张四化《试论比较逻辑成为独立学科的合理性》,《中州学刊》2007年第4期。

通的比较逻辑学。对这三个阶段具体的内容，他们有如下阐释。

比较逻辑学的研究与三大逻辑体系自身的研究有着密切的联系。描述的比较逻辑学就是对三大逻辑体系本身的研究，是比较逻辑学三个层次中的第一个层次，是前提与基础，没有描述的比较逻辑学，也就根本谈不上评价的比较逻辑学与汇通的比较逻辑学。首先，比较逻辑学的一个主要内容就是对三大逻辑体系的分别研究。这种研究是带有基础性的，以对三支逻辑源流分别进行挖掘整理与史料考证为主要研究方法，只有做好基础性研究才能进行第二层次与第三层次研究。而且在现实中，自己不做三种逻辑的独立研究，也要依赖别人去做，所以三种逻辑研究是比较逻辑学的奠基或初阶。实践证明，真正对比较逻辑研究有建树的人，必然对三种逻辑有深入的理解与把握。其次，任何人在研究外国逻辑时必然会因语言表述、文化背景与思维方式的不同而带上本国逻辑的观点，因而必然会不自觉地对其进行比较，这其实就是一种不自觉的比较逻辑研究。比如，近代学者谭戒甫在研究因明时，就很自然地用"故、理、类"三物来比照与解释"宗、因、喻"三支。最后，他们认为，比较逻辑研究可以不以对三种不同的逻辑体系做出评价为必要条件，可以只是描述。有论者也许会否认说，只是描述而没有评价与比较，不是比较逻辑研究。而我们所要表达的是，描述是进行评价与汇通的前提与基础，它已经是比较逻辑学。但也正是基于此，我们仅将其称为"描述的比较逻辑学"，而将建基于三种逻辑的本身研究之上的比较与评述，称为"评价的比较逻辑学"。

评价的比较逻辑学是建基于描述的比较逻辑学之上的第二层次研究，从狭义角度讲它需要对古代、近代与现代三种逻辑之间的纵横比对、同异比较。目前国内的比较逻辑研究主要处于这一层次。我们认为，评价的比较逻辑学主要包括比较三大逻辑体系之间的相同点与不同点，在此基础上解释出它们不同的文化渊源，评价三者所使用的理论解决方法，并且研究与评价三者的方法论问题。这种评价的比较逻辑学主要是对逻辑发展史上所出现的三支逻辑源流进行对比分析、比较说明，从而寻求三者的"相同点"与"相异点"。从广义上来说，评价的比较逻辑学不仅仅是局限于对三大逻辑体系的比较研究，它更侧重于不同文明背景下逻辑与文化、逻辑与哲学、逻辑与社会和自然等学科的交叉研究。

张学立等进一步做出解释，汇通的比较逻辑学是比较逻辑研究的最高层次，它建基于描述的比较逻辑学与评价的比较逻辑学，以不同逻辑体系之间的平等对话与其内在关系的透视汇通为基本研究对象。从解释学的角度讲，进行汇通的比较逻辑学研究要求研究主体拥有一种纯正的比较视域，研究者必须在已经完成与把握描述的比较逻辑学与评价的比较逻辑学的基础上，对已经纳入自身知识结构的逻辑体系及其相关知识进行充分咀嚼、消化，并且在此过程中，对其重组使其体系化，这种重组即意味着汇通与体系化成为可能。从这个意义上讲，汇通就是"打通""贯通"，是三大逻辑体系主体知识结构内部的融合，是比较逻辑研究的最高层次。

三 关于构建比较逻辑学学科方法论的思考

张学立等在对构建比较逻辑学学科必要性、合理性以及其自身特征的充分阐释的过程中，初步提出比较逻辑学研究过程中方法论的相关问题。与比较逻辑学发展阶段性相应，方法论的解释也从三个方面相呼应。

1. 描述的比较逻辑学方法论

描述的比较逻辑学也就是对三大逻辑体系本身的研究，是比较逻辑学三个层次中的第一个层次，是前提和基础。描述的比较逻辑学方法论主要有以下三点。

（1）回到原初。按照三支逻辑的原样在进行描述的比较逻辑学研究时，从历史和文化的角度去认识，研究主体将主要依靠对元典进行史料考证与挖掘整理，才会得到所需知识。在研究的时候必须坚持实事求是的原则。沈有鼎认为，"在校勘方面，没有必要的时候不轻易改动原文"[①]，此说是很精辟的。这就要求比较逻辑研究者具备足够的知识准备，特别是三种逻辑所依托的历史背景与文化传统。但是，尽管有这些基本

[①] 《沈有鼎文集》，人民出版社1992年版，第301页。

知识，在进行具体的研究时，仍然会遭遇诸多困难。

在进行三种逻辑本身的研究时，可能面对的第一种危险是，研究者会有意无意地假设自己国家的逻辑体系中的某些概念、推理类型等在另外两种逻辑中也存在，或者是，直接先构造一个成见，认定另外两种逻辑中某些问题在自己国家中也必然存在，然后翻柜倒箱，在诸多古籍元典中找出个别事例予以论证。这在我国近现代的比较逻辑研究中是出现过的，比如，有学者将《墨经·小取》中墨家本来论述"兼爱"主张的"一周一不周"比附为西方逻辑中概念的"周延"问题①，就是犯了这种错误。从这个意义上讲，一个接受过经典逻辑系统训练的比较逻辑研究者比一个刚入此道的学生有更大的犯这种"过度诠释"或"比附"的可能性。

（2）坚持整体观和可用性原则。首先，应当将三支逻辑源流分别当作一个整体来研究。三种逻辑的体系与结构各不相同，这就要求我们不能进行局部研究，而是将三者分别当作一个整体。如果不能从整个逻辑体系的角度对其分别进行分析，这种结构的差异也经常会造成误导。不从整体上把握，同样不可能深入理解三种逻辑较细微的差别，也就不能进行更为深刻的第二层次与第三层次的比较逻辑学研究。其次，应当注意三支源流逻辑信息源的可用性。这里，主要说的是文字考辨的重要性。比如，对中国逻辑的经典——《墨经》元典精专深奥，应当进行正确诂解。否则，不正确的逻辑诠释自然会导致错误的比较研究，这种比较比不比较更糟糕，因为谬误比无知距真理更远。

（3）翻译要做到信达雅的统一。对中国的比较逻辑研究者来讲，对西方逻辑与印度因明的经典著作翻译与诂解绝对不是什么离自己很遥远的事情。即便是自己不系统翻译，依赖别人的译作，有时会觉得不妥帖，难免参阅原著，对照理解，这也会涉及翻译的问题。

在翻译的过程中，应当采取通顺、文雅的汉语择取原则。近代学者严复的翻译标准是非常精辟的。他在《天演论》"译例言"中指出："译

---

① 胡适：《先秦名学史》，学林出版社1983年版，第78页。

事三难：信、达、雅。"① 所谓"信"，指内容准确无误；所谓"达"，指表述内容时运用的语言通顺、妥帖；所谓"雅"，指言辞文雅。

2. 评价的比较逻辑学方法论

评价的比较逻辑学是建基于描述的比较逻辑学之上的第二层次研究，它是对古代、近代与现代三种逻辑之间的纵横比对、同异比较。目前国内的比较逻辑研究主要就在这一层次。评价的比较逻辑学方法论主要有以下两点。

（1）坚持"可比性"原则。比较逻辑的研究，并非在任何情况下都可以进行，只有具备"可比性"的逻辑研究才不致背离比较逻辑研究的初衷。在人类文化发展史上，三大逻辑体系各有侧重的多样化特性，决定了比较逻辑研究是多层次、多角度、多方面的。但是，究其"可比性"原则，我们认为，最为根本的就是"同类可比，异类不可比"。"求同"是求得比较对象之间的本质的"同"；而同类对象之间的差别主要表现在本质属性上，因此，"求异"是求得比较对象之间的非本质的"异"。在这个从同到异的过程中，"同"是内在的同，"异"是外在的异，"这与逻辑科学的全人类性是一致的"②。

（2）坚持同异并重原则。既要讨论相同点，又要注重相异点。近代以来，学者们在进行逻辑比较时，有一种"重求同、弱求异"的学术取向，梁启超曾经指出，"西语的逻辑，墨家叫做'辩'"③，谭戒甫、虞愚、赵纪彬等人也持此观点。这种观点过分强调三种逻辑的共性，在一定程度上忽略了三者各自的特质以及由此产生的差异。这样不仅不能正确地进行比较逻辑研究，而且会泯灭中国名辩的个性，在事实上不利于挖掘与整理我国的名辩学宝贵遗产。

在进行评价的比较逻辑学研究时，应当坚持"同异并重"的方法论原则。评价的比较逻辑学主要包括比较三大逻辑体系之间的相同点与不

---

① 赫胥黎：《天演论》，严复译，冯君豪注，中州古籍出版社1998年版，第26页。
② 曾祥云：《比较逻辑的性质、可比性原则及其价值评估刍议》，《福建论坛》1994年第1期，第49页。
③ 梁启超：《墨子学案》，见《墨子大全》26册，北京图书馆出版社2000年版，第100页。

同点，在此基础上解释出它们不同的文化渊源、发展趋势，评价三者所使用的理论解决方法，并且研究与评价三者的方法论问题。这种评价的比较逻辑学主要是对逻辑发展史上所出现的三支逻辑源流进行对比分析、比较说明，从而寻求三者的"相同点"与"相异点"。

3. 汇通的比较逻辑学方法论

汇通的比较逻辑学是比较逻辑研究的最高层次，它建基于描述的比较逻辑学与评价的比较逻辑学，以三大逻辑体系之间的平等对话与三者内在关系的透视汇通为基本研究对象。汇通的比较逻辑学方法论主要有以下两点。

（1）互释与贯通。从解释学的角度讲，进行汇通的比较逻辑学研究要求研究主体拥有一种纯正的比较视域，研究者必须在已经完成与把握描述的比较逻辑学与评价的比较逻辑学的基础上，从狭义角度讲，它对已经纳入自身知识结构的三大逻辑体系及其相关知识进行充分咀嚼、消化，并且在此过程中，对其重组使其体系化，这种重组即意味着汇通与体系化成为可能。从这个意义上讲，汇通就是"融合""贯通"，是三大逻辑体系主体知识结构内部的"融通"。

（2）"求同—求异—求和"模式。张学立等在评价的比较逻辑学方法论"同异并重"的基础上，进一步提出一种新的汇通的比较逻辑学方法论——"求同—求异—求和"模式。

对"求同"与"求异"的不同倾向性，是由比较逻辑学三个层次的学科研究框架决定的。因此，在进行比较研究的过程中，"同异并重"的研究方法可操作性不是很强。在比较时将三种逻辑的异同都罗列出来，这是可能的，也是必要的。但这并不意味着已经做到"同异并重"，而要有一个必要的步骤。也就是说，在异同点罗列出来以后，下一步应该怎么走。我们认为，这一步骤应当是：先"求同"，后"求异"，最终"求和"。

我们强调比较逻辑研究要"同异并重"，但更强调比较逻辑研究的终极目标不是"求同"，也不是"求异"，而是"求和"。因为，不能为"同异"而"同异"，"求同"的目的不是去除差异、消灭个性；"求异"

的目的也不是制造不同语言、不同文化、不同民族之间人们的对立甚至敌对，而应当是在了解"异"、承认"异"的基础上实现互补，更好地促进整个人类的共同发展，最终追求全人类的高度和谐与和平共处。

四 比较逻辑学学科研究意义的阐释

张学立等据比较逻辑学本身所具有的特性，提出比较逻辑学研究的意义和价值。具体有以下几个方面。

1. 拓展了逻辑学研究的空间

比较逻辑学为逻辑学研究开拓了新领域，开辟了新的探索途径。

首先，比较逻辑学滥觞于逻辑史的研究，当它将科学之光投射到三大逻辑观间或各逻辑体系间或本身的各种历史联系之后，逻辑学研究就冲破了国界或文化制约，从一种逻辑观或某一逻辑体系、逻辑系统扩展到多种逻辑观或体系或系统。

其次，比较逻辑学的探讨，使其他相关学科的研究出现了另辟蹊径的新局面。在国际上，各国比较逻辑学学者以自己对比较逻辑学的理论，在本国逻辑学界发挥着越来越大的作用。在中国，治逻辑学者通过比较逻辑学的途径，可以找到中国逻辑学在世界逻辑界的地位与价值。

另外，通过比较方法，探索逻辑研究的更高境界。季羡林先生指出，"中国的社会科学，其中也包括人文科学，想要前进，想要有所突破，有所创新，除了努力学习马克思主义以外，利用比较的方法是关键之一"①。因此，欲提倡比较逻辑的研究，须凸显比较方法的重要价值。

2. 促进跨文化逻辑的交流

比较逻辑学可以确定民族逻辑学或国别逻辑学在世界逻辑学中的地位，进一步促进各国、各民族间的文化交流。季羡林先生曾说："比较文学的研究属于文化交流的范畴。"② 同理，比较逻辑学的研究也必然是不同文化之间的交流和互动。其实比较逻辑学这一学科是在各民族逻辑学相互渗透、各国之间文化交流日益频繁的基础上发展起来的，它将继续

---

① 张隆溪选编《比较文学译文集》，北京大学出版社1982年版，序第2页。
② 杨周翰、乐黛云主编《中国比较文学年鉴》，北京大学出版社1987年版，第44页。

在这种交流中得到巩固,并反过来促进这种交流的空间得到拓展。比较逻辑学在沟通民族逻辑学的过程中,也为其发展提供了某种有益的借鉴,使各国从彼此的逻辑学研究成果中得到补充。比较逻辑学正是在克服逻辑学研究中的封闭倾向,探索各国逻辑学独立发展的道路与相互交流促进的同时,为逻辑交流开辟了广阔道路。它使各国逻辑学与周围世界之间有了汇通的渠道,辅助民族逻辑学或国别逻辑学走向世界。在如此的文化交流之中,各民族、各国必然会排除民族虚无主义思想的影响,弘扬民族文化的精华,增强民族自豪感。

3. 深化对逻辑学本质的认识

苏轼诗云:横看成岭侧成峰,远近高低各不同。不识庐山真面目,只缘身在此山中。在逻辑研究过程中单纯从某一逻辑类型出发或仅仅以一种逻辑观为尊,都不利于逻辑学的发展,而对不同的逻辑观点、理论进行比较,并运用比较的方法,构建比较逻辑学学科体系才能登泰山而览众山小。

因此,比较逻辑学可以更准确、更科学、更全面地认识逻辑学的本质和规律。任何逻辑学作品都有其自身的价值,学者也自有独特的思想个性,逻辑学发展也有自身的规律。在逻辑学研究领域内,比较逻辑学可以成为横跨三大逻辑观之上的桥梁,并把研究对象确定为跨越民族和语言界限的共有逻辑。

4. 弘扬以中国墨家逻辑为代表的逻辑一源的意义和价值

针对西方逻辑为逻辑主流或唯一逻辑的观点,张学立等对"中国古代名辩思想路在何方""是否离开了西方逻辑名辩思想就无干可附""中国有无逻辑"等问题进行了探究,认为张东荪先生所提到的逻辑多元论是有道理的,但用西方文化的观点来看中国的逻辑显然是没有答案的。从这一冲突中,我们就鞠实儿强调的"文明平等原则"① 做了进一步引证,他说,"西方经典研究方法不能证明任一文明的精神产品(含逻辑)的合理性,但也不能证明它是不合理的。因此,没有一种文明的精神产

---

① 鞠实儿:《逻辑学的问题与未来》,《中国社会科学》2006 年第 6 期,第 53—54 页。

品（包括逻辑）在合理性方面是超越的，它们不能被简单地拒绝和接受，这就是所谓的文明平等原则"①。本着这一原则，他认为"从刻画典型特征的角度说，逻辑是关于说理规则的理论"②。墨家辩学的形成有其深厚的文化底蕴和历史、社会渊源，那就是它的直觉思维，直觉思维是一种说理规则，在这里"墨家辩学也是讲说理规则的学问，是反映直觉思维特征的一种逻辑"③。那么按照这个观点，我们主张，中国有逻辑，但不是西方的形式逻辑类型，而这也恰好体现了中国逻辑的特征。我国逻辑学家对《墨辩》的研究已经取得了很大的成就，《墨辩》已是相对独立的理论体系，那缘何我们具有民族特色的理论不能发扬光大？"我们必须在求异的基础上，在中国文化背景下，从逻辑与中国古代语言文字、价值体系、知识结构、行为方式和思想文化的关系上考察和审视，坚信中国古代一定有自己的'逻辑'。"④ 上文提到，根据逻辑多元论的观点，说理规则是一种逻辑理论，但这仅是从刻画典型特征的角度而言，针对此，曾昭式认为，"墨家辩学不仅不是中国逻辑的唯一形式，而且它还不是中国逻辑的主流。在中国文化里，把谈说论辩之学视为末学，秦汉以降，墨学中绝，真正得到发展的是儒道两家的思想。这样看来，反映中国直觉思维特征的儒家说理和道家说理是我们更需要探究的逻辑。这将是中国逻辑史研究的深化与拓宽"⑤。

张学立等提出，比较逻辑学学科理论的构建，旨在汇通三大逻辑，同中存异、同中显异、异中汇通，从而打破逻辑唯一性的神话，促使中国墨辩在沉寂百年后的今天显示其独有的个性，更加彰显其在逻辑学科中的中国特色、中国风格，从而发扬光大。全球化的 21 世纪呼唤新学科、培育新学科、壮大新学科，以求彰显时代精神，助推社会进步，这是历史发展的必然规律。

---

① 鞠实儿：《逻辑学的问题与未来》，《中国社会科学》2006 年第 6 期，第 54 页。
② 鞠实儿：《逻辑学的问题与未来》，《中国社会科学》2006 年第 6 期，第 54 页。
③ 曾昭式：《墨家辩学：另外一种逻辑》，《哲学研究》2009 年第 3 期，第 121 页。
④ 张斌峰：《在逻辑与文化之间：张东荪的逻辑文化观》，《安徽史学》2001 年第 2 期，第 78 页。
⑤ 曾昭式：《墨家辩学：另外一种逻辑》，《哲学研究》2009 年第 3 期，第 123 页。

五 比较逻辑研究的意义

在逻辑的比较研究中，逻辑由于其历史条件和文化背景的不同，从而有其共同性和特殊性。就逻辑的共同性来说，诸如不同社会和文化背景下人们运用的推理在共同的组成、特征、基本类型和基本准则方面存在共同点，而同时这些共同点也构成了不同逻辑理论或思想的共同的基本内容；在特殊性方面，共同性理所当然的就是其前提或者条件。由于社会和文化条件的不同，某一逻辑系统、体系就会具有其独特的个性，具体表现在推理的类型、表现方式、逻辑水平及演化历程等方面。在此基础上，我们认为对中外逻辑关系的考察应当建基于一定的比较研究上。这种比较是在认可一种大逻辑观的前提下去发现不同逻辑观的共同性和特殊性。从这个意义出发，贵州的逻辑学者通过构建比较逻辑学学科体系挖掘不同逻辑的共同点和不同点，也借此进一步把墨家逻辑乃至中国逻辑发扬光大，从而弘扬民族文化。可以说，贵州逻辑学者对比较逻辑研究有独到之处，可由以下几个方面进一步阐释其意义和价值。

1. **拓宽了逻辑学的研究领域**

贵州开展比较逻辑研究历史悠久，发展脉络清晰，尤其是现代以来对比较逻辑学学科体系的提出和建构，进一步拓宽了逻辑学这一领域，开阔了逻辑学研究的视野。

2. **丰富了逻辑学的研究内容**

贵州的比较逻辑学研究挖掘了比较逻辑研究的内涵。比较逻辑学学科体系的提出增添了逻辑学研究的活力。逻辑的三大体系之间的比较分析不仅仅限于具体现象的比较，从更广阔的视域来看，比较逻辑学学科的提出有利于促进三大逻辑体系各自特征的充分发展。这为保持民族逻辑、地域逻辑、国别逻辑等提供了良好的学术依托。

3. **促进了贵州逻辑学的发展**

张学立等提出的比较逻辑学理应作为一门学科来发展的思路在学界有重要的价值，对于促进逻辑学的发展有特殊的意义。比较逻辑学学科体系的构建活跃了贵州逻辑学者的思维空间，这为贵州学者进一步研究逻辑学以及逻辑与相关学科的关系提供了新视角。

4. 加强了学科间的交叉融合

比较逻辑研究本身强调的就是相关知识的交叉融合，这里不仅仅指逻辑学学科内部的相互关联。比较逻辑研究是对逻辑学科内部、学科之间以及不同文明、地域等的相关知识的比较研究。贵州比较逻辑研究及其学科化的走向会进一步促进学科交叉，强化逻辑学与其他学科之间的交流与融合。随着国际影响的增强，比较逻辑学学科的提出将成为逻辑学与外部环境承接的有力链条。

第四节 逻辑史研究

逻辑史是逻辑学学科体系中的重要组成部分，研究逻辑学，不能不研究逻辑史。① 但是，贵州学者对逻辑史的研究显得相对薄弱。王延直的《普通应用论理学》② 简要述及逻辑史问题，如逻辑的源流问题等，具有史论结合的特征。尽管如此，《普通应用论理学》也不是专门的逻辑史著作。此后有贵州学者发表部分论文，讨论逻辑史问题。

向容宪的《略论近、现代中国逻辑科学的发展》③ 指出："近、现代中国逻辑特别是近代中国逻辑不仅是中国逻辑科学发展的一个重大转折，而且为中国当代逻辑学的发展起到了承前启后的重要作用。"④ 向文对近、现代中国逻辑科学的发展进行了清晰的梳理和简要的论述。

向容宪首先论述18世纪中后期至19世纪初，清末学者对诸子学的研究状况，并认为诸子学的研究使《荀子》《墨子》《老子》《庄子》等古代思想家的著作得到了历史考证和科学整理；诸子学的兴起与发展，使

---

① 马玉珂主编《西方逻辑史》，中国人民大学出版社1985年版，序第1页。
② 王延直：《普通应用论理学》，贵阳论理学社（云南印刷局代印），中华民国元年七月印行。
③ 向容宪：《略论近、现代中国逻辑科学的发展》，《贵阳师专学报》（社会科学版）1992年第1期。
④ 向容宪：《略论近、现代中国逻辑科学的发展》，《贵阳师专学报》（社会科学版）1992年第1期，第58页。

名辩之学得以重为后人所认识；在这样的基础上，后来的学者进一步探讨了中国古代的逻辑思想，这无疑对中国逻辑科学的发展起到了积极的作用。

向容宪指出，严复翻译出版《穆勒名学》和《名学浅说》两本逻辑著作，并就逻辑学提出了一些新见解，对中国逻辑科学的发展做出了很大的贡献。因此，严复在近代中国逻辑史上占有重要地位。在严复翻译《穆勒名学》和《名学浅说》前后，还有一些国外的逻辑著作被中国学者翻译介绍到国内。前此所述，比较著名的有日本人十时弥著、留日学生田吴焱译的《论理学纲要》（1902）；耶方斯著、王国维译的《辩学》（原名为《逻辑的基础教程：演绎和归纳》，1902）这两部著作在中国都有较大影响，常被用作教材。除严复等人翻译的一批译述外，中国人自己撰著介绍西方逻辑的著作也有不少。如杨荫杭著《名学教科书》（1903）、林可培著《论理学通义》（1909）、韩述组著《论理学》（1909）、王延直著《普通应用论理学》（1912）、蒋维乔著《论理学教科书》（1912）、汤祖武著《论理学解剖图例》（1912）、张子和著《新论理学》（1914）、邢伯南著《论理学》（1914）、张毓译著《论理学》（1914）、樊炳清著《论理学要领》（1914）、述组著《论理学讲义》（1918）等等。这些著作及前已提到的译著，对近现代中国逻辑的发展，起到了积极的作用。向容宪在文中还特别强调王延直的《普通应用论理学》在近代中国逻辑发展过程中的地位："在严译《穆勒名学》出版的同时，《名学浅说》翻译之前的 1905 年，贵阳即已开设了逻辑课。由此看来，西方逻辑的传入，并不全靠那几本影响较大的译著。"① 此外，他还论述了章炳麟、梁启超、章士钊等人对印度因明、西方逻辑和中国名学进行的对比研究。他认为："将中、西、印度三种逻辑体系进行比较研究，既能更好地发扬本民族优秀的文化传统，又可以更好地吸收外国的优秀成果，以丰富和发展我们的逻辑科学，具有十分重要的意义。章炳麟与梁启超在西方逻

---

① 向容宪：《略论近、现代中国逻辑科学的发展》，《贵阳师专学报》（社会科学版）1992 年第 1 期，第 60 页。

辑再次输入不久即开此方面之先河，是有较大功绩的。"① 他说："章士钊的比较研究较章炳麟、梁启超更进一步的是，认为欧洲传统逻辑中论及的逻辑形式和逻辑规律，几乎都可以从中国古代思想家的著作中找到类似的思想和实例。他（章士钊）在《逻辑指要》中写道：'先秦名学与欧洲逻辑，信如车之两轮，相辅而行。'章士钊的《逻辑指要》将中外优秀的逻辑思想熔为一炉，对于丰富和发展逻辑科学具有积极意义。"② 向容宪还简要介绍了胡适的研究，尤其是胡适于1915年至1917年在美国哥伦比亚大学留学期间，用英文写成的博士论文《先秦名学史》，并指出"在近现代中国逻辑史上第一个研究中国逻辑发展史并写出专著的，是现代学者胡适"③。然而"《先秦名学史》对各家逻辑学说的分析是否得当，还有待研究；但它是一部开拓性的逻辑史专著，对后人研究中国逻辑史具有较大的参考价值，这是不容置疑的"④。

到了现代，中国逻辑已不限于输入西方古典逻辑、印度因明和研究中国古代逻辑，而开始出现较为广泛的普通逻辑与数理逻辑的普及教育和研究。向容宪不仅梳理了西方现代逻辑在中国的传播和影响，还梳理了我国学者对辩证逻辑的研究和讨论概况。他总结道："近代中国逻辑的主要特征是：西方逻辑思想的翻译和介绍；对中国古代逻辑思想尤其是墨家逻辑的发掘和研究；对西方逻辑、中国名学和印度因明的比较研究。现代中国逻辑的主要特征则为：西方现代逻辑的传入；数理逻辑与普通逻辑的普及教育和研究；开始对辩证逻辑的研究；此外，对三大逻辑体系的对比研究并未中断，对墨辩一逻辑的研究也一直在延续。受历史和时代的局限，近现代中国逻辑不如西方逻辑那样高水平地发展，还存在较大的差距，但已从过去的沉睡中苏醒并有奋起之势，为当代中国逻辑

---

① 向容宪：《略论近、现代中国逻辑科学的发展》，《贵阳师专学报》（社会科学版）1992年第1期，第62页。
② 向容宪：《略论近、现代中国逻辑科学的发展》，《贵阳师专学报》（社会科学版）1992年第1期，第62页。
③ 向容宪：《略论近、现代中国逻辑科学的发展》，《贵阳师专学报》（社会科学版）1992年第1期，第62页。
④ 向容宪：《略论近、现代中国逻辑科学的发展》，《贵阳师专学报》（社会科学版）1992年第1期，第63页。

科学的崛起创造了较好的条件。"① 他的梳理具有史论结合的特征，论述言简意赅、评价客观公正。

王明祥的《近十余年贵州普通逻辑研究概述》②考察了1980年至1993年贵州省逻辑工作者研究普通逻辑的主要成果，包括出版的一批教材和教参，以及发表的20多篇论文，归纳介绍了一些比较重要的观点，包括："普通逻辑"的学科名称、体系和内容、研究对象、概念与词项、命题与判断、推理的分类、逻辑规律与思维规律及事物规律之间的关系以及论证问题。此外，王明祥的《简谈"普通逻辑"的三条基本规律》（1981）③、《注意逻辑理论的准确性》（1982）④、《普通（形式）逻辑推理应是演绎的一统天下》（1983）⑤、《关于普通（形式）逻辑教科书中几个理论的修正意见》（1986）⑥、《关于词项的两个问题》（1990）⑦、《怎么既是归纳反驳，又是演绎反驳？——〈普通逻辑〉一例质疑》（1991）⑧等文探讨了"普通逻辑"中的若干理论问题，对传统逻辑的教学和研究有着重要影响。

王明祥的考察涵盖了"普通逻辑"中涉及的大部分重要问题，内容全面，论述客观。其中，《近十余年贵州普通逻辑研究概述》是贵州逻辑史研究的较早片段。

此外，张学立、甘进的《贵州逻辑研究三十年》⑨在简要介绍王延直

---

① 向容宪：《略论近、现代中国逻辑科学的发展》，《贵阳师专学报》（社会科学版）1992年第1期，第65页。
② 王明祥：《近十余年贵州普通逻辑研究概述》，《贵州师范大学学报》（社会科学版）1995年第3期。
③ 王明祥：《简谈"普通逻辑"的三条基本规律》，《贵阳师范学院学报》（社会科学版）1981年第3期。
④ 王明祥：《注意逻辑理论的准确性》，《哲学研究》1982年第2期。
⑤ 林邦瑾、王明祥：《普通（形式）逻辑推理应是演绎的一统天下》，《贵阳师范学院学报》（社会科学版）1983年第2期。
⑥ 王明祥：《关于普通（形式）逻辑教科书中几个理论的修正意见》，《贵州师范大学学报》（社会科学版）1986年第1期。
⑦ 王明祥：《关于词项的两个问题》，《贵州社会科学》1990年第4期。
⑧ 王明祥：《怎么既是归纳反驳，又是演绎反驳？——〈普通逻辑〉一例质疑》，《思维与智慧》（社会科学版）1991年第1期。
⑨ 张学立、甘进：《贵州逻辑研究三十年》，《毕节学院学报》（综合版）2010年第7期。

的《普通应用论理学》的基础上,重点考察了1978年改革开放和1979年中国逻辑学会成立以来贵州逻辑教学和研究的基本情况,范围涉及传统逻辑、现代逻辑、逻辑史、逻辑哲学、逻辑应用、逻辑教学体系改革等领域,提及论著110多篇(部),丰富了贵州逻辑史研究的成果,展示了贵州学人的成就并揭示其影响。

第六章

逻辑哲学思想

"研究既往的逻辑哲学思想，无论对逻辑学的发展，还是对逻辑哲学自身的进步，都具有重要的作用和意义，而且对一般哲学的研究也大有裨益。"① 贵州学者对部分逻辑家的逻辑哲学思想进行过系统研究，主要体现在部分学者对金岳霖逻辑哲学思想（张学立）、弗雷格逻辑哲学思想（颜中军）、杜威逻辑哲学思想研究（张存建）以及王延直逻辑哲学思想（胡红）等的研究。此外，也有学者对克里普克逻辑哲学思想，逻辑哲学的有关问题，如蕴涵问题、悖论问题等进行过专题研究，取得一些成果。例如，余军成的《克里普克的历史因果命名理论探析》②《指示词理论述评》③，专题讨论了克里普克的逻辑哲学思想；向容宪的《试谈蕴涵》④ 盛作国等的《论蕴涵的演进——从蕴涵到制约》⑤《蕴涵理论研究——从〈墨经〉到〈制约逻辑〉》⑥ 等专题探讨了蕴涵理论的历史演进问题；傅

---

① 张学立：《金岳霖逻辑哲学思想研究》，贵州人民出版社2004年版，内容提要第1页。
② 余军成：《克里普克的历史因果命名理论探析》，硕士学位论文，西南大学，2007。
③ 余军成：《指示词理论述评》，《毕节学院学报》（综合版）2007年第6期。
④ 向容宪：《试谈蕴涵》，《贵阳师专学报》（社会科学版）1988年第2期。
⑤ 盛作国、龚启荣、胡红：《论蕴涵的演进——从蕴涵到制约》，《毕节学院学报》（综合版）2006年第2期。
⑥ 盛作国：《蕴涵理论研究——从〈墨经〉到〈制约逻辑〉》，硕士学位论文，贵州大学，2008。

于川的《悖论剖析》①《悖论的思维张力》② 等讨论了悖论思维张力的作用和意义，悖论思维张力的外在表现、内在品质，以及二者的辩证关系等。其中，《悖论的思维张力》被中国人民大学复印报刊资料《逻辑》专辑 2006 年第 5 期全文转载；李国富的《浅析说谎者悖论》③ 以制约逻辑为工具，先定义事件和命题，在此基础上分析语句与命题和事件的关系，从而证明说谎者悖论的实质只是含有空词的不指谓事件的空话。

第一节　金岳霖逻辑哲学思想研究

金岳霖（1895—1984）是我国现代著名哲学家、逻辑学家，是中国现代逻辑的奠基人，也是逻辑哲学研究的奠基人。崔清田先生指出："研究金岳霖的逻辑哲学思想，一方面可以帮助我们深入理解他的逻辑学、形而上学和知识论，另一方面也会为中国当代的哲学研究和逻辑学研究提供有益的借鉴。"④ 张学立在南开大学攻读博士学位期间，以"金岳霖逻辑哲学思想研究"为选题展开研究。2003 年，张学立主持的"金岳霖逻辑哲学思想研究"获批贵州省哲学社会科学规划课题。2004 年，张学立的《金岳霖逻辑哲学思想研究》由贵州人民出版社出版。该书于 2008 年获中国逻辑学会第二届优秀成果奖科研二等奖（一等奖空缺）。这一奖项是当前中国逻辑学界优秀学术成果评选的最高规格奖项，每四年评选一次，该奖项是贵州学者在中国逻辑学会优秀成果奖中取得的新突破。

南开大学哲学系王大海撰文评论认为，张学立著《金岳霖逻辑哲学思想研究》是金岳霖逻辑哲学思想研究的突破。他指出，该书在充分吸收和利用已有的国内外研究成果的基础上，将金岳霖的"逻辑哲学思想"置于中国及世界逻辑和哲学的宏观背景下加以审视，首次实现了对它的全面、系统和深入的研究。不仅对金岳霖关于逻辑哲学思想的历史地位、

---

① 傅于川：《悖论剖析》，《毕节师专学报》1990 年第 2 期。
② 傅于川：《悖论的思维张力》，《毕节学院学报》（综合版）2006 年第 2 期。
③ 李国富：《浅析说谎者悖论》，《中共贵州省委党校学报》2011 年第 1 期。
④ 转引自张学立《金岳霖逻辑哲学思想研究》，贵州人民出版社 2004 年版，第 1 页。

历史贡献和时代意义做了深入精到的阐释，而且对其历史局限和不足之处进行了深刻的反思。他认为该书不仅为我们深入理解和解读金岳霖逻辑哲学思想提供了一个新的思维范式，而且对推进中国逻辑学、逻辑哲学和哲学研究有着重要的理论价值与现实意义。①

张学立著《金岳霖逻辑哲学思想研究》首次将金岳霖的逻辑哲学思想置于世界逻辑和哲学的宏观背景下，做出了系统深入的考察。在书中作者把涵盖了金岳霖逻辑哲学思想基本内容的四个议题作为探讨的对象：(1) 逻辑究竟是什么。包括逻辑的研究对象、逻辑的范围、逻辑的真和逻辑是一是多等问题。(2) 蕴涵与推论。包含的子问题是：蕴涵与推论的涵义以及二者之间的关系。(3) 归纳问题。讨论了金岳霖解决归纳问题的方案及其与历史上的典型方案相较之得失。(4) "思维三律"。包含"三律"的表述形式与证明证实、"三律"的客观基础，以及"三律"与事物规律和思维规律的关系。该书是国内首次对金岳霖逻辑哲学思想做出全面、系统、深入研究的力作。这也是该书的主要和最重要的特点。作者在该书导论中指出："不少学者从形而上学、认识论角度对金岳霖哲学进行探讨，取得了许多富于价值的成果。但是，以逻辑引发的哲学问题为切入点，全面、系统、深入地探讨金岳霖逻辑哲学思想的成果迄今尚付阙如。"② 作为金岳霖哲学思想的重要组成部分的逻辑哲学，是理解整个金岳霖思想的关键所在。只有正确理解金岳霖的逻辑哲学思想，才能深刻理解其逻辑学、形上学和知识论。因此，作者认为，研究金岳霖的逻辑哲学思想，应将其置于中国及世界逻辑和哲学发展的背景下进行观照。这也正是全书所贯彻的指导思想。作者在世界和中国逻辑学与哲学发展的宏观背景下，对金岳霖逻辑哲学思想的成就及其意义给出了全面而具体的分析，也对金岳霖逻辑哲学思想的不足之处给出了自己实事求是的论说。

张学立的博士学位论文《金岳霖逻辑哲学思想研究》经多位同行专

---

① 王大海：《金岳霖逻辑哲学思想研究的突破与进展——评张学立博士的〈金岳霖逻辑哲学思想研究〉一书》，《黔南民族师范学院学报》2004年第5期，第48页。
② 张学立：《金岳霖逻辑哲学思想研究》，贵州人民出版社2004年版，第7页。

家评议,做出如下评价。①

作者掌握了与论文主题相关的中外文资料,为论文的成功奠定了坚实的基础;作者准确地把握了金岳霖逻辑哲学思想的四个主要问题,为深入研究金岳霖逻辑哲学思想提供了重要前提。

作者以1949年为界,对金岳霖逻辑哲学思想所做的前、后期的划分,以及研究过程中使用的研究方法(如逻辑与历史统一的方法、比较分析的方法、解释学的方法等)是完全正确的;作者在世界和中国的逻辑学和哲学发展的宏观背景下,对金岳霖逻辑哲学思想的成就及其意义给出了全面而具体的分析,也对金岳霖逻辑哲学思想的一些不足之处(如对蕴涵和推理的理解)给出自己实事求是的论说。

作者首次提出并论证了一些此前未曾注意的问题。如金岳霖对归纳原则的表述先用"真值蕴涵",后用自然语言的"和"。这种区别不仅对逻辑而且对分析哲学的研究都是十分重要的。又如,金岳霖认为可能分为多类,"每一种事实是一个可能,可是每一个可能不必是一件事实"。这种说法已经包含了可能世界理论方面的思想。

作者提出了自己在逻辑哲学方面的一些新见解,如对逻辑、逻辑学、逻辑系统的关系,逻辑与"式"的关系,真与真理的关系,可能与可能世界的关系的认识,对归纳问题的解决方案的评价等。作者提出的新见解颇为发人深思。其中,有关"人类在归纳问题的解决方案上,最终能否达到共识,这并不是最重要的,人们更应关注的是解决该问题的思路、过程以及由此带来的效应"的见解,被专家肯定为"具有创新意义,它既与教条主义划清了界限,又与不可知论划清了界限"。

同时,也有专家指出,作者应更全面地结合20世纪50—60年代中国的具体情况,研究和把握金岳霖逻辑哲学思想的演化,也应再准确地参照《论道》和《知识论》中有关哲学方面的论述,以求对金岳霖逻辑哲学思想的认识和分析更加充实和完满。

总体来说,论文评议和答辩委员会的专家一致认为,张学立的《金

---

① 转引自张学立《金岳霖逻辑哲学思想研究》,贵州人民出版社2004年版,序第1—3页。

岳霖逻辑哲学思想研究》对金岳霖的逻辑哲学思想做出了全面、系统、深入的研究。这在我国学术界尚属首次。所作评价实事求是，所作分析科学合理，有些论述很精彩，其见解有创新性和前瞻性；文章史料翔实，思路清晰，论证很充分；论文对继承金岳霖先生的学术遗产，推进我国逻辑学和哲学的发展均具有重要的价值。这是一篇优秀的博士学位论文。

专家的评价意见，客观地反映出《金岳霖逻辑哲学思想研究》的学术价值。数年后中国逻辑学会在一等奖空缺的背景下，做出《金岳霖逻辑哲学思想研究》二等奖的评奖等次，再次印证了当初论文评议和答辩委员会专家评价意见的客观性。

第二节　弗雷格逻辑哲学思想研究

弗雷格（Gottlob Frege，1848－1925）是19—20世纪转折处伟大的数学家、逻辑学和哲学家。他创作的一系列论著被奉为逻辑学和哲学经典，例如他的杰作《论涵义和意谓》就被誉为分析哲学的典范。在这篇极富创意的论文中，弗雷格提出了一个至今仍然困扰人们、被罗素称为三大哲学难题之一的同一陈述疑难。它又被学者们称为弗雷格疑难。这个疑难涉及同一关系与认知差异，其复杂形式还涉及间接引语和内涵语境。围绕以上问题，颜中军[①]对弗雷格的逻辑哲学思想进行了专门的研究，取得系列成果。其中具有代表性的成果主要有《弗雷格疑难与认知价值差异》[②]《符号·涵义·意谓——对弗雷格意义理论的几点思考》[③]《试论弗雷格的反心理主义逻辑观》[④] 以及合作成果《同一陈述疑难与认知价值差异》[⑤] 等。此外，颜中军还对张申府的逻辑观，冯契的辩证逻辑，相干逻

[①] 颜中军博士于2007年7月至2011年6月在毕节学院工作。
[②] 湖南省教育厅优秀硕士学位论文。
[③] 颜中军：《符号·涵义·意谓——对弗雷格意义理论的几点思考》，《自然辩证法研究》2007年第8期。
[④] 颜中军：《试论弗雷格的反心理主义逻辑观》，《自然辩证法研究》2008年第8期。
[⑤] 王向清、颜中军：《同一陈述疑难与认知价值差异》，《自然辩证法研究》2006年第12期。

第六章　逻辑哲学思想

辑理论以及苏珊·哈克的逻辑哲学思想等进行过探讨，并围绕苏珊·哈克的逻辑哲学思想撰写博士学位论文。

弗雷格既是现代数理逻辑的创始人，也是分析哲学、语言哲学的创始人。他在耶拿大学度过绝大部分学术生涯，生前发表论著共 40 篇，其中最主要的有：《概念文字》（1879），《算术基础》（1884），《函数和概念》（1891），《论概念和对象》（1892），《论涵义与意谓》（1892），《算术的基本规律》（第一卷 1893，第二卷 1903），《思想》（1918—1919），《否定》（1918—1919），《思想结构》（1923）等。弗雷格去世后又出版了遗著两卷：第一卷《弗雷格遗著》（1969），第二卷《弗雷格遗著：科学通信集》（1974）。作为一个逻辑学家和哲学家，弗雷格的逻辑哲学思想在他的整个思想体系中占有非常重要的位置，也是现代逻辑哲学最重要的内容之一。现代逻辑哲学、语言哲学中的指称问题、意义问题、专名问题、语境问题等，都可以在弗雷格那里找到根源。而这些问题的阐述与理论建构，起源于所谓"弗雷格疑难"问题。"弗雷格疑难"可以表述如下：对于两个为真的同一陈述 $a = a$ 与 $a = b$，为什么后者比前者更富有信息内容？或者说为什么前者是不足道的，而后者却能增加我们的知识？这是在直接语境中的简单情形。而在间接语境中，则表现为更为复杂的情形。例如，我相信 A，而 A = B，为什么推不出"我相信 B"？因此弗雷格疑难涉及的问题主要有：专名的涵义与意谓、同一替换原则、语境问题、信念归属等一系列逻辑哲学或语言哲学的重要问题。

颜中军对弗雷格逻辑哲学思想的研究主要集中在"弗雷格疑难"问题的探讨。他认为，对弗雷格疑难进行研究具有特别重要的意义，主要体现在以下几个方面。

（1）弗雷格是现代数理逻辑的创始人，要掌握现代逻辑学（不仅包括数理逻辑学，而且包括逻辑哲学、认知逻辑等），就应该了解他的逻辑思想，特别是他的逻辑哲学思想。而弗雷格疑难问题比较全面地反映了他的逻辑哲学思想，是我们理解其逻辑思想的一个重要的桥梁和切入点。

（2）弗雷格对逻辑的哲学思考也正是源于他对这些问题的疑问，换言之，正是弗雷格疑难引起了他本人对逻辑哲学的深入研究与探讨。因此要从根本上理解和掌握弗雷格的逻辑思想，我们有必要对这些疑难问题进行考察。一方面可以发掘他的思路历程，分析他是如何处理这些疑难问题的，从中受到启发；另一方面也可以从根本上探寻弗雷格解疑方案的失足之处，促使我们对这些疑难进行反思。

（3）弗雷格疑难不仅是一个历史问题，而且是最直接的前沿问题，是一个研究和争论的热点问题。因为它涉及哲学、逻辑、语言学、认知科学等领域，所以对它的解决，不仅是对一个多世纪以来困扰着逻辑学家们的重大问题的解决，而且为最新、最前沿的理论开辟了新的道路。

（4）从逻辑发展史来看，从弗雷格疑难提出至今，有很多重要的逻辑学家参与了研究，例如罗素、克里普克、普特南等等。这些逻辑学家围绕弗雷格疑难问题提出不同的解决办法，已经构成了一条重要的逻辑哲学发展链条。因此，我们对弗雷格疑难的历史考察可以从一个侧面来窥斑一个多世纪以来逻辑哲学的发展历程。

（5）就目前国内的研究现状来说，弗雷格的逻辑思想虽然已经得到广泛的重视，但是关于弗雷格疑难问题的探讨却较少，鲜有新的解决方案。而在国外恰好相反，很多著名大学的哲学系把弗雷格疑难作为专题来讨论，并且出版和发表了许多关于弗雷格疑难的研究著作和论文。所以说，该文的写作应该是国内为数不多的系统研究弗雷格疑难的专题论文，并且在采纳了国际上最新研究成果的基础上，提出了一个尝试性的解答方案。①

颜中军的研究得出如下初步结论。

从弗雷格疑难提出至今已有一百多年的历史。弗雷格为了解答这个疑难问题，创造性地提出了符号的涵义与意谓的理论。他认为符号不仅有意谓而且有涵义。这个观点对后世影响极大。但是对于弗雷格疑难本身来说，弗雷格的解答方法显然是失败的。他的涵义过于神秘，而且在其解答中导致了不可调和的矛盾。弗雷格解疑方案失败的根本原因就在于完全忽视了等号的分析。弗雷格疑难的关键就在于等号，而不是弗雷

---

① 颜中军：《弗雷格疑难与认知价值差异》，硕士学位论文，湘潭大学，2007，第3—4页。

格所纠缠的等号两边的符号。这是两种完全不同的思路。许多学者看到了弗雷格解答方法的失败,但是并没有认识到弗雷格失败的真正原因。他们仍然没有能够跳出弗雷格的思路,继续对符号的涵义纠缠不清,试图通过修正或改良弗雷格的方法来解决这个疑难,显然是徒劳无功的。也有另外一些学者吸取了弗雷格解答失败的教训,另寻出路。他们从不同的角度来解答弗雷格疑难,例如语义解答方法、关系解答方法、内涵代数方法等等。这些新的方法无疑为我们分析和解决弗雷格疑难提供了崭新的思路。

颜中军研究的角度与上面的方法不同。他认为问题的关键在于等号(=)。正是" = "引起了疑难而不是其他东西。所以对" = "进行了重新诠释,指出了"相等"是内涵性的同一,它传递了符号之间的关联,而这种关联是建立在意谓相同的基础之上的。正是内涵性同一才导致了两个为真的同一陈述认知价值的差异,从而提出了一个长期困扰人们的弗雷格疑难的较好解决方案。弗雷格疑难看似被解决了,但是关于它的思考却远远没有结束。①

第三节　杜威逻辑哲学思想研究

杜威（John Dewey,1859－1952）是美国哲学家、心理学家、教育学家、社会学家,实用主义的主要代表之一。主要著作有《我们怎样思想》（1910）、《哲学的改造》（1922）、《人性与行为》（1925）、《经验与自然》（1925）、《逻辑:探索的理论》（1938）、《人的问题》（1946）等。②"杜威对哲学的改造有深远的影响。然而,长期以来,很少有学者关注杜威对语言的思考,现有相关研究一般就语言的某些方面将杜威与维特根斯坦相对比,以此探讨杜威语言哲学的价值。"③ 张存建④的《杜威的逻

---

① 颜中军:《弗雷格疑难与认知价值差异》,硕士学位论文,湘潭大学,2007,第34页。
② 冯契主编《哲学大辞典》（修订版）,上海辞书出版社2010年版,第292—293页。
③ 张存建:《杜威名称思想及其启迪》,《山西师大学报》（社会科学版）2011年第6期,第120页。
④ 张存建博士于2009年7月至2012年6月在毕节学院工作。

辑观》①《杜威的命题取向》②《杜威的语境思想》③《杜威名称思想及其启迪》④ 等文系统研究了杜威的逻辑哲学思想，得出一些重要结论。

关于杜威的逻辑观，张存建指出，杜威从逻辑研究的对象、逻辑的存在、常识推理与科学探索的区别三个方面来建构其逻辑观。杜威强调逻辑是一种自然主义的理论，他所说的逻辑研究对象是以实际事物为主体和基础的；杜威并不反对纯粹形式逻辑的研究，他所关注的是如何从逻辑的自然发生过程与存在状态的角度去理解逻辑与人实际生活的关系；杜威提出了自认为能统一常识推理和科学探究方法的科学方法，但他对归纳和演绎功能的理解是肤浅的；杜威用模糊的科学方法来替代逻辑，并解释生物的、心理的和历史的经验，形式逻辑的影子在杜威哲学中更加模糊了；而杜威的逻辑取向在其哲学应用于教育改革过程中发挥的作用却是值得我们深思的。⑤

关于杜威的命题取向，张将杜威的命题取向与弗雷格和罗素的理论做了比较，得出如下结论：杜威的命题思想有其反形而上学的哲学背景，他对传统判断思想的改造是他改造逻辑学的一部分，其实质是用实际思维替代传统逻辑思维，这种改造模糊了人们对形式逻辑的认识，而且杜威的命题取向有将形式思维简单化的倾向，这有悖于逻辑学学科严肃性的要求；但是，杜威的哲学思想能经历近代哲学研究逻辑转向的冲击，并在实践中取得日益引人注目的成就，这使得我们有必要不断审视他哲学思想的方方面面。罗素等逻辑学家所倡导的命题真值理论固然牢不可撼，却不能否定杜威的命题取向，杜威以他在哲学、教育、政治等方面的贡献被誉为美国人民的"导师"和"良心"；这也说明客观、全面地认识其逻辑取向的必要性；在中国传统的世俗文化背景下，空谈加强逻辑教学终究遮不住逻辑教学滞后的现实，在逻辑形而上的研究和如何改善

---

① 张存建：《杜威的逻辑观》，《重庆工学院学报》（社会科学版）2007 年第 12 期。
② 张存建、武庆荣：《杜威的命题取向》，《毕节学院学报》（综合版）2008 年第 5 期。
③ 张存建：《杜威的语境思想》，《重庆工学院学报》（社会科学版）2008 年第 8 期。
④ 张存建：《杜威名称思想及其启迪》，《山西师大学报》（社会科学版）2011 年第 6 期。
⑤ 张存建：《杜威的逻辑观》，《重庆工学院学报》（社会科学版）2007 年第 12 期，第 73 页。

国人思维之间，杜威的命题取向或许能给我们以启示。①

关于杜威的语境思想，张存建认为，杜威在语境分析中固守"实际思维"，认为对语境的忽视使得哲学家陷入概括的普遍化并不得不将存在的本源诉诸本质，语境的内容包括客观存在的"背景"和主体的"选择的兴趣"；杜威用语境思想重建其经验理论，并在对经验价值标准及其作用过程的考察中将对语境的忽视与传统教育的种种弊端对应起来，以此完善其教育理论，而语境思想在杜威实用哲学应用于教育改革过程中发挥的作用却是值得我们深思的。②

此外，张存建的《杜威名称思想及其启迪》探讨了杜威的名称思想，直接引介、讨论杜威对名称的研究。通过杜威指称思想与名称指称"描述论"（descriptive theory）和"因果论"（causal theory）的比较，分析杜威的语言理论建构，以图梳理出杜威对名称语义的认识，并对之做出反思。③

第四节　王延直逻辑哲学思想研究

1990 年贵州逻辑学会评定 20 世纪 80 年代优秀成果奖时，全体评委一致同意把这部 80 年代重新发现的《普通应用论理学》评为特等奖。随着王延直《普通应用论理学》（以下称"王著"）的影响不断扩大，2010年，贵阳学院将"王延直逻辑哲学思想研究"列入该年度人文社会科学类选题予以资助立项。一般认为，"严格意义上的逻辑哲学是一门新兴的哲学学科，它是现代逻辑与现代哲学相互渗透，相互作用的产物。它的产生有两个历史前提：一是数理逻辑的创立以及后来多种逻辑分支、多个逻辑系统的同时并存，一是现代西方哲学所发生的'语言学转向'。因

---

① 张存建、武庆荣：《杜威的命题取向》，《毕节学院学报》（综合版）2008 年第 5 期，第 59 页。
② 张存建：《杜威的语境思想》，《重庆工学院学报》（社会科学版）2008 年第 8 期，第 107 页。
③ 张存建：《杜威名称思想及其启迪》，《山西师大学报》（社会科学版）2011 年第 6 期，第 120 页。

此，逻辑哲学的历史并不长"①。若按此理解，当然也不存在王著所包含的逻辑哲学思想。然而，对"逻辑哲学"也可以广义地理解，即不论现代逻辑还是传统逻辑，都存在由逻辑本身所包含或提出的一系列哲学问题，以哲学的眼界来探讨、解释和回答这些问题的理论，就属于广义的逻辑哲学的范围。尽管王著未曾涉及现代逻辑的内容，但其讨论的大大小小诸多问题，在尔后数十年间一直是逻辑哲学上关注的重大理论问题，而这些问题大多是在现代逻辑发展和演变的过程中才引起人们关注的，如逻辑的源流及中国古代有无逻辑问题，逻辑的研究对象，逻辑科学的学科地位以及归纳与演绎问题，等等。围绕以上问题，"王延直逻辑哲学思想研究"课题组成员胡红撰文《〈普通应用论理学〉的学术价值——兼论王延直逻辑哲学思想》②并公开发表，得出初步观点。

关于逻辑源流问题，涉及中国古代有无逻辑这一重要问题。对于这一问题，王著明确肯定世界逻辑的三大源流："古代文明诸国，莫不有论理学之萌芽。其中最著名者三：曰中国，曰印度，曰希腊是也。"③有力驳斥西方学者所谓"中国古代无逻辑"论。但是，王著并非完全认可中国古代各家各派的逻辑理论，认为孔子、荀子而后无人继起；至于惠施、邓析、尹文、公孙龙等，无非诡辩派耳；韩墨诸家之文章、苏张诸家之辩论，纯属偶合，决非由逻辑法则得出。王著指出，"孔子首创正名之说"，"荀子蹱之"，"于是有大共之说。即今之所谓归纳也。有大别之说，即今之所谓演绎也。""惜乎荀子而后无人继起而光大之。""若夫惠施邓析尹文公孙龙辈，无非徒逞诡辩，取快一时。""韩墨诸家之文章，苏张诸家之辨（辩）论，证以论理法则，合者也颇多，然此不过偶然之符合，决非皆由论理法则而出者。"④ 这种认为孔子、荀子而外无逻辑的观点，无疑是对古代一大批逻辑家的逻辑学说及其贡献的抹杀，恐难为今之逻辑史研究家们所接受。至于惠施、邓析、尹文、公孙龙之理论是否诡辩，

---

① 陈波：《逻辑哲学引论》，人民出版社1990年版，第1页。
② 胡红：《〈普通应用论理学〉的学术价值——兼论王延直逻辑哲学思想》，《重庆理工大学学报》（社会科学版）2011年第11期。
③ 王延直纂著《普通应用论理学》，贵阳论理学社，1912年7月，第9页。
④ 王延直纂著《普通应用论理学》，贵阳论理学社，1912年7月，第9—10页。

迄今仍在争论。

关于逻辑的研究对象，逻辑界给出不同的回答，至今仍未达成一致。但归结起来，逻辑的研究对象大致可分为三类：思维［自弗雷格（G. Frege）以降，改称推理或推理形式有效性］、语言和客观世界。王著开篇指出："论理学者说明思考之法则之科学也。""语云：有物有则。宇宙间现象，虽千变万化，然皆必循一定之规律，此一定之规律，即法则也。"法则有二："天然的"和"人为的"。"天然的法则，凡属实物，皆不能不遵循；至人为的法则，不过行于知识发达之人类间而已。例如伦理法、文典、美学的规范等，皆人为的法则也。思考之法则，亦人为法则之一种。""思考之法则虽属人为之法则，然与任意所设定之规律不同，必以天然的法则为其基础。"① 显然，王著所谓"思考之法则"乃"以天然法则为基础的人为法则"。因此，关于逻辑研究对象，王著具有明显的逻辑客观世界说倾向；在认识论上，王著纂著者属于唯物主义反映论者。

关于逻辑科学的学科地位问题，王著赞同欧西学者所倡"论理学为科学中之科学"之观点，指出这"足以表示论理学范围之广大"。值得一提的是，王著从语源学的角度，论证了逻辑学与各科学之间的关系。如生物学：西语称为生物论理学（Biology）；动物学：西语称为动物论理学（Zoology）；昆虫学：西语称为昆虫论理学（Entomology）；生理学：西语称为生理论理学（Physiology）；地质学：西语称为地质论理学（Geology）；植物学：西语称为植物论理学（Phytology）；矿物学：西语称为矿物论理学（Mineralogy）；心理学：西语称为精神论理学（Phychology）；等等。"可知，多种科学皆不能离乎论理学"，"欲深究各科学，自不可不先究论理学"②。从语源学角度考察逻辑学的学科地位，不仅让人耳目一新，而且使人们在理解上更加直观清晰。

关于归纳问题，在逻辑哲学上主要探讨归纳推理是否能得出必然性结论，如果不能，其合理性何在？如果归纳推理的合理性不能得到辩护，将影响归纳逻辑的合理性；如果归纳逻辑的合理性不能得到辩护，"归纳

---

① 王延直纂著《普通应用论理学》，贵阳论理学社，1912年7月，第7—8页。
② 王延直纂著《普通应用论理学》，贵阳论理学社，1912年7月，第12—13页。

逻辑就没有牢靠的哲学基础，这样的话，归纳逻辑学家就一刻也不得安宁"①。关于归纳推理的合理性问题，王著不得不寻求哲学上的假定，指出："归纳推理之基础不外二大原理，一曰因果律，一曰自然齐一律。"②王著认为，一切现象必有原因，一切原因必有结果。此原理谓之因果律。"此律系吾人当思考时自然不能不发生之假定也：例如由果推因，因虽未见，在吾人不以为无因，此时之所谓因自是假定的"，故"因果律又称为先天的原理"。因此，"必有因果律而后归纳法始能应用于实际也"。关于"自然齐一律"，王著曰："时无论古今，地无论东西，一切生灭起伏于自然界之现象，其性质其活动有不期其同而同者。此原理谓之自然齐一律。"王著关于自然齐一律的论述，已相当接近马克思主义的自然观了，在五四之前能够认同这些观念，是很不容易的。由于此律"系吾人由经验视察之结果所得之原理"，故其"又称后天的原理"。此律具有"举一反三之妙用"。因此，"必有自然齐一律而后归纳法始能应用于实际也"。可见，王著认为，因果律和自然齐一律共同构成了归纳推理的基础。不仅如此，王著还在"附识"中指出，"因果律"比之演绎法中之原理正与充足理由律之原理相同；"自然齐一律"不但为归纳推理之基础，且为"演绎推理之根本原理，盖此律即演绎论理中所谓同一律之变相也"。尽管"王著"对"因果律"和"自然齐一律"给予厚望，但此二律终究只是哲学上的假定，因此，归纳推理的合理性仍待辩护。③

关于演绎问题，是指演绎推理是否能够出新知的问题。推理的中心任务是从已知获取新知。演绎推理的结论被认为是包含在前提中的，何以给人以新知？若不出新知，又何以为推理？关于这一问题的哲学意义，事实上不亚于著名的归纳问题，因此，我们称之为"演绎问题"。关于"演绎问题"，王著一方面坚持逻辑之要处在能推知事物之真理，使人知识扩充，另一方面又认为演绎推理不能够使人知识扩充。王著指出，"论

---

① 桂起权：《〈现代归纳逻辑的哲学视野〉述评》，《重庆理工大学学报》（社会科学版）2011年第1期，第12页。
② 王延直纂著《普通应用论理学》，贵阳论理学社，1912年7月，第99页。
③ 转引自胡红《〈普通应用论理学〉的学术价值——兼论王延直逻辑哲学思想》，《重庆理工大学学报》（社会科学版）2011年第11期，第29页。

第六章 逻辑哲学思想

理学之所以可贵者,其要处即在能推知种种事物所含之真理,使吾人知识愈加扩充"①;"演绎的推理,其断案当包含于前提中,决不许及于前提上"②。王著因此认同了演绎推理不出新知的观点。③

归纳问题和演绎问题,不仅是王著面临的问题,也是逻辑学家们共同面临的逻辑哲学问题。因为,逻辑的任务本身要求能推知事物之真理,使人知识扩充,但如果归纳推理不具有保真性,那么其真理性无法保证;如果演绎推理不出新知,那么就无法使人扩充知识。这势必导致的结论是:无论归纳推理还是演绎推理,均不能独立完成逻辑的使命。因此,寻求归纳与演绎的统一是逻辑学发展的必然要求。

尽管王著对诸多问题的解释和回答并不完满,甚至陷入理论困境(如关于推理是否出新知问题)。但在那个时期,能够提出如此之多的逻辑问题,本身就是一种贡献。

---

① 王延直纂著《普通应用论理学》,贵阳论理学社,1912 年 7 月,第 7 页。
② 王延直纂著《普通应用论理学》,贵阳论理学社,1912 年 7 月,第 99 页。
③ 转引自胡红《〈普通应用论理学〉的学术价值——兼论王延直逻辑哲学思想》,《重庆理工大学学报》(社会科学版) 2011 年第 11 期,第 29—30 页。

第七章

应用逻辑与逻辑应用

任何科学（包括哲学、社会科学、自然科学）都必须运用概念、判断、推理等形式来把握对象，形成理论，建立学说体系，以确保其逻辑性和科学性。在此意义上，"任何科学都是应用逻辑"①。本章将探讨贵州学者关于逻辑科学运用于语言学、法学、数学、计算机科学与人工智能、情报信息等领域的研究概况。

第一节 言语行为与语言逻辑研究

一 蔡曙山对言语行为和语用逻辑的研究

蔡曙山在贵州教育学院（现贵州师范学院）任教期间很注重语用逻辑研究，对其完成力作《言语行为和语用逻辑》②一书奠定了一定的基础。《言语行为和语用逻辑》回答了语言逻辑中的许多重大问题，除了探讨言语行为论基本理论，还重点讨论了语用逻辑的基础、命题的语用逻辑、语用逻辑量化及量化的语用逻辑、模态的语用逻辑以及计算机科学与语用逻辑的关系等等。蔡曙山的这项研究受到美国艺术与科学院院士、美国总统奖获得者、著名语言哲学家塞尔（J. R. Searle）的赞誉。该书被

---

① 《列宁全集》第38卷，人民出版社1960年版，第216页。
② 蔡曙山：《言语行为和语用逻辑》，中国社会科学出版社1998年版。

美国和加拿大一些大学图书馆列入"语言学和哲学"类推荐书目。《人民日报》《光明日报》均发表该书书评。《中国哲学年鉴》（1999）"新书选介"对该书作专门介绍，并连续多年对该书及相关成果作专门介绍和评论。《哲学动态》等多家杂志发文评介这一方向的发展和作者的贡献。该书被国家图书馆、国内各大学图书馆收藏，被国家数字图书馆选为浏览书目，并入选哲学·心理类常备书架，被清华大学等国内高等院校指定为逻辑学、语言学、计算机科学等专业研究生参考书。2007年8月9—15日，在蔡曙山等学者的努力下，由清华大学和联合国教科文组织下属历史与科学哲学联盟（IUHPS）及逻辑学、方法论与科学哲学分会（DLMPS）联合主办，韩国高等教育财团、国家自然科学基金委、中国教育部共同资助的第十三届国际逻辑学、方法论和科学哲学大会在北京友谊宾馆举行，来自40多个国家和地区的500多名学者参加。国际逻辑学、方法论和科学哲学大会是由IUHPS/DLMPS和主办国大学共同主办的最高级别的国际学术大会，每四年举办一次。在2003年西班牙举办的第十二届大会上，清华大学凭借自己的学科实力和认真负责的精神，赢得IUHPS/DLMPS执行委员会的信任，胜出法国里昂大学，获得此次会议的主办权。这是该大会自1960年在美国召开以来，近半个世纪首次在亚太地区国家举办。本届大会在推动国际学术交流、促进中国学术发展、使中国的人文社会科学走向世界等多方面发挥了积极作用。此次大会上，蔡曙山作为特邀演讲者，作了题为"认知科学新框架下的逻辑学"的学术报告。本届大会上，他当选为联合国教科文组织国际历史和科学哲学联合会下属逻辑学、方法论和科学哲学协会协理，这是中国学者第一次担任该协会学术职务，蔡曙山也是唯一一位在此国际学术机构任职的中国学者。

1999年8月14日，《人民日报》刊载周建设撰写的书评《逻辑学研究中的一部新作——读〈言语行为和语用逻辑〉》[①]，评论认为，蔡曙山的新著《言语行为和语用逻辑》的价值十分明显。从语言研究的方向看，

---

① 周建设：《逻辑学研究中的一部新作——读〈言语行为和语用逻辑〉》，《人民日报》1999年8月14日第6版。

传统语言学侧重于语言要素的研究，相应地形成了语音学、文字学、词汇（训诂）学、语法（句法）学等研究领域。现代语言学侧重于语言符号的关系，相应地形成了语形学、语义学和语用学等新的研究领域。从研究方法（手段、思路）上看，当代语言学研究中，实际存在四种不同层次的研究趋向：描写的、解释的、形式的和技术的研究。描写的研究，侧重于对语言事实进行客观的刻画，目的在于说清某种语言现象"是什么"。解释的研究，侧重于对语言现象进行哲学思考，目的在于揭示"为什么"存在这种现象。形式的研究，侧重于对语言结构进行形式推演，目的在于论证语言形式转换与推导的可行性。技术的研究，重点在于将语言规则转化为可以让机器读懂并进行操作的人工智能技术。《言语行为和语用逻辑》正是我国目前能够将语言的经验描写引向哲学思辨，升华为形式论证，再应用于人工智能技术系统的最具水平的逻辑学与语言哲学研究的一个成果。可以说，我们的哲学家对语言的了解太少了，而我们的语言学家对哲学的了解更少。《言语行为和语用逻辑》便是力求做到沟通哲学与语言学，从而探索国际前沿的语言哲学、语用学和语用逻辑的重大课题所取得的成果，令人欣慰。《言语行为和语用逻辑》一书的出版已经引起学术界特别是哲学、语言学、数学、计算机科学等学科有关学者的兴趣和关注。

蔡曙山于 1989 年 9 月考入中国社会科学院，师从我国著名逻辑学家周礼全先生。周礼全是国内最早研究语言逻辑的学者之一。早在 20 世纪 50 年代，几乎与国际学界同步，他提出了形式逻辑要结合自然语言的观点。20 世纪 80 年代以后，他进一步提出应该在现代逻辑学、语言学和修辞学相结合的基础上进行自然语言逻辑研究，用现代逻辑分析自然语言，建立新的逻辑系统，从而扩大逻辑理论的应用范围，为人们的日常思维和交际提供更为有效的工具。他在《逻辑——正确思维和成功交际的理论》一书中，建构了一个以意义、语境、隐涵、预设等范畴为骨架的自然语言逻辑体系，提出了一种成功交际的理论。周礼全的研究在国内完全是开拓性的，在国际上也是领先的。

蔡曙山紧随周礼全先生的步伐，在先生开拓的研究道路上继续前行。

第七章　应用逻辑与逻辑应用

周礼全认为自然语言逻辑研究应当沿着语义逻辑和语用逻辑两个方向迈进，蔡曙山沿着第二个方向不断深入，取得了骄人的成绩，获得了国际权威专家的赞许。他的博士学位论文《语力逻辑》及其扩充版《言语行为和语用逻辑》，标志着中国的语用逻辑研究进入了一个新的阶段。① 从历史来看，语用逻辑的理论准备除了现代逻辑之外，另一个就是言语行为理论。言语行为理论最早可以追溯到弗雷格和维特根斯坦，但真正的创始人和奠基者是牛津学派著名分析哲学家奥斯汀（J. S. Austin）。蔡曙山把奥斯汀一生的工作总结为：完成两种区分，建立一种理论。两种区分即早期对行为式（performatives）和表述式（constatives）的区分；晚期对"发声行为"（phonetic act）、"出语行为"（phatic act）和"表意行为"（rhetic act）。后一区分即所谓"语谓行为"（locutionary act）、"语用行为"（illocutionary act）和"语效行为"（perlocutionary act）三分法。奥斯汀的三分法成为言语行为理论的经典划分，其核心是关于"语用行为"和"语用力量"（illocutionary force）的理论。

奥斯汀的学生、当代著名的哲学家和逻辑学家塞尔继承和发展了奥斯汀的言语行为理论。塞尔批评了奥斯汀对语谓行为和语用行为的区分，他认为任何语句都是带有语用力量的，用符号表示为 F（p）。其中 F 即语用力量，p 为命题变元。由此，塞尔重新设定了言语行为的分类标准，对言语行为进行分类，详尽分析了语用力量 F 在复合语句中的作用以及各种语用力量因素对语用力量的影响。

除此之外，塞尔还运用现代逻辑工具尝试建立了言语行为的逻辑分析系统——语用逻辑。1985 年，塞尔和范德维克建立了一个语用逻辑系统，并给出了该系统的公理和若干定理。蔡曙山认为，塞尔的研究工作开创了言语行为理论的两个方向：语言学方向和逻辑学方向，并且塞尔

---

① 我们把蔡曙山的博士学位论文与后来扩充出版的《言语行为和语用逻辑》看作一个系列。虽然他博士毕业之后已经调离了贵州，但后期的思想可以看作早期读博期间研究工作的进一步延伸和拓展。并且为了比较全面地介绍他在语用逻辑上的创新，我们不能把他的思想割裂开来，而应把它看作一个连续的整体。所以后面的介绍不仅包括了他的博士学位论文的内容，还适当介绍了后来的发展。参见陈道德等《二十世纪意义理论的发展与语言逻辑的兴起》，中国社会科学出版社 2007 年版，第 345 页。

的工作标志着对言语行为理论的研究已经从语言学转向逻辑学。

蔡曙山对语用逻辑的研究以塞尔的工作为起点和基础。他不仅定义了语用逻辑，明确了语用逻辑的研究对象和方法，而且建立了语用逻辑的形式系统，给出了相应的语义模型，证明了它们的可靠性、完全性和一致性。蔡曙山的工作是创新性的，其研究成果已经走在了世界前列，就连塞尔本人也对此称赞不已，蔡所取得的成就给他留下了深刻印象。

1. 语用逻辑的定义

语用逻辑自诞生至今时间较短，尚处于发展之中，还没有一个公认的定义。蔡曙山认为，语用逻辑是言语行为理论的逻辑分析工具和逻辑分析系统。他给语用逻辑下了一个定义：

> 语用逻辑研究一类特殊的行为动词——语用行为动词——所构成的语句的逻辑特征及推理关系。

什么是语用行为动词呢？这首先得明白什么是语用行为。语用行为是 illocutionary acts 的翻译。国内学者对此有不同的译法，例如许国璋先生把它译为"以言行事行为"，李先焜先生译为"语旨行为"。蔡曙山开始听取周礼全先生的建议，把它译为"语力行为"，后来觉得此种译法不妥，不如译为"语用逻辑"贴切，于是另一术语 illocutionary logic 也由原来的"语力逻辑"改译为"语用逻辑"。

简单地说，语用行为是说出一个语句就是完成一个动作或行为。例如："你出去时请把门关上。"表达这个句子，实际上就是要求完成一个动作，即关门。同样，在自然语言中，存在一类动词带有某种力量，例如判断、保证、祝贺、宣布等，这些动词就分别带有断定、承诺、表态和宣告的语用力量。说出由这类动词构成的语句就是为了做出某种行为。因此，我们把这种带有语用力量的动词称为语用行为动词，把由语用行为动词构成的语句称为语用行为语句。语用逻辑就是研究语用行为语句的逻辑特征及其推理关系。

2. 语用逻辑的研究对象

蔡曙山认为，语用力量、命题内容以及由之构成的语用行为语句，是语用逻辑的研究对象。所谓语用力量就是语用动词具有的力量，可以用算子 F 表示。命题内容是命题所反映的对象，用变元 p 表示。语用力量算子和命题内容变元共同构成简单语用行为语句 F（p）。简单语用行为语句还可以通过各种联结词、量词或模态词，组成各种复杂的语用行为语句。例如，F（¬p）、¬F（p）、F（p）→F（q）以及 ∀F¬F（p）→∃F（q）、∃x_σ□A→□∃xA 等等。

3. 语用逻辑的研究方法

蔡曙山认为，1985 年塞尔和范德维克给出的语用逻辑系统是非形式化的，虽然后来又给出了该理论的 7 条公理和若干定理，但仍然是不成功的，并非严格意义的逻辑系统，而仅仅是一个语言分析系统。

蔡曙山对语用逻辑的研究采取了现代逻辑的形式化方法。他在塞尔和范德维克的基础上建立了语用逻辑的推理系统，并给出了相应的语义解释和元定理证明，从而得到塞尔和范德维克用非形式化方法得不到的结论。他认为，语用逻辑的形式化研究应分为三个层面：语形研究、语义研究和元逻辑研究。

（1）语形研究就是对形式对象或形式符号空间排列关系的研究，也称为句法研究。它研究语言表达式（项、公式或语句）的构成方式和相互关系，研究这些合法的表达式如何组成一个形式系统。这包括形式语言和推理方式两个部分。形式语言包括初始符号和公式形成规则。推理方法亦可分为两种：自然推理的方法和公理化的方法。自然推理没有公理而只有推理规则，公理方法则由公理和推理规则组成。

蔡曙山对语用逻辑的语形研究包括三个系统：命题语用逻辑、量化语用逻辑和模态语用逻辑。并且，对这些系统，他都建立了相应的形式公理系统和自然推理系统。

（2）除了进行语形研究，我们还要对形式系统做出语义解释，即建立相应的语义模型。这种语义模型建立起形式符号与指称对象之间的对应关系，从而对形式系统的初始符号、公式和定理的意义做出解释。蔡曙山认为，语用逻辑的语义研究使用的方法是可能世界语义学方法。

（3）对语用逻辑的语形研究和语义研究会形成一些非常重要的、关于语用逻辑系统本身的问题,例如系统的可靠性、一致性和完全性,这就是语用逻辑的元逻辑或元理论问题。因此,在语用逻辑的研究中,我们要证明命题语用逻辑系统、量化语用逻辑系统和模态语用逻辑系统的可靠性、一致性和完全性,并且讨论它们与相关逻辑系统的关系。蔡曙山认为,在元逻辑的研究中,最重要的是完全性定理的证明,它是我们工作的出发点和归宿。

4. 命题语用逻辑

蔡曙山建构了一个命题语用逻辑系统。所谓命题语用逻辑系统是指由语用力量算子、命题内容变元和语用行为变元构成的命题逻辑系统。首先,他给出了形式语言 L_{PF},包括初始符号和形成规则。初始符号包括语用力量算子、命题内容变元、语用行为变元、联结词和括号。形成规则有三类:命题内容的形成规则、简单的语用行为的形成规则和复合的语用行为的形成规则。在此基础上,他建立了命题语用逻辑的形式系统,包括自然推理系统 PFN 和形式公理系统 PF。在 PFN 中,他给出 17 推理规则,定义了 PFN 的形式推理关系、形式证明和形式定理等概念。他把 PFN 的定理分成三类:语用行为定理、条件语用行为定理和语用力量定理。他一一给出了这些定理的证明。

与 PFN 相比,PF 具有相同的形式语言、初始符号和形成规则。但 PF 中只有一条推理规则即分离规则 MP。PFN 的初始命题转变成 PF 的公理。因此,两者是等价的。

除此之外,他还建立了 PFN 和 PF 的语义模型。L_{PF} 的语义模型 M 是一个三元组 <W,R,V>,其中,W 是语境世界的集合,W 的元素用 w_1,w_2,w_3,…表示,每个 $w_i \in W$(i = 1,2,3,…)是一个语境世界。R 是 W 上二元关系,即 R⊆W×W,且 R 满足自返性和传递性。

根据 L_{PF} 的语义模型,蔡曙山证明了 PF(PFN)的可靠性、一致性和完全性。命题语用逻辑系统 PF 是以塞尔和范德维克(1985)的工作为基础,对后者进行了优化和改进,克服了塞尔和范德维克系统的不足。总体上,PF 具有以下特征:反证律不成立,语用力量算子 F 不能叠加。

5. 量化语用逻辑

命题语用逻辑的研究只分析到命题和力量,而未涉及命题内容和语用力量要素。由此，为了对语用行为做进一步分析，我们需要对语用力量和命题内容做量化处理，这样的系统我就称为量化语用逻辑。量化语用逻辑是一种高阶逻辑，它使用的语言是高阶语言。首先他给出了量化语用逻辑的形式语言 L_{QF}，包括特殊的类型符号，初始符号是在 L_{PF} 的基础上增加了 4 种新的初始符号，以及相应的公式形成规则。量化语用逻辑的形式语言 L_{QF} 是命题语用逻辑形式语言 L_{PF} 的扩张。显然，量化语用逻辑 QF 是命题语用逻辑 PF 的扩张。

在形式语言 L_{QF} 的基础上，蔡曙山建立了量化语用逻辑的形式系统，包括自然推理系统 QFN 和形式公理系统 QF。自然推理系统 QFN 共有 25 条推理规则，其中 17 条就是命题语用逻辑自然推理系统 PFN 的推理规则。根据 QFN 的推理规则，他定义了 QFN 的形式推理关系、形式证明等重要概念。可以证明，PFN 的定理都是 QFN 的定理，但 QFN 具有一些特殊的定理。他对这些特殊的定理给出了严格的证明。

形式公理系统 QF 共有 23 条公理，其中 $A_1 - A_7$ 是命题语用逻辑公理系统 PF 的公理。推理规则除了 PF 中的 MP 规则之外，还增加了概括规则 RG：从 A 推出 $\forall x_\sigma A$。由此，他定义了 QF 中的形式证明、形式定理等概念。同样可证，PF 的所有定理都是 QF 的定理。蔡曙山给出了部分 QF 的定理和证明。量化语用逻辑的自然推理系统 QFN 和形式公理系统 QF 是等价的。

除了给出量化语用逻辑的形式语言和形式系统，他还建立了相应的语义模型 $M_{QF} = <M_\sigma，m，V_\alpha>$。由此他定义了 M 的有效性、可满足性、语义后承等重要的语义概念，证明了 QF（QFN）的可靠性和一致性。并且，他使用亨金方法（Henkin's Method）证明了量化语用逻辑 QF 具有广义的完全性。

6. 模态语用逻辑

模态语用逻辑是在量化语用逻辑系统中引入模态词而得到的。模态语用逻辑系统是由语用力量算子、命题内容变元、语用行为变元、量词和模态词构成的模态量化系统。蔡曙山认为，模态语用逻辑本质上是一种特殊的高阶模态逻辑。

模态语用逻辑的形式语言 L_{MF} 是量化语用逻辑形式语言 L_{QF} 的扩充，即在 L_{QF} 中添加模态词 ◇ 和 □ 及相应的形成规则得到的。在此基础之上，他建立了模态语用逻辑自然推理系统 MFN 和形式公理系统 MF。MFN 共有 27 条推理规则，其中包括 QFN 的 25 条推理规则，以及 MFN 特有的 2 条规则。根据这些推理规则，他定义了 MFN 的形式推理关系和形式证明，并对 MFN 中特有的定理进行了证明。

模态语用逻辑形式公理系统 MF 的公理，包括 PF 和 QF 的全部公理，外加 5 条新的公理组成。推理规则除了 MP 规则和 RG 规则之外，增加必然化规则 RL：从 A 推出 □A。可以证明，MFN 和 MF 是等价的，并且 QF 的所有定理都是 MF 的定理。

同样，蔡还建立了 MF（MFN）的语义模型 $M_{MF} = <M_\sigma, V_{i,\alpha}>$。由此，他定义了 M 的有效性、可满足性、语义后承等概念，证明了 MF（MFN）的可靠性、一致性和广义完全性定理。

蔡曙山在语用逻辑上取得一系列突破，并且获得了当代著名逻辑学家塞尔的充分肯定和高度称赞。近年来，蔡曙山注意到了国际学术界的认知转向，率先在国内研究认知科学，并在 2009 年成立了认知科学研究学会。通过坚持不懈的努力，蔡曙山已经成为国内把逻辑学和认知科学相结合的领军人物。目前，他所从事的研究是交叉性的，涉及哲学（逻辑学）、心理学、语言学、人类学、计算机科学、脑神经科学和教育学等学科，是在认知科学的大背景下开展的前沿性、创新性研究，取得了许多令人瞩目的成果，实为贵州逻辑学者之翘楚。

二 其他学者对语言逻辑的研究

1982 年 7—8 月，中国逻辑与语言研究会与贵州省哲学学会逻辑组、贵州大学哲学系联合举办"语言逻辑讲习班"，在贵州大学讲授"语言学中的逻辑""语言哲学"，并介绍现代语言学研究的新观点。刘宗棠作为联合举办方的工作人员，全程参加了这次活动，同时比较系统地学习了语言逻辑的相关知识。符号学（Semiotics，或译指号学、记号学）20 世纪 60 年代以后在国际上得到蓬勃发展，主要在于它为各门科学提供正确地使用与理解语言符号的理论基础。其实，中国古代就具有丰富的符号学理论，如儒家的正名学说、《易经》中的符号理论、《墨经》中的名实理论、《公孙龙子》中的指物理论等，都包含理论符号学的内容。刘宗棠学习了逻辑符号学的理论后，用以研究公孙龙的《指物论》，撰写了论文《〈指物论〉与指号学》，提交给1989年10月在北京召开的中国逻辑与语言研究会建会10周年学术讨论会和符号学研究会成立大会。这篇论文受到学术讨论会的高度重视，被选送到大会上重点宣讲和讨论，而且推荐给《哲学研究》，《哲学研究》1989年第12期全文发表了这篇论文后，又在同期的"动态"专栏中对此文做了评价："公孙龙的《指物论》是我国先秦时期著名的逻辑论著。贵阳师专的刘宗棠在《〈指物论〉与指号学》的论文中，应用符号学的观点重新解释了《〈指物论〉与指号学》。他认为《指物论》中的'指'可以解释为'指号'（作名词用）或'指称'（作动词用），这样《指物论》中许多难点都迎刃而解。由此得出结论：《指物论》是我国古代讨论符号学的一篇学术论文，是有关指号与事物关系的理论。"此后，本文的主要观点常常被有关的论文所引用或提及。

此外，向容宪在逻辑与语言方面成果丰硕，发表各类文章数十篇，其中逻辑论文20余篇。其中《形式逻辑概念论蕴含的逻辑矛盾》[1]《公理化方法与辩证思维上升法》[2]《逻辑规律的客观实在性》[3]《逻辑规律是客观世界的规律而不是思维的规律》[4] 《符号学与语言学和逻辑学》[5] 等文由人大复印报刊资料《逻辑》全文转载，产生了较大的影响。1990年，国际逻辑学、方法论和科学哲学大会在瑞典的乌普萨拉大学召开，刘宗棠和向容宪都提交了论文，并且都受到会议的邀请。由贵州省教育厅、

---

[1] 向容宪：《形式逻辑概念论蕴含的逻辑矛盾》，《贵阳师专学报》（社会科学版）1987年第2期。
[2] 向容宪：《公理化方法与辩证思维上升法》，《贵阳师专学报》（社会科学版）1989年第3期。
[3] 谷先：《逻辑规律的客观实在性》，《贵阳师专学报》（社会科学版）1991年第1期。
[4] 向容宪：《逻辑规律是客观世界的规律而不是思维的规律》，《贵阳师专学报》（社会科学版）1991年第3期。
[5] 向容宪：《符号学与语言学和逻辑学》，《贵阳师专学报》（社会科学版）1998年第1期。

贵阳市人民政府资助，学校派遣刘宗棠到瑞典参会，在会上交流了论文《中国传统思维方式的逻辑哲学》（后来发表于《贵州社会科学》1993 年第 1 期）。由于经费所限，向容宪虽然未能到瑞典去参加会议，但是，也在会议的论文集上发表了所提交的论文纲要。

向容宪关于逻辑与语言的系列研究不仅探讨了语言与逻辑冲突的根源，还将逻辑理论运用于语言分析，主要体现在《语言和逻辑的冲突探源》[①]《从"人非草木，孰能无情"看逻辑与语言的冲突》[②]《运用逻辑的"排除法"分析多重复句》[③]《谈谈语句与思维形式的对应关系》[④]《逻辑方程式的妙用》[⑤]《"侔式推论"质疑——兼析"杀人非杀盗"的命题》[⑥]等文中。思维和语言的关系问题，是语言学中一个十分重要的理论问题。它不仅仅为语言学所研究，还为哲学、逻辑学、心理学和思维科学各学科所研究。

《语言和逻辑的冲突探源》所探讨的语言与逻辑的冲突，是指在语言和思维的关系中，某些符合语言规律而不符合逻辑思维规律的现象。作者从历史根源、社会根源以及思维的严密性和语言的灵活性等三个方面来讨论语言与逻辑的冲突。他指出，语言与逻辑冲突的历史根源包括落后的原始思维方式、认识的局限、语言自身的历史发展和演变等；语言与逻辑冲突的社会根源包括阶级偏见和封建意识、社会约定俗成；思维的严密性和语言的灵活性主要讨论了修辞手法中的逻辑矛盾。

《从"人非草木，孰能无情"看逻辑与语言的冲突》指出："人非草木、孰能无情"这句被广泛流传和运用的俗语，从问世那天开始就是不能成立的。在语言这面镜子前，它的确是美的，并在作家和一般人的笔

---

① 向容宪：《语言和逻辑的冲突探源》，《贵阳师专学报》（社会科学版）1986 年第 2 期。
② 向容宪：《从"人非草木，孰能无情"看逻辑与语言的冲突》，《逻辑与语言学习》1983 年第 5 期。
③ 向容宪：《运用逻辑的"排除法"分析多重复句》，《逻辑与语言学习》1985 年第 5 期。
④ 向容宪：《谈谈语句与思维形式的对应关系》，《贵阳师专学报》（社会科学版）1985 年第 1 期。
⑤ 向容宪：《逻辑方程式的妙用》，《逻辑与语言学习》1984 年第 6 期。
⑥ 向容宪：《"侔式推论"质疑——兼析"杀人非杀盗"的命题》，《贵阳师专学报》（社会科学版）1989 年第 4 期。

下或口中频频地施展它的魅力。而在逻辑这面镜子的照耀下却原形毕露，无处藏身了。从语言角度来看，"人非草木，孰能无情"是一个省略了关联词的因果复句；从逻辑角度分析，它是一个省略了一个前提的演绎推理。作者先借助语言的功力将它变形成逻辑语言：人非草木（为便于叙述，不改"非"为"不是"），人有感情（疑问加否定的反问形式等于肯定）。然后试补足其省略部分，套成演绎推理的两种基本形式。（1）三段论：凡草木都是没有感情的，人非草木；所以，人不是没有感情的。（2）充分条件假言推理：如果是草木，就没有感情；人非草木；所以，人不是没有感情。通过补足省略部分套成演绎推理的两种形式分析，作者指出了"人非草木，孰能无情"这一俗语中隐含的逻辑问题。作者认为，要解决语言和逻辑的矛盾，不是易事。作者真希望逻辑与语言能够完美合一。如同"完美万能镜"照人——凡五官端正的，则五脏也健全；凡形象丑陋的，则骷髅一具。《从"人非草木，孰能无情"看逻辑与语言的冲突》看到了逻辑与语言的冲突，该文引起了关注，吴平撰文《"人非草木，孰能无情"完全符合逻辑》[①]与向容宪探讨，得出如题观点"人非草木，孰能无情"完全符合逻辑。争论引出一个重要问题，即逻辑与语言是否存在冲突。

此外，《运用逻辑的"排除法"分析多重复句》《谈谈语句与思维形式的对应关系》《逻辑方程式的妙用》《"侔式推论"质疑——兼析"杀人非杀盗"的命题》也产生了重要影响，如孟宪富、徐明良撰文表示，向容宪的《逻辑方程式的妙用》使其"确实得益不浅"，同时也深为《逻辑与语言》有这样的文章叫好。同时孟、徐二人也指出了《逻辑方程式的妙用》所遗漏的一个解。[②]《"侔式推论"质疑——兼析"杀人非杀盗"的命题》受到关注，中国社会科学院的诸葛殷同研究员撰文《侔，诡辩和制约逻辑》[③]与向容宪讨论"侔式推论"及其制约逻辑理论问题。

---

① 吴平：《"人非草木，孰能无情"完全符合逻辑》，《逻辑与语言学习》1984年第3期。
② 孟宪富、徐明良：《〈逻辑方程式的妙用〉一文漏了一个解》，《逻辑与语言学习》1985年第4期。
③ 诸葛殷同：《侔，诡辩和制约逻辑》，《贵阳师专学报》（社会科学版）1990年第2期。

逻辑与语言的关系早已为人们所关注，作为调整和修饰语言的修辞也已为逻辑和语言工作者注目。对修辞的逻辑分析，昔日多用传统逻辑理论研究，近年也用现代逻辑方法探讨。曾参与撰写《制约逻辑导论》①的王柏鹤②，在《传统修辞的新逻辑剖析》文中，运用制约逻辑理论对修辞做了初步研究，认为"若用制约逻辑的新理论对修辞做些研究，则会得到理性更为鲜明的一番新认识"③。王柏鹤运用制约逻辑理论探讨了逻辑思考与传统修辞的关系，分析了词、命题与消极修辞和积极修辞的关系理论。最后他认为："修辞，无论是消极修辞，还是积极修辞，都是与逻辑思考的词及命题密切相连的，词和命题的思考是修辞的基础、内核，修辞则是词和命题的语用、外壳。关于词和命题的思考的研究将为修辞理论建立坚实的哲理根基，而修辞的研究也将促进词和命题的语用学发展。"④

第二节　法律推理与法律逻辑研究

逻辑学在理论法学研究、司法实践和刑事侦查中的应用十分普遍，由此产生了法律推理理论和法律逻辑学科。贵州警官职业学院曾庆华教授和曾在贵州从事逻辑教学工作的刘汉民教授，以及贵州大学逻辑学专业硕士生毕业、吉林大学博士生毕业的葛宇宁等，在法律推理和法律逻辑研究方面做了大量工作，取得不少成果。

曾庆华的《类比推理在刑事审判中的应用》⑤《模糊推理在司法工作中的运用》⑥《谈侦查假设中的几个问题》⑦《析一份判决书的逻辑证明》⑧

---

① 林邦瑾等编著《制约逻辑导论》，贵州人民出版社1990年版。
② 王柏鹤曾参与《制约逻辑导论》的撰写工作，负责第五章的撰写任务。
③ 王柏鹤：《传统修辞的新逻辑剖析》，《鞍山师范学院学报》1986年第2期，第47页。
④ 王柏鹤：《传统修辞的新逻辑剖析》，《鞍山师范学院学报》1986年第2期，第55页。
⑤ 曾庆华：《类比推理在刑事审判中的应用》，《贵州省政法管理干部学院学报》1997年第1期。
⑥ 曾庆华：《模糊推理在司法工作中的运用》，《贵州省政法管理干部学院学报》1995年第4期。
⑦ 曾庆华：《谈侦查假设中的几个问题》，《贵州省政法管理干部学院学报》1996年第2期。
⑧ 曾庆华：《析一份判决书的逻辑证明》，《贵州省政法管理干部学院学报》1996年第3期。

《论侦查假设中的逻辑推论》①《法律条文逻辑结构分析》②《一篇情理相融的清代诉状》③《归纳推理在刑事侦查中的运用》④《二难推理与论辩》⑤《谈二难推理的特殊破斥》⑥ 等文探讨了逻辑科学在刑事侦查、司法实践以及理论法学研究等领域的运用，对促进法律推理和法律逻辑研究有一定的价值。

邓玉竹、王锦在《二难推理在司法工作中的应用——对"坦白从宽，抗拒从严"刑事政策的质疑》⑦ 中认为，"坦白从宽，抗拒从严"的刑事政策在司法实践中产生多个两难命题。作者从犯罪嫌疑人"坦白"与"抗拒"的两难、侦查讯问人员"宽"与"严"的两难及"保护人权与惩罚犯罪"的两难三个方面质疑"坦白从宽，抗拒从严"这一刑事政策，并提出"政策法定化"的修改建议。此外，邓玉竹在《逻辑思维能力——合格教师的基本功》⑧ 中强调逻辑的重要性。她指出，任何一门学科都是由一定的思维形式，即概念、判断、推理所组成的科学体系，都是借助一定的思维形式和思维规律来进行思维的。从这个意义上讲，任何一门科学都离不开逻辑。在中小学教育中的各科课程，尤其是语文、数学这两门基本学科中，包含非常丰富的逻辑推理或方法。逻辑知识既是语文学科的基本知识，又是提高写作能力，做到思路清楚、条理分明和培养逻辑思维能力，发展智力所不可缺少的要素；数学更是一门逻辑性很强的学科，它的概念表达、定理的概括、公式的推导、题意的分析、方程的分解、作图的步骤，无一不是严密的逻辑思维的过程，都是由基本概念和基本命题组成的。培养学生的逻辑思维能力，是各门功课共同

---

① 曾庆华：《论侦查假设中的逻辑推论》，《辽宁公安司法管理干部学院学报》2001年特刊。
② 曾庆华：《法律条文逻辑结构分析》，《中国行政管理》2004年第6期。
③ 曾庆华：《一篇情理相融的清代诉状》，《贵州省政法管理干部学院学报》1989年第1期。
④ 曾庆华、周祝一：《归纳推理在刑事侦查中的运用》，《法学探索》1996年第4期。
⑤ 曾庆华：《二难推理与论辩》，《贵州省政法管理干部学院学报》1997年第4期。
⑥ 曾庆华：《谈二难推理的特殊破斥》，《贵州省政法管理干部学院学报》2000年第4期。
⑦ 邓玉竹、王锦：《二难推理在司法工作中的应用——对"坦白从宽，抗拒从严"刑事政策的质疑》，《贵阳金筑大学学报》2004年第4期，第21页。
⑧ 邓玉竹：《逻辑思维能力——合格教师的基本功》，《贵州教育》2000年第9期。

担负的任务。

刘汉民的《法庭辩论捕捉破绽的方法》①《归谬法——司法论辩的常规武器》②《论回溯推理在刑事侦查工作中的运用》③《论灵感思维与刑事侦查》④《论破案中演绎推理前提的真实性》⑤《论侦查联想思维的特征》⑥《识别假案的逻辑方法》⑦《突破审讯僵局的逻辑方法》⑧《刑事侦查中怎样运用隐含判断》⑨《怎样在办案中使用复杂问语》⑩ 等文探讨了逻辑科学在法庭辩论、刑事侦查、案件审讯等领域的运用，对逻辑应用领域的拓展和应用逻辑的研究具有促进作用。

葛宇宁等的《试论法律逻辑的学科性质》⑪《法律逻辑的研究对象新探》⑫《试析亚里士多德对法律推理的贡献》⑬《刑事侦查中的回溯推理探微——兼与倪荫林先生商榷》⑭ 等文探讨了法律逻辑的学科性质、亚里士多德对法律推理的贡献，以及回溯推理在侦查工作中的应用等问题。其中，《试论法律逻辑的学科性质》《法律逻辑的研究对象新探》《试析亚里士多德对法律推理的贡献》对于探讨法律逻辑的基本问题，如学科性质、研究对象、学理渊源等具有重要意义。

---

① 刘汉民：《法庭辩论捕捉破绽的方法》，《法学探索》1995 年第 2 期。
② 刘汉民：《归谬法——司法论辩的常规武器》，《贵州省政法管理干部学院学报》1992 年第 2 期。
③ 刘汉民：《论回溯推理在刑事侦查工作中的运用》，《山东社会科学》2008 年第 8 期。
④ 刘汉民：《论灵感思维与刑事侦查》，《政法学刊》2009 年第 4 期。
⑤ 刘汉民：《论破案中演绎推理前提的真实性》，《贵州省政法管理干部学院学报》1988 年第 00 期。
⑥ 刘汉民：《论侦查联想思维的特征》，《河北学刊》2008 年第 4 期。
⑦ 刘汉民：《识别假案的逻辑方法》，《刑侦研究》1999 年第 6 期。
⑧ 刘汉民：《突破审讯僵局的逻辑方法》，《贵州省政法管理干部学院学报》1999 年第 1 期。
⑨ 刘汉民：《刑事侦查中怎样运用隐含判断》，《思维与智慧》1991 年第 4 期。
⑩ 刘汉民：《怎样在办案中使用复杂问语》，《思维与智慧》1991 年第 1 期。
⑪ 葛宇宁、张四化、咸金霞：《试论法律逻辑的学科性质》，《重庆工学院学报》（社会科学版）2007 年第 7 期。
⑫ 张学立、葛宇宁：《法律逻辑的研究对象新探》，《铜仁学院学报》2008 年第 6 期。
⑬ 葛宇宁、张学立：《试析亚里士多德对法律推理的贡献》，《毕节学院学报》（综合版）2006 年第 2 期。
⑭ 张学立、葛宇宁、咸金霞：《刑事侦查中的回溯推理探微——兼与倪荫林先生商榷》，《信阳师范学院学报》（哲学社会科学版）2008 年第 1 期。

《试论法律逻辑的学科性质》探讨了法律逻辑学科性质的几种主要理论观点，包括形式逻辑分支论、应用逻辑分支论、理论法学分支论。对于形式逻辑分支论，作者认为应该丢弃。首先，按照概念、推理、判断和逻辑规律这种体系的编排方式，本身就存在众多缺陷。其至高无上地位已日益受到严峻挑战，许多新版的逻辑教材都不再采用这种体系，而法律逻辑仍以此为体系，无疑也会继承这种体系的缺陷和不足。其次，这一学科性质定位，把法律逻辑的研究对象等同于形式逻辑的研究对象，难免会使人们认为法律逻辑就是形式逻辑加简单案例，而形式逻辑本身就可以列举生活中方方面面的例子，案例也不例外，那么，在这种情况下，法律逻辑就不可能形成独立的学科体系，最终会导致怀疑或否认法律逻辑的存在。最后，把法律逻辑定位为形式逻辑的分支学科，也会限制法律逻辑的研究范围，实际上法律中的逻辑问题和方法主要不是形式逻辑方面的，而是非形式逻辑方面的。法律的思考方式并非一种直线式的推演，这就注定形式化的方法无法成为它的主要方法。这种把法律逻辑的性质简单定位为形式逻辑分支的做法，最终导致对这种用现成的逻辑体系掺杂以法律事例的"皮加毛"式的所谓"法律逻辑学"，人们除了予以明确的否定外，确实别无选择。因而，这种学科性质定位不利于法律逻辑体系的构建及发展，为我们所不取。对于形式逻辑分支论，作者指出，形式逻辑分支定位论遭到学界众多责难，有许多学者把法律逻辑定位为应用逻辑的分支学科。例如，有学者认为："法律逻辑学应属于逻辑学，即它主要是逻辑科学在司法实践中的应用，因而属于应用逻辑的分支。"[1] 这种定位论在学界颇为流行，已经处于主导地位。但葛宇宁等人认为，这种把法律逻辑定位为应用逻辑分支的观点是否科学，尚有商榷的必要。[2] 对于理论法学分支论，葛宇宁等给予直接的论证，从《中华人民共和国国家标准·学科分类与代码表》和《中国图书馆图书分类法》等"官方"学科分类标准、法律逻辑的研究对象，以及目前教育实践的

---

[1] 梁永春：《逻辑学新编》，北京大学出版社2005年版，第186页。
[2] 葛宇宁、张四化、戚金霞：《试论法律逻辑的学科性质》，《重庆工学院学报》（社会科学版）2007年第7期，第28页。

角度予以论证，认为法律逻辑应属于理论法学分支。① 作者认为，把法律逻辑的学科性质定位为理论法学分支的观点，可能会引起逻辑学界的不满，但是，学科性质定位只是为学科的发展指明发展方向，并不是要限制它的研究主体，法律逻辑也是如此。法律逻辑的健康发展离不开法学界和逻辑学界双方的共同努力。

《法律逻辑的研究对象新探》不仅再次探讨了关于法律逻辑学科性质的形式逻辑分支论、应用逻辑分支论和理论法学分支论的观点，还明确提出："法律逻辑的研究对象可定义为：法律职业者在法律适用过程中特有的法律思维形式及法律思维方法，其核心是法律推理和法律论证。"②

《试析亚里士多德对法律推理的贡献》重点探讨了亚里士多德对形式法律推理和实质法律推理的贡献，指出："维系形式法律推理结果确定性核心的是逻辑推理工具，这些工具大多来自'逻辑之父'亚里士多德，他的三段论是形式法律推理必不可少的工具，可以说法律推理在一定程度上主要是用三段论的形式来推演的。"③ 同样，实质法律推理也不例外，从源头上说也发轫于亚氏。亚里士多德在两千多年前就已经提出并详细论述了实质法律推理，为后人在法律适用中进行实质法律推理奠定了理论基础。此外，作者分析了亚里士多德"正义"概念，并得出结论认为，法律推理的检验标准就是"正义"。④

第三节　逻辑应用于数学证明研究

曾庆华的《数学命题证明形式的逻辑分析和判定》⑤ 将经典逻辑的重

---

① 葛宇宁、张四化、戚金霞：《试论法律逻辑的学科性质》，《重庆工学院学报》（社会科学版）2007 年第 7 期，第 29 页。
② 张学立、葛宇宁：《法律逻辑的研究对象新探》，《铜仁学院学报》2008 年第 6 期，第 1 页。
③ 葛宇宁、张学立：《试析亚里士多德对法律推理的贡献》，《毕节学院学报》（综合版）2006 年第 2 期，第 19 页。
④ 葛宇宁、张学立：《试析亚里士多德对法律推理的贡献》，《毕节学院学报》（综合版）2006 年第 2 期，第 20 页。
⑤ 曾庆华：《数学命题证明形式的逻辑分析和判定》，《黔南民族师范学院学报》2005 年第 4 期。

言式判定方法运用于数学命题证明有效性的检验。数学命题的证明步骤是由已知条件逐步推演形成的系统。曾庆华认为，我们完全可以把这些推演过程转化为真值形式构成若干推理的前提，然后把这些前提合取并与之导出的结论构成数理逻辑蕴涵式。如果能证明该蕴涵式为重言式，那么其数学命题的证明推理形式就是正确的，亦即，若检验一个数学命题的证明形式为重言式，则该证明过程就是有效的；若不是重言式，则该证明的过程就是无效的。曾文是学习菲洛蕴涵式（Philoiclan Implication）判定方法的一个应用，由此也反映了贵州部分学者对逻辑与教学之间关系的掌握程度。

林邦瑾著《制约逻辑》第七章"制约逻辑在数学和辩证逻辑中的运用"，不仅构建了带等词号的名词演算 Cnd 系统，还在 Cnd 的基础上构建了初等数论的形式系统 N。此外，还运用制约逻辑和数学方法分析辩证逻辑问题，获得两个结果——辩证命题的逻辑性质和辩证三律在辩证式中的体现，相关内容参见《"矛盾"命题的无矛盾形式》[①] 和《谈一个辩证命题的形式化》[②]。林邦瑾的《数学归纳公理与内涵科学分析法》认为："语句的绝对的、唯一的语义是被其指谓的客观世界，从素朴数学归纳法到皮亚诺数学归纳法再到基于制约系统 Cnd 的数论形式系统 N 的形式公理，是一个历史的发展过程，'从 N 出发可证明 $1=0$'是误解。人类把握有限或无限不可逐一列举域不能通过外延的列举，只能采用内涵科学分析法。"[③]

盛作国的《蕴涵理论研究——从〈墨经〉到〈制约逻辑〉》[④]，用制约逻辑理论分析数学归纳法认知功能，探讨了数学归纳法与内涵科学分析法的关系，以及制约关系与实质蕴涵的区别，并指出，数学归纳法是内涵科学分析法中的一种，内涵科学分析法是一类可在有限步内实施的

---

① 林邦瑾：《"矛盾"命题的无矛盾形式》，《哲学研究》1981年第1期。
② 林邦瑾：《谈一个辩证命题的形式化》，《哲学研究》1981年第11期。
③ 林邦瑾：《数学归纳公理与内涵科学分析法》，《贵州大学学报》（自然科学版）1994年第2期，第84页。
④ 盛作国：《蕴涵理论研究——从〈墨经〉到〈制约逻辑〉》，硕士学位论文，贵州大学，2008。

提取无限集的内涵（共仅属性）从而确定无限域上事件间的第一独立性的方法；人类还没有找到一种把握内涵"一独"的普遍适用的方法，然而，尽管如此，人类在据已有知识去获取新知识时，却始终事实上借助的是具有内涵"一独"的制约关系，而不是具有"一依"的实质蕴涵；迄今，人们实际可用或正在探索的内涵科学分析法至少有："数学归纳法"（只对数学事件起作用）、"一般归纳法"（通常只对具有数量特征或者可用数量关系去刻画的事件起作用）与"典型元法"（分析一个典型元的典型性质得出其所属的不可逐一列举域的内涵——共仅属性的方法）、公理法、代数解释法等。

温新的《数学证明与制约推理》[①]将制约逻辑理论用于数学证明，论述了数学证明与制约推理的关系，认为重言式不是推理式，制约逻辑是从已知进入未知的推理论证工具。当然，他的观点是否合理，值得商榷。

第四节　逻辑应用于计算机科学与人工智能研究

1987年，周训伟的《PROLOG中的程序子句实现的是制约而不是蕴涵》[②]用家族树的例子论证了PROLOG的程序子句的实现是制约而不是蕴涵。

2007年，龚启荣的"Lin's Entailment Logic Symbol System can Logically Represent All Knowledge"[③]探讨了制约逻辑在人工智能中的应用，认为制约逻辑符号系统能够逻辑地表达一切知识，该文刊载于《符号逻辑杂志》（*Journal of Symbolic Logic*）副刊2007年9月第13卷，第3期（《符号逻辑杂志》刊频为每年四期，每期均包含两册，一册为正刊 *Journal of Sym-*

---

① 温新：《数学证明与制约推理》，《安顺师专学报》2000年第2期。
② 周训伟：《PROLOG中的程序子句实现的是制约而不是蕴涵》，《当代逻辑》1987年创刊号。
③ Qirong Gong："Lin's Entailment Logic Symbol System can Logically Represent All Knowledge," *The Bulletin of Symbolic Logic* 3（2007）：384.

bolic Logic，另一册是副刊 The Bulletin of Symbolic Logic）。

2008 年，由贵州省科学技术协会、贵州省社会科学界联合会和贵州制约逻辑学会主办，贵州大学、贵州人民武装学院和毕节学院承办的第四届全国逻辑系统、智能科学与信息科学学术会议在贵阳召开。来自全国各地高校和科研院所的专家学者就逻辑系统的构造、特征与应用，智能科学与信息科学的研究路线、方向和新成果的应用等相关问题进行探讨。大会共收到相关论文 120 余篇，经专家评审录用 68 篇，其中 29 篇选入《逻辑学及其应用研究——第四届全国逻辑系统、智能科学与信息科学学术会议论文集》[1] 公开出版。文集收录论文涵盖"逻辑系统及其应用"、"智能科学及其应用"和"信息科学及其应用"三个主要板块。其中，"逻辑系统及其应用"板块代表论文有《论代数、逻辑和智能系统之间的对应关系》[2]《基于哲学本体论的真值演算系统——实现计算机理解自然语言的逻辑方法》[3]《内涵逻辑的对象理论建构》[4]《基于 ALC 的扩展描述逻辑 ALC$^+$》[5] 等；"智能科学及其应用"板块代表论文有《基于蚁群算法的移动机器人路径规划技术的研究》[6]《基于训练序列的 OFDM 同步算法改进》[7]《智能组卷的扑克发牌算法研究》[8]《基于字段匹配的

---

[1] 汪学明主编《逻辑学及其应用研究——第四届全国逻辑系统、智能科学与信息科学学术会议论文集》，贵州民族出版社 2009 年版。

[2] 孙兆豪等：《论代数、逻辑和智能系统之间的对应关系》，汪学明主编《逻辑学及其应用研究——第四届全国逻辑系统、智能科学与信息科学学术会议论文集》，贵州民族出版社 2009 年版。

[3] 万继华：《基于哲学本体论的真值演算系统——实现计算机理解自然语言的逻辑方法》，汪学明主编《逻辑学及其应用研究——第四届全国逻辑系统、智能科学与信息科学学术会议论文集》，贵州民族出版社 2009 年版。

[4] 聂文龙：《内涵逻辑的对象理论建构》，汪学明主编《逻辑学及其应用研究——第四届全国逻辑系统、智能科学与信息科学学术会议论文集》，贵州民族出版社 2009 年版。

[5] 文斌等：《基于 ALC 的扩展描述逻辑 ALC$^+$》，汪学明主编《逻辑学及其应用研究——第四届全国逻辑系统、智能科学与信息科学学术会议论文集》，贵州民族出版社 2009 年版。

[6] 刘杰、闫清栋：《基于蚁群算法的移动机器人路径规划技术的研究》，汪学明主编《逻辑学及其应用研究——第四届全国逻辑系统、智能科学与信息科学学术会议论文集》，贵州民族出版社 2009 年版。

[7] 肖俊等：《基于训练序列的 OFDM 同步算法改进》，汪学明主编《逻辑学及其应用研究——第四届全国逻辑系统、智能科学与信息科学学术会议论文集》，贵州民族出版社 2009 年版。

[8] 杨滨等：《智能组卷的扑克发牌算法研究》，汪学明主编《逻辑学及其应用研究——第四届全国逻辑系统、智能科学与信息科学学术会议论文集》，贵州民族出版社 2009 年版。

CRM 数据挖掘算法与应用》① 等;"信息科学及其应用"板块代表论文有《交错时序认知逻辑在安全协议中的应用》②《基于 SVO 逻辑的电子商务协议非否认性形式化分析》③《一种改进的含离线可信第三方多方不可否认协议》④《IP 网络中智能网呼叫模型支持多媒体服务的研究》⑤ 等。此外,还有其他类型的论文,如《谓词逻辑中有关函数及其部分性质的形式描述》⑥ 等。

　　逻辑应用于情报信息领域,是逻辑科学应用领域的新拓展。盛作国在贵州制约逻辑学会 2005 年学术年会暨首届全国逻辑系统专题研讨会上提交的《情报推理的逻辑理论工具》⑦ 首次提出"情报推理"的概念,探讨了逻辑、情报与人工智能的关系,首次将逻辑理论引入情报科学,拓展了逻辑的应用领域。《情报推理的逻辑理论工具》探讨了传统逻辑应用于情报推理的优势和不足、数理逻辑应用于情报推理的理论难点以及制约逻辑应用于情报推理的理论优势。

　　刘汉民于 2010 年开展了逻辑理论在公安情报信息研判中的应用研究——"公安情报信息研判思维功能研究"(广东警官学院重点项目,

---

① 张乃岳等:《基于字段匹配的 CRM 数据挖掘算法与应用》,汪学明主编《逻辑学及其应用研究——第四届全国逻辑系统、智能科学与信息科学学术会议论文集》,贵州民族出版社 2009 年版。
② 冯荷飞、曹子宁:《交错时序认知逻辑在安全协议中的应用》,汪学明主编《逻辑学及其应用研究——第四届全国逻辑系统、智能科学与信息科学学术会议论文集》,贵州民族出版社 2009 年版。
③ 崔楠、汪学明:《基于 SVO 逻辑的电子商务协议非否认性形式化分析》,汪学明主编《逻辑学及其应用研究——第四届全国逻辑系统、智能科学与信息科学学术会议论文集》,贵州民族出版社 2009 年版。
④ 王运敏、汪学明:《一种改进的含离线可信第三方多方不可否认协议》,汪学明主编《逻辑学及其应用研究——第四届全国逻辑系统、智能科学与信息科学学术会议论文集》,贵州民族出版社 2009 年版。
⑤ 雷鸣、汪学明:《IP 网络中智能网呼叫模型支持多媒体服务的研究》,汪学明主编《逻辑学及其应用研究——第四届全国逻辑系统、智能科学与信息科学学术会议论文集》,贵州民族出版社 2009 年版。
⑥ 陈其楼、潘正华:《谓词逻辑中有关函数及其部分性质的形式描述》,汪学明主编《逻辑学及其应用研究——第四届全国逻辑系统、智能科学与信息科学学术会议论文集》,贵州民族出版社 2009 年版。
⑦ 盛作国:《情报推理的逻辑理论工具》,《情报杂志》2006 年增刊;《贵州制约逻辑学会 2005 年学术年会暨首届全国逻辑系统专题研讨会论文集》收录,CNKI 网络出版。

编号：2010Z07）产生的系列论文成果包括《论辩证思维与公安情报信息研判》[①]《论逻辑规律在公安情报信息研判中的功能》[②]《论类比思维在公安情报信息研判中的功能》[③]《论直觉思维在公安情报信息研判中的功能》[④]《论假言推理在情报信息研判中的重要功能》[⑤]《论逆向思维在公安情报信息研判中的功能》[⑥]《归纳思维在公安情报信息研判中的功能》等。刘汉民的系列研究把逻辑应用于公安情报信息研判，研究成果案例丰富，理论结合实际，深化了逻辑应用于情报科学的研究，具有重要理论意义和现实价值。

可以预知，随着逻辑应用于情报信息领域研究的不断深入，如同"法律逻辑学"作为一门应用逻辑学成为可能一样，"情报逻辑学"作为一门新的应用逻辑学也将成为可能。或者说，"情报逻辑学"能否发展成为一门应用逻辑学？这一问题值得逻辑学和情报科学研究者共同深入思考和探索。

[①] 刘汉民：《论辩证思维与公安情报信息研判》，《吉林公安高等专科学校学报》2011年第5期。
[②] 刘汉民：《论逻辑规律在公安情报信息研判中的功能》，《政法学刊》2011年第1期。
[③] 刘汉民：《论类比思维在公安情报信息研判中的功能》，《吉林公安高等专科学校学报》2011年第2期。
[④] 刘汉民：《论直觉思维在公安情报信息研判中的功能》，《政法学刊》2011年第4期。
[⑤] 刘汉民：《论假言推理在情报信息研判中的重要功能》，《广州市公安管理干部学院学报》2011年第3期。
[⑥] 刘汉民：《论逆向思维在公安情报信息研判中的功能》，《湖南警察学院学报》2012年第1期。

第八章

逻辑教学与学科建设

第一节 逻辑学精品课程建设

一 逻辑学精品课程建设背景

2003年,教育部先后下发了《教育部关于启动高等学校教学质量与教学改革工程精品课程建设工作的通知》(教高〔2003〕1号)、《国家精品课程建设工作实施办法》(教高厅〔2003〕3号)等文件,全国各高校掀起了开展精品课程建设工作、全面提高人才培养质量的高潮。在此大背景下,毕节学院作为教育部2005年下文批准正式建立的一所地方本科院校,于2007年出台了《毕节学院精品课程管理办法》(院政发〔2007〕18号),毕节学院的精品课程建设工作正式启动。思维素质是诸多素质中最基本的素质,全面推进素质教育,尤其应当高度重视思维素质的培养与提高。逻辑学是研究思维形式及其规律以及逻辑方法的科学,它具有全人类性、基础性、工具性与规范性①,在开发人的智力,培养与提高人们的逻辑思维素质与能力、创新思维与创新精神中,效果明显,具有其他学科和课程不可替代的重要作用。②与此同时,我们不应该忽视逻辑的

---

① 何向东:《逻辑学教程》,高等教育出版社2004年版,第3—11页。
② 何向东:《改革与建设逻辑课程 竭诚服务素质教育》,《哲学研究》2007年增刊,第24页。

社会文化功能，即逻辑学在现代性的构建与批判方面所具有的启发民智、转换观念、确立价值导向等社会作用。① 国际社会和发达国家一直重视逻辑学的教学。在联合国教科文组织编制的学科分类中，逻辑学是列在"知识总论"下的一级学科。在该组织提出的"科学领域的国际标准命名法建议"中，将逻辑学置于众学科之首。英国不列颠百科全书将逻辑学列为五大学科的第一位。改革开放以来，我国高校逻辑学教学水准有了很大提升，但是，与发达国家的差距仍然明显，主要表现在：一是对如何充分发挥逻辑学教学在培养大学生逻辑思维素质与能力方面的固有作用普遍重视不够；二是如何适应逻辑学学科的现代发展、逐步实现逻辑学教学内容的现代化进展缓慢。② 鉴于此，毕节学院逻辑学教研室决定围绕素质教育精心打造逻辑学精品课程。经过精心准备，《逻辑学》于2008年申报成为毕节学院校级精品课程，建设周期3年。这是贵州高校将逻辑学作为精品课程建设的一个重要个案。

二　逻辑学精品课程建设工作的意义

时任教育部部长袁贵仁在毕节学院"创先争优"座谈会上的讲话中指出："服务毕节试验区是毕节学院根脉所系，我们应当和试验区共发展，共进步。服务好试验区，我们的学校就会枝繁叶茂，如果脱离了这个服务，就不会有生机，不会有活力。毕节学院能够地处毕节试验区这个总书记当年亲自倡导的而且发展良好的这样一个环境，这是学校的最大的特色，丢掉这个特色学校就没有了特色。全国高等学校两千六百多所，我们毕节学院是其中一所，能够立起来，是因为立足服务毕节试验区，这是唯一特色。学校的历史比较长，真正成为毕节学院就是在试验区的改革发展中，教育部之所以同意在毕节成立这样一个高等学府、本科学校，目的就是要支持毕节试验区的改革发展，如果离开这一条，我

---

① 晋荣东：《当代中国逻辑的现代化及其问题》，《华东师范大学学报》（哲学社会科学版）2006年第3期，第13页。
② 何向东：《改革与建设逻辑课程　竭诚服务素质教育》，《哲学研究》2007年增刊，第25页。

觉得这个学校就难以发展。所以学校刚才在创先争优活动汇报中反复强调这一点非常必要,也非常重要。我们应当以提高服务的质量水平作为学校是不是真正贯彻落实科学发展观,真正把创先争优活动落到实处的根本标准。学校办学好不好,用什么来衡量,就是对试验区的服务好不好,这是根本标准,当然可以提出一些具体的指标,但是都不能离开这个根本目标,所以我非常赞同学校在这方面的考虑。"[1] 以下建设的主要内容正是毕节学院逻辑学精品课程建设工作具体落实袁贵仁部长讲话精神的真实写照,这些措施极大地激发了毕节学院学生学习逻辑、运用逻辑的兴趣与热情,大学生在学习中深切体会到了逻辑学的魅力,思想得到了熏陶,思维变得更敏捷,思维素质有了较大提高,逻辑思维能力大大加强,有力地促进了大学生对其他学科的学习;为学生解答 GRE 考试、GMAT 考试、LSAT 考试、MBA 考试、MPA 考试、GCT 考试、行政职业能力测验中的相关试题提供了有力帮助,为大学生的进一步深造(如报考逻辑学研究生等)创造了有利条件;提升了大学生的综合能力和素质,助推了大学生的就业;增强了毕节学院毕业学生服务毕节试验区的意识,提升了服务毕节试验区的能力;为毕节试验区多培养优秀人才,为试验区经济、文化资源的研究与开发提供了有力的智力支持。

三 逻辑学精品课程建设的主要内容

1. 加强师资队伍建设

高度重视逻辑学师资队伍的建设,主要方式是培养和引进逻辑学专业人才。在 2010 年,毕节学院的逻辑学师资队伍达到 14 人:其中,教授 2 人,副教授 6 人,讲师 6 人。获博士学位者 4 人,获硕士学位者 5 人,在职博士研究生 4 人,在职硕士研究生 1 人。在这支队伍中,既有贵州省省管专家、贵州省高校哲学社会科学学术带头人,也有贵州省普通高等学校教学名师、毕节学院校级中青年学术骨干,还拥有中国逻辑学会常务理事、副秘书长、中国逻辑史专业委员会主任、中国形式逻辑专业委

---

[1] 见袁贵仁 2010 年 8 月 4 日在毕节学院"创先争优"活动座谈会上的讲话录音整理稿。

员会副主任等在全国逻辑学界有一定知名度的学者,同时也在培养一批在该学科有一定教学经验和科研能力的中青年学术骨干。无论职称、学历、学缘和年龄结构都比较合理,是一支极富潜力、以中青年学者为主的教学科研团队。① 国务院学位委员会哲学学科评议组成员、教育部社会科学委员会委员、国家社会科学基金项目评审组专家、中国逻辑学会副会长、广东逻辑学会会长、中山大学博士生导师鞠实儿教授在毕节学院2010年逻辑学重点学科建设座谈会上给予这支队伍的评价是:"科研队伍是一支年富力强的、非常有前途的队伍,这样的研究队伍在国内是少见的,可以和国内有些985、211院校媲美。"②

2. 转变教学观念

注重由传统的人才观向新的人才观的转变。传统的人才观是把大学生培养成知识型人才,这样的人才虽然重视知识的积累,但思维是收敛的,缺乏创新。与此相对,新的人才观,是将大学生培养成"应用型、复合型和技能型"人才,注重对大学生创新思维、创新能力的培养与提高,尤其重视方法论的传授,重视培养大学生获取新知识的能力、分析和解决问题的能力。③ 随着人才培养观念的转变,毕节学院的逻辑学精品课程注重教师教学观念的转变。具体表现在以下四个方面:教学思想注重由技术层面向方法论层面的转变,以培养大学生的逻辑意识、理性精神,提高思维素质与思维能力;教学手段和方法注重传统教学手段与现代教学手段相结合,采用讲授法与启发式、探究式、讨论式、参与式相结合的教学方法,培养学生的兴趣爱好,营造独立思考、自由探索的环境;教学内容注重案例分析为主,结合基本原理,穿插新鲜活泼的事例,深入浅出地讲解逻辑学基础知识和基本方法,细致地分析思维的形式及其规律;教学效果注重学生对教师的教学评价,重视教学效益,不断进行教学反思。

---

① 余军成、张学立:《逻辑、数学与素质教育——以毕节学院逻辑学精品课程建设为例》,《毕节学院学报》(综合版)2009年第12期,第45页。
② 见鞠实儿2010年在毕节学院逻辑学重点学科建设座谈会上的讲话录音整理稿。
③ 何向东:《改革与建设逻辑课程 竭诚服务素质教育》,《哲学研究》2007年增刊,第25页。

3. 创新教学内容

教学内容反映教学水平与层次。在全国重点高校的逻辑学教学中，一般追求教学的高起点，教学内容新、先进、科学。但是，结合毕节学院的实际情况，我们立足传统逻辑处理教学内容，融合现代逻辑、批判性思维、《周易》与沟通艺术等内容。对传统逻辑教材的内容修正并删除不科学的地方，保留其精华，保留了传统词项逻辑，如关于概念的理论，关于三段论理论，以及传统归纳逻辑、假说、论证等内容。特设"谬误"和"批判性思维"两章，使之与人们的思维实际在更深更广的层次上联系起来，增强了传统逻辑教学的新意。讲授诸如命题逻辑、谓词逻辑、逻辑学与批判性思维、《周易》与沟通艺术等内容，体现了教学内容的实用性和针对性。

4. 编写出版教材

教材是教学内容的载体。毕节学院逻辑学教研室结合自己的教学经验，不断吸收最新的教学成果和教学动态，按照地方新建本科院校自身的教育教学规律和特点，在目前所使用的大学逻辑教材的基础之上开拓创新，由张学立教授主持编写出版了《大学逻辑》。该书的出版获得了贵州省内外逻辑学专家们的一致好评，并于 2008 年获贵州省第七届高等教育省级教学成果一等奖。通过两年的教学实践，我们发现该教材仍存在一些不足之处，如某些章节内容不够简明、理论阐述多、案例分析少等等。鉴于此，我们修订出版了《大学逻辑》（第二版）。目前，毕节学院人文社科本、专科所有专业普遍开设了逻辑学课程，并统一使用《大学逻辑》（第二版）作为教材；黔南民族师范学院和遵义师范学院部分系部将《大学逻辑》（第二版）作为逻辑学教材。另外，贵州大学逻辑学专业硕士研究生，亦把《大学逻辑》列为首要参考书目。该教材系贵州省教育厅 2008 年高等学校教学质量与教学改革改革工程项目"地方新建本科院校逻辑教学改革与研究"的研究成果之一，强调知识性、趣味性、实用性，力求使学生通过逻辑训练和逻辑精神培养，提高其思维水平和能力。从已有的使用情况来看，无论是教师还是学生都对《大学逻辑》（第二版）表示满意，取得了较好的教学效果。2014 年 8 月，在《大学逻辑》（第二版）基础上，根据教学需要和编者对本科逻辑教学的新认知，又编写出版了《大学逻辑教程》，供多所高校使用。目前，各使用高校对这部教材反映较好。

5. 打造精品课程体系

2007 年前，受各种因素的制约，毕节学院的逻辑学教学主要讲授传统逻辑课程。但是，经过最近几年探索与实践，毕节学院逐步形成以传统逻辑、现代逻辑导论、逻辑学与批判性思维、《周易》与沟通艺术等课程，分设基础课、公共课、必修课、选修课等类别，以适应不同专业、不同层次学生的需要。① 这是因为，我们深刻意识到：要想真正充分发挥逻辑学这门工具学科、基础学科、人文学科的作用②，仅仅依靠毕节学院《逻辑学》这一门精品课程显然是无法办到的。因此，我们以《逻辑学》这一门精品课程为龙头，带动相关系列课程的建设。我们的具体做法：一是在大一或者大二将传统逻辑或者作为专业基础课或者作为通识教育必修课在全校人文社科本、专科所有专业开设；二是在大三或大四将现代逻辑导论作为通识教育选修课在汉语言文学专业和人力资源管理专业的本科班开设；三是在大四将逻辑学与批判性思维、《周易》与沟通艺术作为通识教育选修课在汉语言文学专业本专科班开设。通过以《逻辑学》这门精品课程建设为龙头，积极打造毕节学院逻辑学精品课程体系，进一步增强逻辑学科的工具性、基础性、人文性。

毕节学院的逻辑学精品课程建设，为贵州高校的逻辑学课程建设和教学质量的进一步提升，做出了积极有益的探索。

第二节　逻辑通识教育

一　新建本科院校逻辑通识教育的历史和现状分析

新建本科院校是我国高等教育结构调整以及高等教育大众化的宏观

---

① 颜中军、张学立：《西部地方本科院校逻辑学教学改革与创新探索——以毕节学院为例》，《毕节学院学报》（综合版）2008 年第 6 期，第 43 页。
② 张建军：《真正重视"逻先生"》，《人民日报》2002 年 1 月 12 日第 6 版。

背景下大规模出现的新兴高校群体，它是高等教育体系的重要组成部分。新建本科院校多数地处省会之外的地级市，在发展过程中必然受到区域社会经济条件的制约，存在投入不足、高层次人才匮乏、本科办学管理人才及办学经验缺乏以及办学特色不鲜明等问题。这些问题对新建本科院校的生存和发展是一个巨大的挑战。受此影响，在全国范围内开展逻辑通识教育的新建本科院校可谓凤毛麟角。即使有新建本科院校开展逻辑逻辑教育，其历史也是很短的（因为新建本科院校的成立时间本身就很短，在这些学校开展逻辑通识教育的时间就更短了）。在仅有的这些学校中，逻辑通识教育的现状如何呢？总的趋势是困境重重、举步维艰。具体表现在以下六个方面。

1. 师资队伍堪忧

1978 年至今，我国高校培养了大量的逻辑学专业的硕士、博士，逻辑学教师的整体素质和水平不断提高。但是，这仍然不能满足当前逻辑通识教育的需要。在目前国内高校普遍实行教学时数与教师收入挂钩的制度下，在以量化标准为主的学术评价体系中，逻辑学教师课时不够影响收入，发表论文难影响晋升和一系列深层次的问题，势必挫伤逻辑学教师的积极性，致使部分逻辑学教师改行，逻辑学队伍逐渐萎缩。而在全国新建本科院校中，大部分逻辑学教师是非逻辑专业出身，没有经过系统的专业训练，由其他文科教师兼课的现象比较严重。并且他们很少有外出进修和参加学术交流的机会，对逻辑学的前沿动态知之甚少或一无所知，教学研究成果微乎其微。即使是逻辑学专业出身的，在全校面临无逻辑通识教育课程开设的尴尬境遇下，也不得不改教其他课程。

2. 教育观念比较落后

虽然《国家中长期教育改革和发展规划纲要（2010—2020 年）》明确强调："坚持以人为本、全面实施素质教育是教育改革发展的战略主题，是贯彻党的教育方针的时代要求，其核心是解决好培养什么人、怎样培养人的重大问题，重点是面向全体学生、促进学生全面发展，着力提高学生服务国家服务人民的社会责任感、勇于探索的创新精神和善于解决问题的实践能力。"① 但我国现行的教育制度存在片面性，多数逻辑学教师的教育观念陈旧，具体表现在：只重视向学生传授逻辑知识，忽视培养他们的逻辑意识、理性精神，忽视提高学生的思维素质与思维能力；在传授逻辑知识时主要采用灌输式，忽视了学生的兴趣和好奇心②；忽视学生对教师的教学评价，不重视教学效果，将更多时间和精力放在科研和评职称上，缺乏教学反思。

3. 教学方法和手段单一

目前国内开设逻辑通识教育课程的新建本科院校，在教学方法上过于注重讲授法，忽视与启发式、探究式、讨论式、参与式等多种教学方法相结合进行教学。在教学手段上仍是以"一块黑板＋一支粉笔"的传统教学手段为主，在全国真正实现逻辑教学多媒体化、网络化的高校并不多。

4. 教学内容脱离实际

目前我国高校逻辑通识教育的内容脱离实际的现象比较严重，忽视逻辑学在日常思维、语言表达和一般学术中的实际应用。具体表现在：逻辑通识教育一味强调逻辑教学的"数理逻辑化"；普通逻辑符号化倾向增加了逻辑学的难度；逻辑学界对应用逻辑和逻辑应用的研究重视不够，致使逻辑教学出现脱离实际的倾向。③ 逻辑学课堂教学过于拘泥于枯燥的理论阐释，不善于从生活实际引申出理论知识，并成功将逻辑学理论知识与人们的日常思维实例结合起来，提高学生自觉运用逻辑工具分析和解决工作生活中的问题的能力。④

5. 有特色的通识教育教材缺乏

目前国内高校逻辑通识教育普遍使用的面向 21 世纪的大学逻辑教

---

① 见《国家中长期教育改革和发展规划纲要（2010—2020 年）》。
② 朱清时：《注重创新素质培养成功的创新型人才》，《中国高等教育》2006 年第 1 期，第 12 页。
③ 杨树森、吴俊明：《试论高等学校非哲学专业的逻辑教学》，《哲学研究》2007 年增刊，第 46—47 页。
④ 梁发祥：《加强高校逻辑教学的思考》，《毕节学院学报》（综合版）2008 年第 6 期，第 51 页。

材,通常是由一些重点大学逻辑学教师组织编写的。这种教材对教师和学生的要求比较高,特别是对于全国新建本科院校,使用起来教学难度较大,常常使教师不易把握,学生难于接受,教学效果并不理想。与此同时,新建本科院校的逻辑学教师受多方面因素的制约又很难编写出版有特色的逻辑通识教育教材。

6. 授课专业和学生覆盖面窄

目前,逻辑通识教育的授课对象主要是在校大学生和继续教育学生。然而,我国高校开逻辑学的专业越来越少,逻辑学的课时随之越少,高等教育自学考试系统中考逻辑学的专业也明显地减少。① 尤其是在全国新建本科院校开设逻辑学课程的专业十分有限,一般仅仅局限于汉语言文学、思想政治教育和法学等个别专业,很多经济类和管理类专业都不重视逻辑教学,更不用谈理工农艺等专业。对逻辑学课程的定位由必修课降为选修课甚至是讲座。逻辑学的授课时数由标准的 72 学时/学期减少至 54 学时/学期甚至是 36 学时/学期,很多地方院校甚至直接取消逻辑学这门课程。

但是,也有逻辑通识教育搞得红火的新建本科院校。只不过这样的学校实在是太少了,尚不足以形成星星之火可以燎原的气候。然而,通识教育是高等教育的组成部分,它对培养对象的知识、品德、能力均有要求,其目的在于提高受教育者的综合素质。"思维能力是社会所需人才必须具备的一种基本能力,是大学通识教育必须重视和加以培养的。"② "逻辑学作为研究思维及其规律的科学而产生,正是为了帮助人们提高思维能力。因此,逻辑学应当成为通识教育的课程之一。"③ 逻辑学在大学生的智力开发、思维素质的培养与提高等方面,具有其他学科和课程不可替代的重要作用。④ 作为新建本科院校的主要领导既要深刻认识到逻辑通识教育在高等教育中所占的重要地位和发挥的积极作用,同时更要清

---

① 刘培育:《略谈中国内地高校逻辑教学》,《哲学研究》2007 年增刊,第 12 页。
② 崔清田:《通识教育与逻辑》,《天津师大学报》(社会科学版) 1997 年第 4 期,第 25 页。
③ 崔清田:《通识教育与逻辑》,《天津师大学报》(社会科学版) 1997 年第 4 期,第 25 页。
④ 何向东:《改革与建设逻辑课程 竭诚服务素质教育》,《哲学研究》2007 年增刊,第 24 页。

醒意识到逻辑通识教育在本校的现状与困境，以便对症下药。

二　毕节学院逻辑通识教育的探索实践

毕节学院是教育部2005年下文批准正式建立的一所地方本科院校，由原毕节师范高等专科学校和原毕节教育学院合并升格而成。起点比较低、基础比较薄弱。尽管如此，毕节学院领导决策层深刻认识到逻辑学的学科性质和重要作用，高度重视毕节学院的逻辑通识教育。

1. 学校决策层高度重视逻辑学的社会文化功能

逻辑学是一门重要基础学科，中世纪时期，逻辑与语法、修辞并称为"三艺"。如前所述，在联合国教科文组织编制的学科分类中，逻辑学是列在"知识总论"下的一级学科。在该组织提出的"科学领域的国际标准命名法建议"中，将逻辑学列于众学科之首。① 英国不列颠百科全书则将逻辑学列为五大学科的第一位。毕节学院领导决策层对逻辑学的学科性质和重要作用认识到位，高度重视毕节学院的逻辑学课程建设和学科建设，将逻辑通识教育课程作为全校示范性课程加以打造，将逻辑学作为龙头学科进行建设。

2. 重视逻辑学师资队伍建设，注重教学理念的转变

毕节学院高度重视逻辑学师资队伍的建设，主要方式是培养和引进逻辑学人才。如前所述，毕节学院的逻辑学师资队伍曾经达到14人：其中，教授2人，副教授6人，讲师6人。获博士学位者4人，获硕士学位者5人（在职博士研究生4人）。学历、学缘、职称和年龄等结构都较为合理。

注重由传统的人才观向新的人才观的转变。传统的人才观是把大学生培养成知识型人才，这样的人才虽然重视知识的积累，但思维是收敛的，缺乏创新。与此相对，新的人才观，是将大学生培养成"应用型、复合型和技能型"人才，注重对大学生创新思维、创新能力的培养与提高，尤其重视方法论的传授，重视培养大学生获取新知识的能力、分析

---

① 彭漪涟、马钦荣主编《逻辑学大辞典》，上海辞书出版社2004年版，第3页。

和解决问题的能力。① 随着人才培养观念的转变，毕节学院的逻辑通识教育注重教师教学理念的转变。具体表现在以下四个方面：教学思想注重由技术层面向方法论层面的转变，以培养大学生的逻辑意识、理性精神，提高思维素质与思维能力；教学手段和方法注重传统教学手段与现代教学手段相结合，采用讲授法与启发式、探究式、讨论式、参与式相结合的教学方法，培养学生的兴趣爱好，营造独立思考、自由探索的环境；教学内容注重案例分析为主，结合基本原理，穿插新鲜活泼的事例，深入浅出地讲解逻辑学基础知识和基本方法，细致地分析思维的形式及其规律；教学效果注重学生对教师的教学评价，重视教学效益，不断进行教学反思。

3. 大力支持逻辑学重点学科建设

自2007年以来，毕节学院大力支持逻辑学重点学科建设，将逻辑学作为带动全校学科建设发展的示范性学科加以建设。2008年，逻辑学申报成为毕节学院校级重点学科，学校连续4年每年投入学科建设经费10万元；2009年，毕节学院逻辑学申报成为贵州省高校重点支持学科，贵州省教育厅连续3年划拨的建设经费以及学校配套经费每年17.5万元。经过4年的建设，毕节学院逻辑学科业已形成"逻辑史与比较逻辑""逻辑哲学与哲学逻辑""逻辑应用"这3个稳定的研究方向。承担国家社科基金项目1项及国家级项目的子项目2项、教育部人文社科研究项目1项、省厅级科研项目20余项、校级科研项目30余项。出版专著（教材）10余部，发表论文150余篇，其中在核心期刊上发表论文50余篇。获国家一级学会优秀科研成果二等奖1项、贵州省哲学社会科学优秀成果著作类二等奖和三等奖各2项、贵州省哲学社会科学优秀成果论文类二等奖1项、贵州省高校人文社科成果奖论文类二等奖1项、贵州省高校人文社科成果奖著作类三等奖2项、其他地厅级优秀成果奖20余项。

---

① 何向东：《改革与建设逻辑课程　竭诚服务素质教育》，《哲学研究》2007年增刊，第25页。

4. 重视逻辑学精品课程建设，不断完善逻辑通识教育课程体系[①]

我们高度重视逻辑学精品课程建设。2008年，《逻辑学》申报成为毕节学院校级精品课程，建设周期3年，经费1万元；2009—2010年，我们一直积极准备申报贵州省省级精品课程，令人遗憾的是贵州省教育厅没有相关申报文件下达。我们将继续等待机会，将"逻辑学"申报成为贵州省省级精品课程。

2007年以前，毕节学院的逻辑学主要讲授传统逻辑课程。但是，经过近10年的探索与实践，逐步形成以传统逻辑、现代逻辑导论、逻辑学与批判性思维、《周易》与沟通艺术等课程，分设基础课、公共课、必修课、选修课等类别，以适应不同专业、不同层次学生的需要。我们的具体做法：一是在大一或者大二将传统逻辑或者作为专业基础课或者作为通识教育必修课在全校人文社科本、专科所有专业开设；二是在大三或大四将现代逻辑导论作为通识教育选修课在汉语言文学专业和人力资源管理专业的本科班开设；三是在大四将逻辑学与批判性思维、《周易》与沟通艺术作为通识教育选修课在汉语言文学专业本专科班开设。我们下一步的计划：一是在大一或大二将现代逻辑导论作为通识教育选修课在全校理工科专业开设；二是在大三或大四面向全校人文社科专业开设逻辑学与批判性思维、《周易》与沟通艺术等通识教育选修课程；三是在大三或大四新增博弈逻辑、公务员考试中的逻辑等通识教育选修课程，不断完善毕节学院逻辑通识教育课程体系，进一步增强逻辑学的实用性。

5. 注重逻辑学通识教育教学团队建设

为了进一步推动毕节学院的逻辑通识教育，同时也是为了进一步促进贵州省高校逻辑通识教育的普及和推广，毕节学院注重逻辑学通识教育教学团队的建设。经过精心准备、积极申报，毕节学院在经历2009—2010年连续两次申报贵州省高等学校省级教学团队失利之后，其逻辑学通识教育教学团队于2011年申报获批为贵州省高等学校第三批省级教学团队。

---

① 余军成、张学立：《逻辑、数学与素质教育——以毕节学院逻辑学精品课程建设为例》，《毕节学院学报》（综合版）2009年第12期，第46页。

6. 创办逻辑学专栏

从 2006 年起，《毕节学院学报》创办逻辑学专栏，成为国内最早且唯一每期都发表逻辑学文章的高校学报。在当时我国没有逻辑学专业刊物的情况下，为全国高校逻辑学教师的教学和研究成果的发表提供了一个平台和窗口，解决了许多老师和研究生发表逻辑学文章难的困扰。同时，通过这个窗口，推进了毕节学院的逻辑学通识教育研究与改革。

三 贵州民族大学逻辑通识教育的探索实践

贵州民族大学的逻辑教学始于 20 世纪 70 年代末。1979—1983 年，邱觉心担任贵州民族学院（贵州民族大学前身）副院长，主要从事西方哲学史及形式逻辑的教学研究工作。在他的领导下，贵州民族大学开始开设形式逻辑课，成为高考制度恢复以来，国内较早开展逻辑教学的高校之一。

从 70 年代末至今，贵州民族大学一直开设有逻辑课程，特别是近几年迎来了新的发展。2014 年 10 月，逻辑、文化与认知研究中心正式成立，由张学立兼任中心主任。该中心蔡曙山、张学立、孙中原、沈政、陈保亚、张寅生等 16 名知名学者于 2015 年 1 月至 2020 年 4 月共刊发文章 67 篇。（其中，2015 年 17 篇，2016 年 17 篇，2017 年 17 篇，2018 年 7 篇，2019 年 7 篇，2020 年 1 月至 4 月 2 篇。）以中心的成立为标志，贵州民族大学的逻辑通识教育和学科建设被提上学校通识教育和学科建设的重要议事日程。该校在 2015 年作出了重大部署。

1. 民族文化与认知科学学院成立

聘任蔡曙山教授为首任院长。民族文化与认知科学学院是全国首家以民族文化与认知科学相结合并以认知科学冠名的学院，学院下设四系二中心（即，认知科学与技术系，心理学系，教育学系，民族语言与文化系，阳明心学与认知科学研究中心，逻辑、文化与认知研究中心），拥有"民族文化与认知科学"省级重点学科，"逻辑与认知"、"民族文化与认知"、"人类学"和"教育学"四个硕士点，根据蔡曙山教授提出的"人类认知五层级"的理论，从神经、心理、语言、思维、文化特别是民族文化各个层次开展对认知科学的研究，主要建设学科覆盖哲学和逻辑学、心理学、语言学和民族语言学、文化学和民族文化学等领域。学院的成立为贵州民大逻辑教学和学科建设搭建了新的平台。

2. "逻辑与认知"交叉学科硕士点建设

贵州民族大学"逻辑与认知"交叉学科硕士点于2015年11月获批，2017年9月正式招收研究生。目前拥有硕士生导师10名，其中校内导师2名：张学立教授（博士生导师）、蔡曙山教授（博士生导师）；校外导师8名：中国社科院哲学所邹崇理研究员（博士生导师）、贵州大学张连顺教授（博士生导师）、中国科学技术信息研究所张寅生研究员、贵州工程应用技术学院董英东、余军成教授、贵州理工学院杨岗营教授、天津大学白晨教授、陕西师范大学衣新发教授。

"逻辑与认知"硕士点下设跨文化逻辑与认知比较研究、民族语言与认知研究、人工智能逻辑研究三个方向。

跨文化逻辑与认知比较研究方向以不同文化群体的思维发展过程为对象，运用跨文化逻辑与认知的研究方法，主要对西南各少数民族尤其是贵州17个世居少数民族之间、少数民族与汉族之间逻辑与认知的共性与差异，以及认知活动及其规律进行研究。

民族语言与认知研究方向以民族语言，尤其是贵州世居少数民族语言为对象，从不同民族语言的词义、语法以及民族知识、涉身体验、概念表征和语言习得等方面入手，研究不同民族的思维、认知方式，揭示各民族语言与认知的关系及其规律。

人工智能逻辑研究方向以智能计算语言、智能主体处理知识的方式为研究对象，使用逻辑学的方法分析自然语言和符号语言，再结合语言学相关理论，研究智能计算语言，为实现人机智能交互提供可实现的理论支持；用逻辑方法研究智能主体处理知识的方式，应用缺省逻辑、非单调模态逻辑和限定逻辑等研究不确定性和不完全信息的常识推理；通过研究人的智能特征的能动性、创造性思维，包括学习、抉择、尝试、修正、推理等认知问题，使逻辑理论有更强的可应用性。

贵州民族大学民族文化与认知科学学院"逻辑与认知"硕士点依托

贵州省重点学科"民族文化与认知科学",着力培养掌握坚实的逻辑学、心理学、语言学、人类学(民族学)、计算机科学基础理论和认知科学的专业知识,具有学科前沿意识和创新精神,具有独立开展科学研究、教学工作或担任专门技术工作能力,能够从事民族地区双语教学、基础教育、民族文献典籍翻译整理、民族文化研究、人工智能、大数据和逻辑分析等工作,服务民族地区和国家特殊需求的高层次复合型人才。该硕士点的建立开启了贵州民族大学逻辑学研究生教育的新篇章。

3. 贵州省"民族文化与认知科学"重点学科建设

2016年,由张学立担任负责人的"民族文化与认知科学"以人文社科第一名的优异成绩通过答辩,获批为贵州省重点学科,并获得建设经费60万元。该学科凝练为四个研究方向:逻辑、文化与认知,民族语言与认知,民族教育与认知,民族文化大数据与认知。"逻辑、文化与认知"作为该学科的第一方向,是哲学、心理学、逻辑学、语言学、人类学(民族学)和人工智能科学在认知科学框架下的交叉融合,该方向通过逻辑学和认知科学的方法,以及认知过程的人工模拟,对人类语言意识、常识积累、信仰确立等认知问题进行分析研究,揭示不同民族文化背后的逻辑差异,探究逻辑差异与认知规律之间的关系,促进跨文化的认知与交流,不仅为其他三个方向提供理论支撑,为学科提供理论动力,更实现了逻辑学与人类学(民族学)和认知科学的深度融合,拓宽了贵州民族大学逻辑学的研究领域,促使贵州民族大学逻辑学教学科研平台和学科建设呈现出新的面貌。

"民族文化与认知科学"重点学科作为当代逻辑学研究、文化研究和认知研究的前沿学科,充分弥补了单一学科的局限性,是研究人类心智的开创性方式,其成果在理论和应用方面都十分重要。培养掌握本学科知识体系和研究方法的高层次专业人才,对于逻辑学、民族文化和认知科学的发展具有重要的意义。

4.《贵州民族大学学报》(哲社版)设置"逻辑与认知"专栏

《贵州民族大学学报》(哲学社会科学版,双月刊),原名《贵州民族学院学报》(社会科学版),创刊于1981年,经过三十余年的发展,办刊质量不断提高，先后获评为"中国人文社会科学综合评价 AMI"扩展期刊、全国高校优秀社科期刊、中国人文社会科学核心期刊、中国民族类核心期刊等。

2015 年 1 月，《贵州民族大学学报》（哲学社会科学版）增设"逻辑与认知"专栏，由蔡曙山教授担任栏目主持人，该栏目于 2015 年首期刊发，成为高校学报中每期发表逻辑学术论文的连续性期刊。

《贵州民族大学学报》（哲学社会科学版）"逻辑与认知"专栏以逻辑学理论与应用研究，语言学、心理学、文化人类学、计算机科学等与认知科学相关学科的研究为征稿内容，以论文、书评、会议纪要、学界动态等为征稿形式，旨在为广大逻辑工作者和学者提供一个成果发表和学术争鸣的宝贵阵地。

此外，在逻辑课程设置方面，贵州民族大学自 70 年代末起坚持为本科生开设逻辑学课程。文学院汉语言文学专业、汉语言文学专业（文秘方向）、汉语国际教育专业、少数民族语言文学专业、戏剧影视文学专业，商学院公共事业管理专业，民族学与社会学学院社会工作专业、文物与博物馆学专业等至今设有"形式逻辑""逻辑学基础"或"实用逻辑"课程，法学院法学专业开设有"法律逻辑学"必修课程。

2016 年，民族文化与认知科学学院新设应用心理学本科专业，该专业高度重视逻辑学与心理学的交叉融合，并将"传统逻辑学（形式逻辑）""逻辑心理学"列为专业基础课程，"中国逻辑史""西方逻辑史""现代逻辑与形式化方法"等列为专业选修课程。

在硕士点课程设置方面，将"认知逻辑""模态逻辑""心理逻辑""逻辑史"列为"逻辑与认知"专业学位课程，"数理逻辑""溯因推理导论"等列为"逻辑与认知"专业选修课程；将"中国逻辑""文化逻辑"等列为"民族文化与认知"专业选修课程。

四 对新建本科院校逻辑通识教育的思考

时任中共中央政治局常委、国务院总理温家宝在 2010 年全国教育工作会议上的讲话中强调："全面推进素质教育。要深化课程和教学改革，创新教学观念、教学内容、教学方法，着力提高学生的学习能力、实践能力、创新能力，促进德育、智育、体育、美育有机结合，实现学生全面发展。"此外，他在中国逻辑与语言函授大学建校 28 周年校庆之际举办的"素质教育与逻辑思维"论坛纪要做出重要批示："我赞同逻辑思维是素质教育的重要组成部分，应该予以重视。"他的讲话和批示对加强我国高校逻辑通识教育给予了极大的鼓舞，结合其讲话精神，我们主要从以下四个方面简要谈一谈应如何加强我国新建本科院校的逻辑通识教育。

1. 竭力在全社会为逻辑通识教育营造良好的氛围

作为有条件开展逻辑通识教育的新建本科院校，一定要在中国逻辑学会和各专业委员会以及各省逻辑学会的带领下，团结全国的逻辑教学工作者，依靠大家的共同努力和集体智慧，想方设法让政府部门尤其是教育主管部门和社会各界真正认识到逻辑通识教育的重要地位和作用，争取政府部门和社会各界支持新建本科院校的逻辑通识教育事业的发展。并且以实践作为检验逻辑通识教育开展好坏的标准，摒弃对逻辑通识教育不同观念的争论，将更多的精力关注到如何推进我国逻辑通识教育的事业上来。

2. 培养一支高素质的逻辑学师资队伍

对于有条件开展逻辑通识教育的新建本科院校，尽可能通过进修、访学、攻读逻辑学的硕士或博士学位等方式培养一支高学历的逻辑学师资队伍；重视逻辑通识教育观念的转变、教学内容的改革与创新、教学方法的改革与突破、教材的改革与修订、课程体系的建设与完善。

3. 夯实逻辑通识教育平台

新建本科院校可以通过申报逻辑学的项目、重点学科、精品课程、教学团队以及成立研究机构等方式，为逻辑通识教育创造一个良好的平台，以此推动逻辑通识教育事业持续健康发展。

4. 加强逻辑通识教育的教学研究和经验交流

重视逻辑通识教育的教学研究和经验交流，建议中国逻辑学会和各省逻辑学会召开高校逻辑通识教育教学专题研讨会和教学经验交流会，取长补短，不断提升逻辑通识教育的教学质量。同时，建议对逻辑通识教育搞得红火的高校、对有条件开展逻辑通识教育的新建本科院校进行有针对性的指导和帮扶，形成不同地区（东、西、南、北、中）不同层次的高校的逻辑通识教育能够相互呼应的格局，共同开创我国高校逻辑通识教育事业的新局面。

第三节 逻辑学科建设

一 研究方向

毕节学院逻辑与文化研究中心设三个研究方向：逻辑史与比较逻辑；哲学逻辑与逻辑哲学；逻辑应用（逻辑与语言学、逻辑与修辞学、逻辑与管理学、逻辑与法学、逻辑与认知科学、逻辑与计算机科学）。逻辑与文化研究中心的研究方向涵盖了逻辑学、语言学及计算机科学多个领域，是一个以逻辑学、语言学为主，跨学科、多领域交叉的综合性研究机构。贵州民族大学逻辑、文化与认知研究中心将逻辑与认知科学、逻辑学与民族文化的深度融合，致力于改善逻辑学单学科突进的研究状态。

二 研究人员

（一）专职研究人员

序号	姓名	性别	毕业院校	专业	学位	职称	学术职务
1	蔡曙山	男	中国社会科学院	逻辑学	博士	教授	中国逻辑学会副会长 中国语言逻辑专委会主任 国际符号学研究会执行理事 国际符号交际学院会士 博士生导师
2	张学立	男	南开大学	逻辑学	博士	教授	教育部哲学类本科专业教学指导委员会副主任委员 中国逻辑学会副会长 中国逻辑史专委会主任 贵州省逻辑学会会长 贵州省民族文化学会会长 博士生导师

续表

序号	姓名	性别	毕业院校	专业	学位	职称	学术职务
3	张仁明	男	山西大学	汉语言文字学	硕士	教授	墨子学会会员 中国语言学会会员 硕士生导师
4	傅于川	男	贵州师范大学	思想政治教育	学士	教授	毕节学院学科带头人
5	王兆春	男	贵州大学	汉语言文字学	硕士	教授	中国语言学会会员
6	张明生	男	贵州大学	计算机软件与理论	博士	教授	贵州省计算机学会常务理事
7	李贤军	男	贵州民族大学	中文	学士	教授	贵州省逻辑学会原副会长
8	杨岗营	男	南开大学	逻辑学	博士	教授	中国逻辑学会会员 中国逻辑史专委会副秘书长
9	董英东	男	南开大学	逻辑学	博士	教授	中国逻辑学会会员
10	张永斌	男	中央民族大学	语言学	博士	副教授	中国语言学会会员
11	张家锋	男	西南交通大学	计算机科学与技术	博士	副教授	中国逻辑学会会员
12	李德虎	男	贵州大学	古代文学	硕士	副教授	中国逻辑学会会员 毕节学院中青年学术骨干
13	曹发生	男	中山大学	逻辑学	博士	副教授	中国逻辑学会会员 毕节学院中青年学术骨干
14	马赛	男	贵州大学	逻辑学	硕士	副教授	中国逻辑学会会员
15	李廷扬	男	毕节师范高等专科学校	中文		副教授	毕节学院学科带头人
16	余军成	男	西南大学	逻辑学	博士	副教授	中国逻辑学会会员 贵州省逻辑学会常务理事
17	张存建	男	西南大学	逻辑学	博士	副教授	中国逻辑学会会员
18	颜中军	男	华东师范大学	外国哲学	博士	副教授	中国逻辑学会会员
19	甘伟	男	中山大学	逻辑学	博士	副教授	无
20	张正华	男	中国科学院大学	科技哲学	博士	副教授	无
21	戚金霞	女	贵州大学	逻辑学	硕士	讲师	中国逻辑学会会员
22	彭麟淋	女	贵州大学	外国哲学	硕士	副教授	中国逻辑学会会员
23	李琦	女	贵州大学	逻辑学	硕士	讲师	中国逻辑学会会员
24	向钘	男	西南大学	逻辑学	硕士	副教授	中国逻辑学会会员

（二）兼职研究人员

序号	姓名	性别	工作单位	专业	学位	职称	聘任类型	聘任时间（年）
1	赵总宽	男	中国人民大学	逻辑学	学士	教授	兼职教授	2007
2	任晓明	男	南开大学	逻辑学	博士	教授	兼职研究员	2007
3	翟锦程	男	南开大学	逻辑学	博士	教授	兼职研究员	2008
4	张晓芒	男	南开大学	逻辑学	博士	教授	兼职研究员	2008
5	吴克峰	男	南开大学	逻辑学	博士	教授	兼职研究员	2008
6	熊明辉	男	中山大学	逻辑学	博士	教授	兼职研究员	2008
7	曾昭式	男	中山大学	逻辑学	博士	教授	兼职研究员	2008
8	王克喜	男	南京大学	逻辑学	博士	教授	兼职研究员	2008
9	杨武金	男	中国人民大学	逻辑学	博士	教授	兼职研究员	2008
10	毕富生	男	山西大学	逻辑学	硕士	教授	兼职研究员	2008
11	王向清	男	湘潭大学	逻辑学	硕士	教授	兼职研究员	2008
12	张斌峰	男	中南财经政法大学	逻辑学	博士	教授	兼职研究员	2008
13	刘邦凡	男	燕山大学	逻辑学	博士	教授	兼职研究员	2008
14	关兴丽	女	天津商业大学	逻辑学	博士	副教授	兼职研究员	2008
15	黄朝阳	男	厦门大学	逻辑学	博士	副教授	兼职研究员	2008
16	刘明明	男	天津财经大学	逻辑学	博士	副教授	兼职研究员	2008
17	王建芳	女	中国政法大学	逻辑学	博士	副教授	兼职研究员	2008
18	邓玉竹	女	贵州师范大学	管理心理学	硕士	教授	兼职研究员	2008
19	邹崇理	男	中国社会科学院	逻辑学	博士	教授	客座教授 兼职教授	2011 2015
20	周建设	男	首都师范大学	语言学	博士	教授	客座教授	2015
21	陈保亚	男	北京大学	语言学	博士	教授	客座教授	2015
22	江铭虎	男	清华大学	信号与信息处理	博士	教授	客座教授	2015
23	张寅生	男	中国科学技术信息研究所	科学技术哲学	博士	研究员	客座教授	2015
24	张建伟	男	德国汉堡大学	计算机科学	博士	教授	客座教授	2015
25	冯胜利	男	香港中文大学	社会语言学	博士	教授	客座教授	2015

续表

序号	姓名	性别	工作单位	专业	学位	职称	聘任类型	聘任时间（年）
26	白晨	男	北京第二外国语学院	认知心理学	博士	副教授	客座副教授	2015
27	衣新发	男	陕西师范大学	心理学	博士	副教授	客座副教授	2015
28	朱滢	男	北京大学	心理学	硕士	教授	兼职教授	2016
29	沈政	男	北京大学	人体及动物生理学	硕士	教授	兼职教授	2016
30	张力	男	北京大学	心理学	博士	副教授	兼职副教授	2016
31	傅小兰	女	中国科学院	认知心理学	博士	研究员	客座教授	2016
32	周晓林	男	北京大学	心理学	博士	教授	客座教授	2016
33	李虹	女	清华大学	心理学	博士	教授	客座教授	2016

三 科研项目

序号	项目名称	项目来源	立项时间	立项经费（万元）	主持人	完成情况
1	语言、思维、文化层级的高阶认知研究	国家社会科学基金重大招标项目	2015	80	蔡曙山	在研
2	黔西北濒危彝族钞本文献整理和研究	教育部哲学社会科学重大课题攻关项目	2012	120（含配套）	张学立	结题
3	彝族古歌整理与研究	教育部哲学社会科学重大课题攻关项目	2019	80	张学立	在研
4	八卷本《中国逻辑史》第五子项目：中国逻辑的深化发展	国家社科基金重大招标项目	2014	5	张学立	在研
5	《语言、思维、文化层级的高阶认知研究》子项目：民族语言、民族文化与认知	国家社科基金重大招标项目	2015	10	张学立	在研
6	中西方必然推理比较研究——以《九章算术》刘徽注为对象	国家社科基金西部项目	2011	24（含配套）	张学立	结题
7	佛教量论研究	国家社科基金项目	2012	15	张连顺	结题

续表

序号	项目名称	项目来源	立项时间	立项经费（万元）	主持人	完成情况
8	日僧善珠《因明论疏明灯抄》校释及研究	国家社科基金冷门绝学项目	2018	30	张连顺	在研
9	基于动态认知信息的逻辑研究	国家社科基金后期资助项目	2014	32（含配套）	董英东	结题
10	动态信息的信念修正逻辑研究	国家社科基金后期资助项目	2018	20	董英东	在研
11	基于计算实验的货币政策传导系统演化研究：向观基础、演化机制与管理策略	国家自科基金项目	2015	59.2（含配套）	王祥兵	结题
12	GFC-空间中的约束多目标对策研究	国家自科基金项目	2014	38.4（含配套）	文开庭	结题
13	中国新发现濒危语言蔡家话参考语法研究	国家社科基金项目	2015	32（含配套）	张永斌	结题
14	贵州世居少数民族传统思维与论证模式研究	中宣部文化名家暨"四个一批"人才专项资助自主选题项目	2016	50	张学立	在研
15	基于广义论证的比较逻辑研究	教育部人文社科规划基金项目	2012	18（含配套）	杨岗营	结题
16	《墨经》释义研究	教育部人文社科规划基金项目	2012	17.2（含配套）	王兆春	结题
17	彝族经济思想研究	教育部人文社科规划基金项目	2013	17.2（含配套）	王祥兵	结题
18	贵州少数民族传统认知研究	贵州省哲学社会科学规划文化单列课题	2017	60	张学立	在研
19	贵州逻辑史论	贵州省优秀科技教育人才省长专项资金项目	2008	7.6（含配套）	张学立	结题
20	毕节彝族历史文化研究	贵州省优秀科技教育人才省长专项资金项目	2009	9（含配套）	张学立	结题
21	地方新建本科院校逻辑教学改革与创新研究	贵州省高校教学质量与教学改革工程项目	2008	1.6（含配套）	张学立	结题
22	中国逻辑必然推理研究——以《九章算术》刘徽注为对象	贵州省哲学社会科学规划项目	2011	4（含配套）	杨岗营	结题
23	贵州彝族特色文化资源创新融合发展研究	贵州省甲秀文化人才项目	2015	5	杨岗营	在研

续表

序号	项目名称	项目来源	立项时间	立项经费（万元）	主持人	完成情况
24	《墨经》用字研究	贵州省哲学社会科学规划项目	2013	4（含配套）	张仁明	结题
25	民族杂居地区语言生态与语言保护问题研究——以毕节试验区为个案	贵州省哲学社会科学规划青年项目	2009	1.08（含配套）	张永斌	结题
26	基于动态信息的概率认知逻辑研究	中国博士后资助项目	2013	10	董英东	结题
27	基于动态认知逻辑的协议信息研究	贵州省哲学社会科学规划项目	2014	4（含配套）	董英东	结题
28	基于逻辑视域的自然种类词项指称机制研究	贵州省哲学社会科学规划青年项目	2012	2（含配套）	余军成	结题
29	直觉主义逻辑演绎思想研究	贵州省哲学社会科学规划项目	2017	8（含配套）	余军成	在研
30	轻量级描述逻辑的保守扩充	贵州省教育厅青年科技人才成长项目	2013	5.4（含配套）	聂登国	结题
31	陈那比量研究	贵州省哲学社会科学规划青年项目	2019	2	甘伟	在研
32	《苏巨黎咪》彝族传统思维研究	贵州省哲学社会科学规划青年项目	2018	2	李琦	在研
33	基于格值逻辑的自动推理方法研究	贵州省科技厅联合基金项目	2013	10	张家锋	结题
34	基于格值逻辑的α－调解自动推理研究	贵州省科技厅基础研究计划项目	2017	6	张家锋	在研
35	基于格值命题逻辑的语义调解自动推理	贵州省教育厅青年科技人才成长项目	2016	6	张家锋	在研

四 代表性科研成果

（一）著作

序号	作者	著作名称	出版社、出版时间
1	蔡曙山	人类的心智与认知	人民出版社，2016年1月出版

续表

序号	作者	著作名称	出版社、出版时间
2	蔡曙山	心智与认知	人民出版社，2014年2月出版
3	张学立	中国逻辑史研究（第一辑）	中国社会科学出版社，2017年10月出版
4	张学立	黔西北濒危彝族钞本文献研究	民族出版社，2015年12月出版
5	张学立、余军成	大学逻辑教程	高等教育出版社，2014年8月出版
6	张学立	哲学逻辑引论	科学出版社，2013年6月出版
7	张学立	比较视域下的逻辑探究	中国社会科学出版社，2009年11月出版
8	张学立	回顾与前瞻：中国逻辑史研究30年	中国社会科学出版社，2011年5月出版
9	张学立	大学逻辑（第一版）	贵州人民出版社，2007年8月出版
10	张学立	大学逻辑（第二版）	贵州人民出版社，2009年8月出版
11	张连顺	释量论自义比量品略解浅疏	甘肃民族出版社，2017年6月出版
12	张连顺（合著）	佛教逻辑研究	中西书局，2015年12月出版
13	张连顺（合著）	当代中国逻辑学研究	中国社会科学出版社，2013年3月出版
14	张连顺	释量论成量品略解浅疏	甘肃民族出版社，2011年10月出版
15	张连顺（译著）	佛教逻辑学之研究	中华书局，2010年9月出版
16	董英东	基于动态信息的逻辑研究	中国人民大学出版社，2017年9月出版
17	张家锋	基于格值逻辑的语义归结自动推理	西南交通大学出版社，2017年8月出版
18	张仁明、王兆春	墨经辞典	贵州人民出版社，2010年5月出版
19	张仁明（第一作者）	墨守辞典	贵州人民出版社，2010年5月出版
20	杨岗营（副主编）	新编归纳逻辑导论——机遇、决策与博弈的逻辑	河南人民出版社，2009年6月出版
21	张存建（译）	逻辑的艺术	重庆大学出版社，2011年1月出版

（二）论文

2006年至今，专职研究人员共发表学术论文300余篇，其中三大检索收录20余篇，核心期刊100余篇。

序号	姓名	论文题目	发表刊物、刊期	备注
1	曹发生	循环 ALCN – Tbox 具有模型的条件	计算机学报 2008 年第 1 期	核心期刊 EI 收录
2	张家锋	α – Genenralized Semantic Resolution Method in Linguistic Truth-valued Propositional Logic ΛV（n×2）P（X）	International Journal of Computational Intelligent System 2014 年第 3 期	核心期刊 EI 收录
3	曹发生（第三作者）	描述逻辑系统 FLEN 中概念最小公共包含算法研究	计算机研究与发展 2010 年第 6 期	核心期刊 EI 收录
4	张家锋（第一作者）	α – Resolution Fields of Generalized Literals in Lattice-valued Propositional Logic	Journal of Computational Information System 2012 年第 18 期	EI 收录
5	张家锋（第一作者）	α – Semantic Resolution Method in Lattice-valued Logic	FSKD2011 国际会议论文集 2011 年 7 月	EI 收录
6	张家锋（第一作者）	α – Genenralized Semantic Resolution Method in Linguistic Truth-valued Propositional Logic ΛV（n×2）P（X）	International Journal of Computational Intelligent System 2014 年第 1 期	SCI 收录
7	张家锋（第一作者）	Positive Solutions for a Nonlocal Schrödinger-Newton System Involving Critical Nonlinearity	Computers & Mathematics with Applications 2018 年第 8 期	SCI 收录
8	曹发生 张学立	The Relation between the Number-restriction and the Value Restriction on Fragments of ALCN	International Conference on Foundations and Applications of Computational Intelligence 2010 年 8 月	论文集 ISTP 收录
9	张家锋（第一作者）	α – Resolution Fields of Generalized Literals in Lattice-valued Propositional Logic（$L_n × L_2$）P（X）	International Conference on Foundations and Applications of Computational Intelligence 2010 年 8 月	论文集 ISTP 收录
10	张连顺	许慎《说文解字》的逻辑 – 认知构造	哲学研究 2015 年第 12 期	核心期刊
11	张连顺	概念与命题	世界哲学 2016 年第 3 期	核心期刊
12	张连顺	印度陈那、法称"二量说"的逻辑确立	逻辑学研究 2018 年第 3 期	核心期刊
13	张连顺	法称的逻辑学	西南民族大学学报 2012 年第 12 期	核心期刊

第八章　逻辑教学与学科建设

续表

序号	姓名	论文题目	发表刊物、刊期	备注
14	张连顺	近现代史上中日两国接受西洋哲学与宗教的异同比较研究	中州学刊 2010年第5期	核心期刊
15	蔡曙山 薛小迪	人工智能与人类智能	北京大学学报 2016年第7期	核心期刊
16	蔡曙山	自然与文化——认知科学三个层次的自然文化馆	学术界 2016年第4期	核心期刊
17	蔡曙山	论人类认知的五个层级	学术界 2015年第12期	核心期刊
18	张学立 张存建	从温公颐墨辩逻辑研究看中国逻辑的理论属性	学术界 2016年第4期	核心期刊
19	张学立	新近中国逻辑史研究的特点和趋势	湖南科技大学学报（社科版），2013年第2期 中国人民大学复印报刊资料《逻辑》全文转载	核心期刊
20	蔡曙山 殷岳	论批判性思维的临界性	湖北大学学报 2016年第4期	核心期刊
21	张学立 王东浩	具有不确定性的溯因推理	南昌大学学报（人文社会科学版） 2014年第5期	核心期刊
22	曹发生	信息系统更新的自动机	逻辑学研究 2015年第2期	核心期刊
23	张家锋	格值逻辑命题逻辑（Ln×L2）P(X)中广义文字的α-归结性	计算机工程与应用 2015年第12期	核心期刊
24	张家锋	语言真值格值命题逻辑LF(X)中的α-语义归结方法	计算机科学 2015年第11期	核心期刊
25	张家锋	格值一阶逻辑LF(X)中的α-语义归结方法	计算机科学 2014年第9期	核心期刊
26	张学立 杨岗营	回顾与前瞻：中国逻辑史研究30年	哲学动态 2011年第8期	核心期刊
27	张存建 （第一作者）	一个基于三角模式的个体利他行为解释	哲学动态 2011年第5期	核心期刊
28	颜中军	符号·涵义·意谓——对弗雷格意义理论的几点思考	自然辩证法研究 2007年第8期	核心期刊
29	颜中军	试论弗雷格的反心理主义逻辑观	自然辩证法研究 2008年第8期	核心期刊

续表

序号	姓名	论文题目	发表刊物、刊期	备注
30	张存建（第一作者）	论自然各类词项的指称机制	自然辩证法研究 2011年第10期	核心期刊
31	张学立	试论金岳霖对逻辑真的认识	哲学研究（逻辑学研究专辑）2006年3月	核心期刊
32	张学立 刘新文	第九次中国逻辑大会综述	哲学动态 2013年第2期	核心期刊
33	余军成 张学立	达米特逻辑哲学思想研究的现状及反思	贵州社会科学 2017年第1期	核心期刊
34	张学立（第一作者）	试论比较逻辑成为独立学科的合理性	中州学刊 2007年第4期	核心期刊
35	张家锋（第一作者）	格值一阶逻辑中α-语义归结方法的相容性	辽宁工程技术大学学报 2016年第11期	核心期刊
36	张家锋（第一作者）	格值一阶逻辑LF（X）中α-广义语义归结方法的相容性	模糊系统与数学 2016年第1期	核心期刊
37	张家锋（第一作者）	语言真值格值命题逻辑中的α-语义归结方法	计算机科学 2015年第11期	核心期刊
38	张家锋（第一作者）	格值命题逻辑系统（Ln×L2）P（X）中广义文字的α-归结性	计算机工程与应用 2015年第24期	核心期刊
39	杨岗营 张学立	中国逻辑必然推理探析——兼论"中国古代是否有逻辑"	学术交流 2011年第11期	核心期刊
40	张家锋（第一作者）	格值命题逻辑系统LP（X）中一类子句集的语义归结方法	辽宁工程技术大学学报（自然科学版）2010年第5期	核心期刊
41	曹发生（第一作者）	描述逻辑系统UEVN中概念的包含关系	计算机工程与应用 2010年第30期	核心期刊
42	余军成（第一作者）	论《墨经》中的"止"式推理	西南大学学报（社会科学版）2011年第1期	核心期刊
43	余军成（第一作者）	论直觉主义谓词逻辑的矢列式自然演绎系统	湖南科技大学学报（社会科学版）2016年第5期	核心期刊
44	余军成（第一作者）	中国逻辑史第十五次全国学术研讨会综述	逻辑学研究 2014年第1期	核心期刊
45	余军成（第一作者）	论达米特的命题与事实观	科学技术哲学研究 2016年第1期	核心期刊

第八章 逻辑教学与学科建设

续表

序号	姓名	论文题目	发表刊物、刊期	备注
46	张学立（第一作者）	回溯推理探赜——兼复倪荫林教授	晋阳学刊 2009年第3期	核心期刊
47	颜中军	论直觉主义逻辑对经典逻辑的挑战	湘潭大学学报（哲学社会科学版） 2011年第3期	核心期刊
48	甘伟	汉传"八门二益"之比量及陈那思想的转变	湖北大学学报（哲学社会科学版） 2017年第6期	核心期刊
49	甘伟	简帛《五行》篇"圣人论"探究	广西社会科学 2017年第2期	核心期刊
50	甘伟	因明论式中的"喻"	西北民族大学学报（哲学社会科学版） 2017年第1期	核心期刊
51	甘伟	《楞伽经》的中道逻辑	五台山研究 2016年第1期	核心期刊
52	李琦 张学立	《苏巨黎咪》彝族法思维的生成与类型	贵州民族研究 2019年第9期	核心期刊
53	张家锋（第一作者）	四值非链格值命题逻辑系统L4P（X）的语义归结原理	计算机应用研究 2011年第9期	核心期刊
54	张家锋（第一作者）	格值命题逻辑系统LP（X）的语义归结方法	辽宁工程技术大学学报（自然科学版） 2011年第4期	核心期刊
55	曹发生（第一作者）	模态代数的主同余	山东大学学报（理学版） 2019年第9期	核心期刊
56	曹发生（第二作者）	格的标准元和分配元的主同余	山东大学学报（理学版） 2010年第11期	核心期刊
57	曹发生（第一作者）	格L的元与主同余的关系	西南大学学报（自然科学版） 2009年第12期	核心期刊
58	张存建	杜威名称思想及其启迪	山西师大学报 2011年第11期	核心期刊
59	杨岗营	中国古代数学中的推理机制与程序研究	前沿 2010年第14期	核心期刊
60	曹发生（第一作者）	基于矩阵模型表示的（线性）有限自动机的同步序列判定	数学的实践与认识 2011年第4期	核心期刊

续表

序号	姓名	论文题目	发表刊物、刊期	备注
61	曹发生（第一作者）	循环自动机的等价性	计算机工程与应用 2011 年第 4 期	核心期刊
62	曹发生（第一作者）	半分配同余簇主同余的研究	福州大学学报（自然科学版）2010 年第 3 期	核心期刊
63	曹发生（第一作者）	有单位元的环的主同余	江西师范大学学报 2010 年第 2 期	核心期刊
64	张家锋（第一作者）	R0-代数滤子的粗糙性	模糊系统与数学 2010 年第 6 期	核心期刊
65	李贤车（第一作者）	对比分析理论与"二语"条件下汉语思维能力培养	语文建设 2012 年第 16 期	核心期刊
66	张存建 张学立	如何消除西方学者对中国传统哲学的误读	http://www.philosophy.org.cn 2019 年 5 月	中国社会科学网

（三）获奖

序号	获奖作者	成果类别	成果名称	获奖来源	备注
1	张学立	专著	金岳霖逻辑哲学思想研究	中国逻辑学会第二届优秀成果奖科研二等奖（2008 年 11 月）	国家一级学会奖
2	张学立（第一作者）	论文	试论比较逻辑成为独立学科的合理性	贵州省第八次哲学社会科学优秀成果二等奖（2010 年 2 月）	省部级奖
3	张学立（第一作者）	论文	从温公颐墨辩逻辑研究看中国逻辑的理论属性	贵州省第十二次哲学社会科学优秀成果奖论文类二等奖（2018 年 8 月）	省部级奖
4	张学立	专著	金岳霖逻辑哲学思想研究	贵州省第六次哲学社会科学优秀成果著作类三等奖（2005 年 5 月）	省部级奖
5	张连顺	专著	经验与超验	贵州省第六次哲学社会科学优秀成果著作类三等奖（2005 年 5 月）	省部级奖
6	张仁明（第一作者）	著作	墨守辞典	贵州省第九次哲学社会科学优秀成果著作类三等奖（2011 年 12 月）	省部级奖

续表

序号	获奖作者	成果类别	成果名称	获奖来源	备注
7	董英东	研究报告	基于动态信息的逻辑研究	贵州省第十二次哲学社会科学优秀成果奖研究报告类三等奖（2018年8月）	省部级奖
8	张学立	课程	逻辑学	贵州省高等学校教学名师奖（2008年5月）	省部级奖
9	张学立 李德虎 颜中军 余军成 向铟	教材	大学逻辑（第一版）	贵州省高等教育省级教学成果一等奖（2008年11月）	省部级奖
10	张学立（第一作者）	论文	"三元融合"人才培养模式的探索与实践	贵州省第九届高等教育教学成果奖一等奖（2018年5月）	省部级奖
11	张学立（第二作者）	论文	大学本科生学业评价体系改革与实践	贵州省第九届高等教育教学成果奖二等奖（2018年5月）	省部级奖
12	张学立	论文	回溯推理独立存在的合理性问题探微	贵州省高校哲学社会科学优秀成果评选论文类二等奖（2007年10月）	地厅级奖
13	张仁明 王兆春等	著作	墨经辞典	第三届贵州省高校人文社会科学优秀成果著作类三等奖（2011年9月）	地厅级奖

五　学术平台

1. 贵州省重点学科——民族文化与认知科学；

2. 贵州省重点支持学科——逻辑学；

3. 贵州省社会科学院重点学科——民族文化与认知科学；

4. 贵州省省级优秀教学团队——逻辑学通识教育教学团队；

5. 毕节试验区人才基地重点产业、重点学科人才团队——逻辑与创新思维人才团队；

6. 毕节学院校级重点建设学科——逻辑学；

7. 毕节学院校级精品课程——《逻辑学》。

六 学术交流

(一) 国际学术交流

1. 出席第 13 届国际逻辑学、方法论与科学哲学大会（2007 年）；

2. 出席第二届世界泛逻辑大会（2007 年）；

3. 出席第八届国际墨子鲁班学术研讨会（2010 年）；

4. 参加中欧逻辑、语言与计算交流培训（2010 年）；

5. 出席第二届中国逻辑史国际会议（2013 年）；

6. 出席第三届中国逻辑史国际会议（2014 年）；

7. 出席第七届全国认知科学会议暨第一届中国与世界认知科学国际会议（2015 年）；

8. 联合主办第八届全国认知科学会议暨第二届中国与世界认知科学国际会议（2016 年）；

9. 承办皮尔士逻辑与哲学国际学术研讨会（2016 年）；

10. 联合主办、承办第九届全国认知科学会议暨第三届中国与世界认知科学国际会议（2017 年）；

11. 联合主办第十届全国认知科学会议暨第四届中国与世界认知科学国际会议（2018 年）；

12. 联合主办第十一届全国认知科学会议暨第五届中国与世界认知科学国际会议（2019 年）。

(二) 国内学术交流

1. 出席中国逻辑史研讨会（2007 年）；

2. 联合主办第 3 届全国性逻辑系统专题研讨会暨贵州制约逻辑学会学术年会（2007 年）；

3. 协办第八次中国逻辑大会（2008 年）；

4. 联合主办第 4 届全国性逻辑系统、智能科学与信息科学学术会议（2008 年）；

5. 出席"推动社会主义文化大发展大繁荣学术研讨会"暨贵州省哲学学会学术年会（2008 年）；

6. 出席"综合的时代：认知科学的发展及其影响"全国首届关于认知科学的综合性学术研讨会（2009年）；

7. 出席中国传统类比思维研究会（2009年）；

8. 出席中国墨子学会年会（2009年）；

9. 协办纪念中国逻辑学会成立30周年大会（2009年）；

10. 协办第二届全国认知科学会议（2010年）；

11. 出席纪念金岳霖先生诞辰115周年学术研讨会暨金岳霖学术颁奖会（2010年）；

12. 出席全国"逻辑学史"学术研讨会（2010年）；

13. 承办"回顾与前瞻：中国逻辑史研究30年"全国学术研讨会（2010年），这是毕节地区首次举办的全国性学术会议；

14. 承办贵州省逻辑学会首次会员代表大会暨成立大会（2011年）；

15. 承办"经济飞速发展背景下道德现状的哲学思考"学术研讨会暨贵州省哲学学会2011年年会；

16. 出席中国逻辑史全国学术研讨会（2011年）；

17. 出席川渝逻辑学术研讨会暨苏天辅先生90周年华诞学术座谈会（2011年）；

18. 承办第六届全国认知科学会议（2014年）；

19. 主办贵州省逻辑学会学术年会（2014年）；

20. 出席温公颐学术思想研讨会暨中国逻辑史方法论研讨会（2014年）；

21. 承办第十六次中国逻辑史全国学术研讨会（2015年）；

22. 承办民族文化与认知科学学术研讨会（2015年）；

23. 出席中国逻辑学会第十次全国代表大会暨学术年会（2016年）；

24. 主办贵州省逻辑学会学术年会暨换届工作会议（2016年）；

25. 主办贵州省逻辑学会学术年会（2017年）；

26. 出席中国逻辑学会第二届全国学术会议暨河南省逻辑学会（2018年）；

27. 联合主办、承办全国形式逻辑研讨会暨川渝黔滇逻辑学会年会

（2018 年）；

28. 联合主办全国形式逻辑研讨会暨川渝黔滇逻辑学会年会（2015年、2017 年、2019 年）。

总之，从贵州大学、贵州民族大学、贵州工程应用技术学院（原毕节学院）和其他高校①的逻辑学精品课程建设、逻辑通识教育和逻辑学科建设来看，贵州省的逻辑教学、研究和学科建设可以概括为三点：逻辑学精品课程建设成效初现；逻辑通识教育惠及面广；逻辑研究和学科建设特色鲜明、成果丰硕。由此可见，贵州省逻辑教学、科研和学科建设为推进我国的逻辑教学、科研和学科建设做出了积极贡献。

---

① 由于时间和精力所限，未能全面概括贵州的逻辑教学和学科建设所取得的成就，尤其是除贵州工程应用技术学院和贵州民族大学之外其他的省内高校所取得的成果，难免挂一漏万，特此致歉。

第九章

西方逻辑在贵州传播的价值和展望

第一节 西方逻辑在贵州传播的历史价值

肇始于1905年的西方逻辑在贵州的传播历史进程，迄今已历百年有余。其间发展，有沉有浮，有衰有盛；经历过长期的沉寂，也经历了改革开放以来研究的繁荣。探究西方逻辑在贵州传播的历史价值，以资为贵州省逻辑科学未来发展之鉴，以下三方面尤其值得关注和深思。

一 西方逻辑在贵州的传播和西方逻辑在中国的传播基本同步

从全国范围内看，西方逻辑大规模传入中国有两个标志性事件。第一，严复在1900年开办"名学会"，大力宣讲西方逻辑，并相继翻译出版《穆勒名学》（金陵蒯氏金粟斋1905年木刻初版）、《名学浅说》（上海商务印书馆1909年初版）。"一时风靡，学者闻所未闻，吾国政论之根抵名学理论者，自此始也。"[①] 此为西方逻辑在中国大规模传播提供了文本载体。第二，梁启超秉承孙诒让治墨经验以及对中西方逻辑共同性的认识，通过比较研究，相继发表论文《子墨子学说》（1902）、《墨子论

---

① 转引自温公颐、崔清田主编《中国逻辑史教程（修订本）》，南开大学出版社2001年版，第315页。

理学》(1904),"以欧美现代名物训释古书,甚或以欧美现代思想衡量古人"①。就是用西方逻辑的理论体系和框架去梳理和挖掘先秦名学的思想内容。梁启超的研究为西方逻辑在中国大规模传播找到了深厚的文化基础,发逻辑与文化研究之轫,为西方逻辑在中国的大规模传播提供了文化载体。随着西方文化的广泛流传和诸子学研究的深入进行,西方逻辑在中国学术界、思想界普遍受到了人们的广泛重视,逻辑作为一种科学的方法逐渐被接受,深刻地影响着中国近代学术与文化的发展。从西方逻辑在贵州省的早期传播情况看,1905 年,贵阳人王延直创建贵阳论理学社,开始在贵州宣讲逻辑学,并于 1912 年著《普通应用论理学》,由云南印刷局印刷,贵阳论理学社发行。对比可见,西方逻辑在贵州的传播基本保持了和全国发达地区的同步,实为内陆省份所少见。这充分说明了贵州人民勇于接受新思想、新方法,具有"敢为天下先"的人文精神。

二 制约逻辑研究基地诞生于贵州

贵州省的制约逻辑研究,在中国逻辑学界称得上是原创性的成果。林邦瑾著《制约逻辑》,系统介绍了制约逻辑的语法学、语义学和语用学。但是,林邦瑾的研究,在当时主流逻辑学界引起一些质疑。值得注意的是,这种内涵逻辑在贵州大地得到迅速传播。以龚启荣、何伊德、蒋学峰为代表的一批学者发表了不少成果,如龚启荣的"Lin's Entailment Logic and Knowledge Representation"(1992),何伊德的"Lin's Entailment Logic – A Development of Traditional Logic Our Times"(1987)、《逻辑科学的新体系》(1987),龚启荣的"An Analysis to Lin's Entailment Logic by the Classical Proposition"(1998),何伊德的"Entailment Logic and Manmand Intelligence"(1990),蒋学峰的"Knowledge Representation by CER-LEL Approach"(1990)和"基于内涵逻辑的新型消解法"(1998)等论文被国际重要学术期刊或会议论文集收录。1990 年,贵州省一级学

---

① 梁启超:《先秦政治思想史》,《饮冰室合集》第 9 卷,中华书局 1988 年版,第 13 页。

会——贵州制约逻辑学会的成立，为这一成果的深化研究，打下了良好的基础。贵州制约逻辑学会成立以来，举办了多次学术研讨会，并有不定期刊物和自己的网站。

上述事实表明，贵州这片土地，有很强的学术包容力。学术的包容力表现在学术研究观念上，就是：学术自由。"百花齐放，百家争鸣"的学术氛围，这是西方逻辑传播带给贵州省的又一历史价值。

三 逻辑学界薪火相传名家辈出

改革开放以来，贵州籍逻辑学工作者在不同的领域取得了令人瞩目的成绩，有学者已经跻身逻辑学大家、名家行列。中国逻辑学会副会长、中国逻辑学会语言逻辑专委会主任、贵州民族大学民族文化与认知科学学院院长、清华大学心理与认知研究中心主任、博士生导师蔡曙山在国内首倡语用逻辑研究，提出认知逻辑的学科框架并开创心理逻辑研究，在语言逻辑和心理逻辑领域取得了一批有国际影响力的成果。其代表作《语用逻辑研究》，用现代逻辑的研究方法，在国际上首创语用逻辑的形式化研究，得到国际著名逻辑学家塞尔的高度评价。中国逻辑学会法律逻辑专委会副主任、教育部人文社会重点研究基地——中山大学逻辑与认知研究所副所长、博士生导师熊明辉教授在非形式逻辑应用于法律推理的研究领域，独辟蹊径，在结果可修正的法律推理模式研究以及法律论证领域，取得了丰硕的研究成果。教育部哲学类专业教学指导委员会副主任委员、中国逻辑学会副会长、中国逻辑学会中国逻辑史专委会主任、贵州省逻辑学会会长、省级重点支持学科——逻辑学学科带头人、省级重点学科——民族文化与认知科学学科带头人、贵州民族大学博士生导师、张学立教授，在金岳霖逻辑哲学研究、比较逻辑理论体系建构等方面，皆为全国首倡者，其专著《金岳霖逻辑哲学思想研究》获中国逻辑学会专著类二等奖（一等奖空缺），是中西部地区高校逻辑学科研成果的较高学术荣誉。此外，在中国逻辑学会专业委员会担任副主任的还有：中国逻辑学会中国逻辑史专委会副主任、中国人民大学哲学院杨武金教授；中国逻辑学会现代逻辑专委会副主任、中央财经大学现代逻辑研究所所长袁正校教授等，他们也在各自领域取得了丰硕的研究成果，为学界所瞩目。

上述五位黔籍逻辑学者，只是贵州省众多逻辑学工作者的代表。放眼中国逻辑学会及其各专委会，以省级计，黔籍逻辑学者担任副主任以上职务的人数，完全可以和经济文化发达地区比肩。这毋宁说是西方逻辑在贵州省传播历史价值得以彰显的又一重要例证。

第二节 西方逻辑在贵州传播的现状

自1979年中国逻辑学会成立以来，我国的逻辑科学在教学与科研诸方面都取得了显著成就。贵州省逻辑教学与科研成就作为全国逻辑成果的有效组成部分，主要表现在以下几个方面：一是学术活动日趋频繁；二是学科建设成绩突出；三是科学研究成果丰硕；四是教学改革持续深化。

一 学术活动日趋频繁

学术团体活动方面。1980年，以高校文科逻辑课程教师为主的贵州逻辑小组在贵阳师范学院（现贵州师范大学）政教系成立。时隔7年，贵州逻辑学会成立（贵州哲学学会下的省二级学会）。其后，在贵州省高等教育研究会之下又成立了贵州省逻辑教学研究会，同属省二级学会。1990年又成立省一级学会贵州制约逻辑学会。此外，部分学者分别担任了中国逻辑学会副会长、副秘书长、常务理事和中国逻辑史专委会、形式逻辑专委会及因明专委会主任委员或副主任委员。2010年，由毕节学院、贵州大学、贵州师范大学、贵州师范学院等逻辑工作者发起的"贵州逻辑学会"（省一级学会）顺利完成筹备工作，2011年12月正式成立。可以预见，这个贵州逻辑工作者共同的学术交流高端平台，将为贵州省逻辑科学的发展做出更大的贡献。

学术平台建设方面。《黔南民族师范学院学报》于2004年设置逻辑学研究专栏，系全国高校学报中首家每期均设逻辑专栏的学术期刊，后因专栏主持人调离,该专栏没有继续下去。其后,《毕节学院学报》(综合版)于 2006 年设置逻辑学研究专栏。在当时我国还没有逻辑学专业刊物的情况下,它为广大逻辑工作者提供了一个不可多得的成果发表和学术争鸣的宝贵阵地。2015 年 1 月,《贵州民族大学学报》(哲学社会科学版)增设"逻辑与认知"专栏,由蔡曙山担任栏目主持人,该栏目是《贵州民族大学学报》"创建'名栏'、'名刊'工程"的重点建设专栏之一。这些都为贵州逻辑学的发展搭建了良好的学术交流和学术活动的重要平台。

会议交流方面。自 20 世纪 80 年代起,贵州开始举办全国性和地方性逻辑学术会议,如,1982 年 8 月,中国逻辑学会逻辑与语言研究会和贵州省哲学学会逻辑组在贵阳召开了中国逻辑学会逻辑与语言研究会年会;1995 年 7 月,中国逻辑学会法律逻辑专委会主办的第七届全国法律逻辑学术讨论会在贵阳召开;2009 年 9 月,贵州大学举办了"当代中国逻辑学史"学术研讨会;同月,国际逻辑会议(LOGIC,2009)暨著名数理逻辑学家新加坡国立大学庄志达教授 60 华诞庆祝活动在贵州大学举行。在举办国际性、全国性和地方性学术会议的同时,贵州学者与国内外同行的学术交流也日趋增多。一方面,自 20 世纪 80 年代初起,贵州先后有一批学者被派往省外研习逻辑,为日后从事逻辑教学和研究工作打下了较好的基础。李祥到华中工学院(现华中科技大学)数理逻辑班学习;丁家顺到中国人民大学学习辩证逻辑;刘宗棠到教育部主办、设在南京大学的数理逻辑研究班学习数理逻辑;龚启荣在华中理工大学(现华中科技大学)学习数理逻辑。另一方面,积极参加国际学术活动。李祥 1981 年出席了在新加坡举办的"首届亚洲逻辑研讨会",并访问了新加坡国立大学,1988 年获欧洲逻辑学会资助,赴意大利出席欧洲逻辑研讨会;2003 年张明义被邀请出席在墨西哥召开的世界人工智能联合大会,并成为程序委员会委员;2008 年 7 月,毕节学院的学者出席第 13 届国际逻辑学、方法论和科学哲学大会,同年 8 月,出席第 2 届世界泛逻辑大会。2008 年 12 月,许道云教授作为访问学者赴德国帕得博恩大学(Paderborn University)进修学习。2010 年 11 月,张学立教授出席第二届全国认知科学会议,主持闭幕式并作大会总结发言;2013年4月张学立教授出席第二届中国逻辑史国际会议,代表中国逻辑史专业委员会致辞并作题为"唐代逻辑思想研究"的发言;次年4月张学立教授出席第三届中国逻辑史国际会议,代表中国逻辑史专业委员会致辞(委托南京大学专家宣读)并作题为"唐至清的逻辑思想"的发言。

尤其值得一提的是,毕节学院于2010年7月17—20日,成功举办了主题为"回顾与前瞻:中国逻辑史研究30年"的全国学术研讨会,以及于2012年11月3—4日与贵州省逻辑学会共同承办的中国逻辑学会第九次全国代表大会(由中国逻辑学会主办)均获得同行学者的高度评价。

"回顾与前瞻:中国逻辑史研究30年"的全国学术研讨会大会邀请了国内顶尖的逻辑学家、中国逻辑学会原副会长、中国逻辑史专委会顾问刘培育、孙中原、董志铁等老一辈专家莅会并分享各自的学术经验,时任中国逻辑学会副会长兼秘书长邹崇理教授亲临大会致贺并发表讲话。时任毕节学院院长、省级重点支持学科——逻辑学学科带头人张学立教授主持开幕式并做大会主题报告及闭幕式总结报告,同时,毕节学院逻辑、语言与认知研究中心研究人员和其他贵州省高校的学者共提交学术论文14篇并作大会交流发言,集中展示了贵州省现阶段的逻辑学科研成果。

参加中国逻辑学会第九次全国代表大会的200余名代表分别来自中国社会科学院、北京大学、清华大学、中国人民大学、北京师范大学、中国逻辑与语言函授大学、南开大学、复旦大学、南京大学、浙江大学、中山大学、华东师范大学和厦门大学等60多所高校和科研院所。会议总结了过去四年来中国逻辑学会的工作以及在逻辑学领域取得的成绩,并对学会第三届优秀成果奖获得者进行了表彰。中国逻辑学会第八届会长张家龙、秘书长邹崇理分别作了讲话和报告,参会人员就哲学逻辑、逻辑哲学、逻辑应用、逻辑史、逻辑教学与改革等主题做了报告和讨论。该会议是贵州高校和学术团体组织全国逻辑工作者开展的一次重要学术活动,对于提高贵州逻辑学者的研究水平,推动贵州逻辑研究和教学具有促进作用。

第九章　西方逻辑在贵州传播的价值和展望

2014年10月，第六届全国认知科学会议在贵州民族大学召开，此次会议以"认知科学与人的发展"进行探讨，来自心理学、逻辑学、语言学和计算机科学及认知神经科学等相关领域的专家学者进行了跨学科学术交流；同年11月，贵州民族大学举办贵州省逻辑学会2014年学术会议，会议就逻辑与文化（包括中国古代逻辑思想、跨文化逻辑比较、贵州世居少数民族推理模式与认知等）、逻辑与哲学、符号逻辑及其应用以及因明的传承与发展等逻辑理论与应用问题进行了深入研讨；2015年10月，举办第七届全国认知科学会议暨第一届中国与世界认知科学国际会议，会议继续突出全学科覆盖、多学科交叉发展的认知科学研究并取得了许多新成果，突出了语言、思维和文化这三个层级的认知科学研究；2015年11月，第十六次中国逻辑史全国学术研讨会在贵州民族大学召开，会上出现运用多种学科理论对中国逻辑史进行研究的趋势；同年12月，贵州民族大学举办民族文化与认知科学学术研讨会。首都师范大学副校长、北京语言智能协同研究院院长周建设教授，中国社会科学院哲学研究所研究员、中国逻辑学会会长邹崇理，《科学中国人》杂志社社长、总编辑张刚教授，北京大学中国语言学研究中心主任陈保亚教授，贵州民族大学民族文化与认知科学学院院长蔡曙山，清华大学人文学院中文系江铭虎教授等专家出席了会议。之后，贵州民族大学又先后主办、联合主办或承办了多个国际国内学术会议，包括皮尔士逻辑与哲学国际学术研讨会（2016年），第九届全国认知科学会议暨第三届中国与世界认知科学国际会议（2017年），第十届全国认知科学会议暨第四届中国与世界认知科学国际会议（2018年），第十一届全国认知科学会议暨第五届中国与世界认知科学国际会议（2019年），全国形式逻辑研讨会暨川渝黔滇逻辑学会年会（2015年、2017年、2018年、2019年），等等。

著名学者来黔讲学方面。1982年7月，邀请周礼全、诸葛殷同和江天骥在举办贵阳语言逻辑讲习班，分别讲授《语言学中的逻辑》和《语言哲学》；比利时鲁汶大学的简·库辛勒兹、中山大学的鞠实儿、南开大学的任晓明等一批知名学者也应邀来黔讲学。此外，贵州大学引进中山大学博士生导师鞠实儿教授作为贵州省"候鸟人才计划"学者，加强了与中山大学逻辑与认知研究所的合作。2010年，毕节学院再次邀请鞠实儿教授到校讲学，就逻辑学省级重点支持学科建设问题进行了学术交流，鞠实儿教授在考察了毕节学院逻辑学科建设取得的成就之后，对该院逻辑学科做了中肯的评价：第一，学科方向设置比较合理。第二，从科研队伍来讲，人员配置比较全，每个方向都有人。在逻辑史与比较逻辑方向，有国内一流的学者和学术带头人，有的文章水平达到了国内一流水平；从逻辑哲学与哲学逻辑、逻辑应用方向来看，个别年轻老师的学术水平称得上国内一流的学者。科研队伍是一支年富力强的、非常有前途的队伍。这样的研究队伍在国内是少见的。可以和国内一些"985""211"院校媲美。这使与会研究人员深受鼓舞，并对未来的发展充满信心。2014年以来，贵州民族大学聘任了一批知名的逻辑学专家为客座教授，包括汉堡大学的张建伟教授、香港中文大学的冯胜利教授、首都师范大学的周建设教授、中国社会科学院的邹崇理教授（2015年聘任为兼职教授）、北京大学的陈保亚教授、清华大学的江铭虎教授、北京第二外国语学院的白晨副教授和陕西师范大学的衣新发副教授等。2016年，为了丰富逻辑学的学科背景，开展对认知逻辑（特别是心理逻辑）的教学研究，贵州民族大学民族文化与认知科学学院院长蔡曙山组织开展"名师进课堂"系列活动，邀请中国科学院傅小兰研究员、北京大学朱滢教授、北京大学沈政教授、北京大学周晓林教授、台湾阳明大学王文方教授、清华大学李虹教授、北京大学张力副教授等知名专家到校讲学，同时聘任朱滢教授、沈政教授、张力副教授为贵州民族大学兼职教授，真真正正地进入课堂为本科生讲授"实验心理学""生理心理学"等课程，聘任傅小兰研究员、周晓林教授、李虹教授为贵州民族大学客座教授，为贵州逻辑学科建设注入了多学科交叉攻关的重要力量。

上述工作的有效开展，极大地拓展了贵州逻辑学者的视野，同时，也提高了他们与国内外知名专家对话交流的水平及能力，扩大了贵州逻辑学界在国内外的影响，促进了贵州逻辑学事业的发展。

二 学科建设成绩突出

改革开放后，经过不懈努力，贵州的逻辑教学与研究取得重要进展，学科建设取得突破。据不完全统计，截止到 2016 年，在贵州全省，从事逻辑教学与科研的逻辑工作者在百人以上，其中不乏名校毕业的博士。全省 19 所本科院校，有 14 所开设有逻辑课，课程方向涉及普通逻辑、形式逻辑、形式逻辑客体说导论、现代逻辑导论、法律逻辑、逻辑学与批判性思维、《周易》与沟通艺术——易学逻辑的视角等；研究领域涵盖当前国内逻辑学研究各个方向，如逻辑史与比较逻辑、逻辑哲学与哲学逻辑、逻辑与计算机科学、法律逻辑学、博弈逻辑等。其中，以贵州大学逻辑学硕士点建设、贵州民族大学民族文化与认知科学省级重点学科建设和毕节学院逻辑学省级重点支持学科建设取得的成绩尤为突出。

1. 贵州大学的逻辑学科建设

贵州大学在专业人员培养基地和研究机构的建设方面取得了可喜的成绩。目前，该校计算机科学与技术学院下设的计算机应用技术实验室和计算机软件与理论实验室设立了人工智能、计算复杂性研究方向，从事应用逻辑与人工智能、可计算性与计算复杂性、形式化方法等领域的研究。该机构培养从事现代逻辑、人工智能研究的博士和硕士研究生。在数理逻辑、人工智能等领域有较强的优势，部分应用研究成果已达到国内先进水平，部分理论研究成果已达到国际先进水平。2003 年，贵州大学获准设立文科逻辑学专业硕士学位授权点，实现贵州文科逻辑学专业硕士点零的突破。2008 年，已成立五年的贵州大学逻辑学硕士点下设逻辑史与逻辑哲学、量论因明学和现代逻辑及其应用三个方向，现在的贵州大学逻辑学硕士点主要开展"跨文化逻辑与认知比较研究"，涉及量论因明和中外逻辑史等研究领域，成为贵州文科逻辑学高层次人才的培养基地。这些专业人才培养基地的建立在保证省内逻辑学研究力量的补充和更新的同时，也向省外输送一批优秀的逻辑学工作者。

2. 贵州民族大学的逻辑学科建设

2014 年 10 月，贵州民族大学逻辑、文化与认知研究中心挂牌成立，为贵州逻辑学研究提供了新平台。2015 年 11 月，贵州民族大学"逻辑与认知"交叉学科硕士点成功获批，2017 年正式招生，成为继贵州大学之后第二家设立逻辑学硕士点的贵州高校。2015 年 12 月，贵州民族大学成立民族文化与认知科学学院，清华大学认知科学基地主任、心理学与认知科学研究中心主任蔡曙山受聘为院长，中国逻辑学会会长邹崇理研究员出席成立仪式。贵州民族大学民族文化与认知科学学院的成立，为贵州省逻辑学科建设注入了新的力量；2016年8月，民族文化与认知科学成功获批贵州省省级重点学科。该学科凝练为四个研究方向：逻辑、文化与认知；民族语言与认知；民族教育与认知；民族文化大数据与认知。逻辑、文化与认知方向作为该学科的理论基础，关注不同民族群体的认知心理、认知行为与认知活动的规律，既为新兴交叉学科民族文化与认知科学提供理论支持，又是逻辑学自身学科建设和发展的新突破。

贵州民族大学逻辑学科团队有成员7人，其中有教育部哲学类本科专业教学指导委员副主任委员1人，中国逻辑学会副会长2人，下设专业委员会主任委员2人，常务理事2人；有贵州省逻辑学会会长、副秘书长、常务理事各1人；有国家人才计划，如"国家高层次人才特殊支持计划"哲学社会科学领军人才、"新世纪百千万人才工程"国家级人选、国家有突出贡献中青年专家、中宣部文化名家暨"四个一批"人才入选者、贵州省核心专家，有享受国务院特殊津贴专家等。

3. 毕节学院的逻辑学科建设

2006年9月，毕节学院成立逻辑与应用逻辑研究所。2008年12月，毕节学院整合逻辑学（哲学）、语言学、心理学、计算机科学、社会学（人类学）等学科资源，在原逻辑与应用逻辑研究所基础上，成立逻辑、语言与认知研究中心（简称CLLC），研究方向涵盖了逻辑学、语言学及认知科学多个领域，是一个以逻辑学、语言学为主，跨学科、多领域交叉的综合性研究机构。近几年，该中心积极引进逻辑学高级专门人才，建立了较强的逻辑学研究和教学团队，承担了一批国家及省、地项目，发表了一批重要成果。2009年，该中心主持的校级重点建设学科逻辑学已被批准为贵州省重点支持学科。截至2010年底，该校逻辑学学科队伍专兼职人员有14人：①从职称结构看，教授2人，副教授3人，讲师8人；②从学历学位看，博士4人，在读博士4人，硕士5人，在读硕士1人，硕士及其以上学位人员比例占93.3%；③从学术影响看，中国逻辑学会形式逻辑专委会副主任1人，中国逻辑学会中国逻辑史专委会副主任1人；贵州省省管专家1人，贵州省高校哲学社会科学学术带头人1人，贵州省普通高等学校教学名师1人，毕节地区地管专家1人，院首批学科带头人2人，院首批中青年骨干1人。此外，该校逻辑学科研究平台还聘用兼职研究人员19人，其中，博士生导师8人，硕士生导师2人。

三 科学研究成果丰硕

中国逻辑学会成立后，贵州逻辑学者出版了多部著作，发表了大量的论文，研究范围涉及传统逻辑、现代逻辑、逻辑史、逻辑哲学、逻辑应用、逻辑教学体系改革等领域，不少成果被SCI、EI、ISTP及新华文摘、中国人民大学复印报刊资料收录或转载。逻辑学科研项目立项数不断增加，多项优秀学术成果获各级政府或国家与地方学术团体的奖励。其中，在与国内外逻辑学研究前沿接轨的逻辑与计算机科学结合领域取得了令人瞩目的成绩。

改革开放以来，贵州计算机学界活跃着一支数理逻辑基础研究和逻辑学其他领域研究的队伍。这些学者从事各自所在领域的独立研究，有些研究成果被国际权威检索收录，个别领域已达到或接近世界先进水平。这些成果不仅产生了良好的社会效益，同时也拓展了逻辑学的研究领域，增强了逻辑学的生命力。

贵州大学李祥、张明义和许道云三位学者在该领域的贡献：李祥致力于数理逻辑基础理论、递归论、可计算性和计算复杂性等问题的研究，曾被邀请出席"首届亚洲逻辑研究讨论会"和"欧洲逻辑研讨会"等国际学术会议。在递归论、计算复杂性理论、计算机逻辑研究领域，系统探讨了能行豪斯多夫空间的递归论性质；讨论了计算复杂性BLUM测度递归论性质，建立了BLUM机器类指标集概念，获得了BLUM机器指标集为生产集的结果；出版了专著《可计算性理论导引》（1986）。张明义主要从事有关非经典逻辑、人工智能理论及其在计算机科学中的应用研究，其对非单调逻辑和不确定性推理的研究处于国际前沿水平，先后在

Artificial Intelligence、*Information and Computation*、《中国科学》、《软件学报》等国内外重要学术刊物上发表了近 60 篇论文，其中 22 篇被 SCI 和 EI 收录，具有代表性的论文有："A New Research into Default Logic""Cumulative Default Logic：Finite Characterization，Algorithms，and Complexity""A Framework of Fuzzy Diagnosis"，引起国际学术界的重视。由于张明义教授在人工智能及知识表示领域，尤其是对各种非单调推理的数学描述上进行的开创性研究，在 2014 年第二届维也纳逻辑之夏科学盛会期间，库尔特·哥德尔学会为其颁发终生成就奖，他是贵州首位获此殊荣的科学家。此外，他还主持了多项有关逻辑学的国家级项目和省部级项目。许道云曾师从李祥教授研习非单调逻辑推理、可计算性和计算复杂性理论，并在《软件学报》《计算机科学与技术》《中国科学》等刊物上发表关于可计算行分析及其计算复杂性和 SAT 问题的多篇论文。

毕节学院逻辑、语言与认知研究中心学者在该领域的成果：曹发生等定义了描述逻辑系统 FLEN 中描述树之间的同态及描述树的笛卡尔积，并给出了概念之间包含关系的推理算法和两个概念的最小公共包含推理算法；利用描述图的最大完全子图给出描述逻辑系统 ALCN 片段中的任意量词和数字限制的关系；在《循环 ALCN – Tbox 具有模型的条件》（EI 收录）一文指出 F. Baader 等著 *The Description Logic Handbook* 中的命题 2.9 (Let T be a terminology such that each cycle in G_T contains an even number of negative arcs. Then T is monotone）的错误，并对命题 2.9 进行了修改，给出了循环 ALCN – Tbox 具有不动点模型（最小不动点模型和最大不动点模型）的语法上的条件；张家锋在模型论研究方面，讨论了粗糙集代数与 R_0 – 代数的关系以及由粗糙集代数构造 R_0 – 代数的方法，并证明了在适当选取加运算、乘运算和余运算之后，粗糙集代数就成为 MV – 代数；通过引入 R_0 – 代数的上、下粗糙滤子的概念，讨论了 R_0 – 代数的粗糙滤子的相关性质；等等。

四　教学改革持续深入

20 世纪 80 年代，贵州学者在经过一段时间的积累后开始自主编写或

第九章 西方逻辑在贵州传播的价值和展望

与省外学者合作编写传统形式逻辑教材。教材内容体系的编排除系统介绍传统形式逻辑的内容外,有的教材增加了论辩逻辑、语用逻辑、案例分析及日常生活中常用的逻辑知识。如,邱觉心著《形式逻辑纲要》(1980),王明祥、刘宗棠合编的《逻辑知识与题解》(1985),朱志凯、于泽滨主编、刘宗棠等参编的《形式逻辑自学纲要》(1987)①,王明祥、向容宪、周马利参编的《普通逻辑教与学便览》(1992)。这些教材的问世充实了当时的逻辑学课堂,在某种程度上普及了传统逻辑知识。1986年,赵春高编著了一本现代逻辑教材《数理逻辑基础与应用》(1986),在此后很长一段时期,虽有少数学者撰文介绍现代逻辑,但仍缺乏自主编写的较高水平的现代逻辑教材面世。值得一提的是,80年代末,蔡曙山在贵州教育学院(现贵州师范学院)进行逻辑教学改革尝试,在传授传统逻辑的基础上,使用 A. G. Hamilton 的 *Logic for Mathematicians* (*1978*) 一书作为教材,为政治教育专业本科生讲授现代逻辑,成立逻辑研习兴趣小组,取得良好效果,开贵州高校本科文科学生现代逻辑教学之先河。

进入90年代中后期,有关逻辑学研究对象、学科范畴、教学内容和教材建设问题争论的战火再次点燃,其争论的激烈化程度有目共睹。20多年过去了,关于这一主题争论的激烈程度有所缓和,很多高校开设了现代逻辑课程。但论争还在继续,只是争论的焦点有所转向。近几年逻辑学者们开始关注和讨论是否应将非形式逻辑和批判性思维引进课堂和写入教材。对"普通逻辑"课程进行改革,在教学和教材中是否用数理逻辑取代传统逻辑,可否尝试开设逻辑与批判性思维课程,至今仍见仁见智。在这场持久的论争中,有学者倡导应持大逻辑观,促进中国逻辑学教学与研究的多元化发展。在贵州,有关这一争论的研究大多集中在20世纪80—90年代,鲜有文献涉猎第二阶段的论争和对逻辑与批判性思维的讨论。但"从事逻辑学研究的学者应打好命题逻辑和一阶逻辑基础"这一观念正在被学界所认同。贵州学者也推出了包含现代逻辑学基础内

---

① 朱志凯、于泽滨主编《形式逻辑自学纲要》,河北人民出版社1987年版。该书由贵州省社会科学界联合会评为一等奖。

容的教材，如《现代逻辑导论》一书融入现代逻辑的观念，讨论现代逻辑的一些基本问题，并对命题逻辑、一阶谓词逻辑、模态逻辑和道义逻辑做了介绍。

以毕节学院逻辑学教师为主，贵州大学、贵州师范大学等高校部分逻辑学教师参编的《大学逻辑》（第一版和第二版）〔张学立：《大学逻辑》（第二版），贵州人民出版社2009年版〕，也是一部将现代逻辑与传统逻辑衔接的教材。该教材作为贵州省教育厅2008年高等学校教学质量与教学改革工程项目"地方新建本科院校逻辑教学改革与研究"研究成果之一，强调知识性、趣味性和实用性，力求使学生通过逻辑训练和逻辑精神的培养，提高其思维水平和思维能力。因此，此书一出版便得到贵州省内外部分逻辑学专家的好评，并于2008年荣获贵州省第七届高等教育省级教学成果奖一等奖。而后，又出版了以传统逻辑加上批判性思维的《大学逻辑教程》（高等教育出版社2015年版）。同时，部分高校大胆尝试逻辑教学改革，在教学环节中剔出了陈旧的、不实用的逻辑内容，逻辑教学改革研究和实践探索呈现新面貌。

中国逻辑学会成立以来，贵州逻辑教学与科研工作都取得较大进步。但是，与全国高水平的研究团队相比，还有一定差距，主要表现在以下几个方面。第一，学术团队建设亟待加强。在团队目标的形成、优化和在国内外有影响力的高水平学科领军人的引进、培养上需要加大力度。第二，获国家级科研项目立项数量较少，高水平、高质量成果不多。第三，教学内容、教学方法的改革研究仍需深化。第四，学术交流与学术活动的层次和频度尚须提高。第五，研究经费不足。诸如这些，让我们看到贵州逻辑学事业发展的道路依然任重道远，须臾也不能懈怠。

第三节　贵州逻辑学科的未来发展

悠久的逻辑传统、包容的学术环境和领导的高度重视，为贵州省逻辑科学未来的发展奠定了良好的基础。作为贵州省逻辑研究重镇的贵州大学逻辑学硕士点，贵州民族大学"逻辑、文化与认知研究中心"、贵州民族大学"逻辑与认知"硕士点,贵州工程应用技术学院"逻辑、语言与认知研究中心"都在积极探索各自的研究领域、凝练各自的研究方向。贵州大学在计算机人工智能领域和佛教量论因明研究方向,有很好的研究基础和人才优势;贵州民族大学整合了包括心理学、现代语言学和民族语言学、民族学、人类学、社会学、教育学、计算机科学和大数据等学科专业及人类学和"逻辑与认知"两个硕士点的教学和研究力量,致力于改善逻辑学单学科突进的研究状态,探索逻辑与认知科学、逻辑与民族文化的交叉研究;贵州工程应用技术学院逻辑、语言与认知研究中心整合了逻辑学、语言学、心理学、计算机科学、数学等领域的研究人才,已经凝练出逻辑史与比较逻辑、逻辑哲学与哲学逻辑、逻辑应用等三个重点研究方向。随着逻辑观念的更新、研究方法的突破,贵州未来逻辑科学的发展可望在以下领域取得重要进展。

一 逻辑与自然科学结合

重点是和计算机科学、心理学、认知科学结合,进行交叉研究。北京大学陈波教授指出,计算机科学和人工智能研究是 21 世纪逻辑学发展的主要动力源泉,并将由此决定 21 世纪逻辑学的另一副面貌。由于人工智能要模拟人的智能,它的难点不在于人脑所进行的各种必然性推理,而是最能体现人的智能特征的能动性、创造性思维,这种思维活动包括学习、抉择、尝试、修正、推理诸因素。于是,逻辑学将不得不比较全面地研究人的思维活动,并着重研究人的思维中最能体现其能动性特征的各种不确定性推理,由此发展出的逻辑理论也将具有更强的可应用性。中山大学鞠实儿教授把逻辑学与计算机科学结合的方向凝练为两个:一是经典数理逻辑中的计算复杂性理论、递归论等;另一个是用逻辑学的方法为计算机科学建立认知模型,教育部人文社科重点研究基地——中山大学逻辑与认知研究所选择后者作为自己的研究方向,近年来在该领域已经取得不俗的成果。结合贵州省的科研队伍、科研条件,本省的逻辑学工作者如何为计算机科学服务呢?今后一段时期,逻辑学的重点研究论题将至少包括:(1)如何在逻辑中处理常识推理中的弗协调、非单调和容错性因素；（2）如何使机器人具有人的创造性智能，如从经验证据中建立用于指导以后行动的归纳判断；（3）如何进行知识表示和知识推理，特别是基于已有的知识库以及各认知主体相互之间的知识而进行的推理；（4）如何结合各种语境因素进行自然语言理解和推理，使智能机器人能够用人的自然语言与人进行成功的交流；等等。① 互联网技术、大数据、云计算等来自计算机科学、人工智能和计算语言学等领域的更高层次的迫切需求，将大大加速逻辑观念、逻辑研究方法的创新，并必将推动逻辑学自身的迅猛发展。

二 逻辑与认知科学结合

世界一流大学如哈佛大学、麻省理工学院、加州大学圣迭戈分校、加州大学伯克利分校、斯坦福大学、布朗大学、剑桥大学、东京大学几乎毫无例外地都在开展认知科学的研究，它们都从具有本校学科特长的某几个学科切入，开展具有自身特色的认知科学研究，并在各自的研究领域取得了丰硕的成果。② 20世纪末，国内一些从事逻辑学研究的学者和机构，及时捕捉到美国等发达国家开展认知科学研究的信息，开展了认知科学相关学科和领域的研究，认知逻辑体系逐步建立。蔡曙山及其率领的研究团队对认知逻辑进行深入研究，在认知科学的框架下将认知逻辑分为哲学逻辑、心理逻辑、语言逻辑、文化与进化的逻辑、人工智能的逻辑和神经系统的逻辑，又在认知逻辑的学科框架下探讨了心理学、逻辑学的交叉融合与发展，构造了心理逻辑模型，成果颇丰。鞠实儿教授对认知逻辑的研究也颇受关注。他指出，认知逻辑主要解决的问题是，给出知识获取、知识表达以及知识扩展和修正的认知模型和方法。实现的路径和目标是，将逻辑学的研究与认知科学、心理学、语言学以及计算机科学相结合，建立以逻辑为核心的跨学科体系，促进逻辑学及相关学科的发展；将逻辑学研究与科学技术的前沿问题相结合，利用逻辑方

---

① 陈波：《中国逻辑学：回顾、反省与前瞻》，《光明日报》2003年11月4日。
② 蔡曙山：《认知科学：世界的和中国的》，《学术界》2007年第4期，第14页。

法解决社会科学与工程应用中的具体问题。① 与认知科学的结合是逻辑学的重要转向，是逻辑学必须重视的领域。贵州民族大学把逻辑与认知科学的结合作为重要的研究方向，主要从以下两方面开展研究：第一，以蔡曙山为代表，将逻辑与认知科学（特别是心理学）深度结合，致力于开展在认知逻辑学科框架下的心理逻辑研究；第二，以张学立教授为代表，以不同文化群体的思维发展过程为对象，运用跨文化逻辑与认知的研究方法，对少数民族之间、少数民族与汉族之间逻辑与认知的共性与差异，以及认知活动及其规律进行研究。这两个方面，既代表当下及未来贵州逻辑研究的重要领域，也体现了国内逻辑研究的新发展。

三　逻辑与民族文化结合

贵州省作为我国少数民族聚居地区之一，拥有丰富的少数民族文化资源优势，如果能够和逻辑学进行有效的结合，将极大地提升贵州省未来逻辑科学研究的水平和地位。逻辑与文化结合，首先要创新逻辑观念。在中国逻辑学界，逻辑观念问题一直是常论常新的课题，也是制约逻辑学研究创新发展的首要问题。以崔清田先生为代表的"南开学派"，在张东荪先生"多元逻辑观"基础上，经过多年的论证，首倡"文化逻辑观"，高举逻辑与文化相结合的大旗，经两代学者艰苦努力，已经在该领域取得了斐然的成果，充分证明了"文化逻辑观"强大的生命力。其次是要创新研究方法。方法论是科学研究的前提，没有行之有效的研究方法，欲取得优秀的科研成果，无异于缘木求鱼。崔清田在"文化逻辑观"引领下，创造性地提出逻辑与文化研究的方法——历史分析与文化诠释，为我们开展逻辑与文化结合领域的研究提供了有力武器。鞠实儿通过研究阿赞得人独特的思维方式，进一步把研究少数民族语言和思维方式的方法纳入为广义论证——处于一定文化区域的人，在一定的社会背景下，试图通过一个言语过程，使对方接受或拒绝某个观点的过程，叫作广义论证。他认为，广义论证是一个社会行为，不是一个符号，不讲有效性，

---

① 鞠实儿：《逻辑学的认知转向》，《光明日报》2003年11月4日。

而是讲生效性，即能不能说服对方，产生一定的效果或作用。少数民族是没有形式语言的，所以就谈不上真假或有效性。要运用这个解释框架去研究少数民族的思维，加强对少数民族传统思维方式、言说方式的研究，希望在这个方面有所突破，这样就可以在该领域做出领先的成果。进一步和教学结合起来，就可以对语言与认知做新的解释和理解。贵州的苗、布、侗、土、彝、水等少数民族文化资源丰富厚重，贵州民族大学和贵州社会科学院有较强的民族学学科群的建设基础，因此更有希望在国内独树一帜，即在逻辑和人文结合方向，在少数民族文化方向上着力，进行投入和资源整合，以期获得突破。张学立 2016 年主持的全国文化名家暨"四个一批"人才自主选题项目"贵州世居少数民族传统思维与论证研究"旨在揭示逻辑与民族文化的关联性，验证"不同文化产生不同逻辑"这一命题的真伪，对逻辑学、人类学、心理学、语言学及认知科学等领域的研究有较为重要的价值。该项目以贵州世居少数民族中有文字的彝族人和水族人的论证模式研究为起点，进而拓展到省内外其他少数民族。

四 逻辑为经济社会发展服务

逻辑在经济领域的应用主要是博弈论和决策论方面。博弈论有两种：一种是用逻辑描述博弈，荷兰著名逻辑学家范本森等人的工作一直在追踪该方向；另一种是用博弈描述逻辑，是把逻辑作为工具，博弈作为对象，这是维特根斯坦、辛迪卡等人从事过的工作方向。在宽泛的经济学领域，从控制不确定性的观点看，博弈在决策论中主要和归纳逻辑结合起来，当前主要是多主体博弈、群体博弈，国际著名逻辑学家冯·诺依曼等人从事这些工作。当前，欧盟的学者对此项工作很关注，2008 年开始，LCCC（逻辑、认知、交流、计算）研究中心，他们主要是用逻辑来描述博弈，用逻辑来描述社会过程，把社会过程看作一个信息交流的过程，信息交流就是博弈。从事这方面工作的主要有中山大学的熊卫等。贵州省也已经有部分研究人员在关注这方面的研究工作，2010 年贵州省教育厅高等学校人文社会科学研究基地立项项目中，毕节学院逻辑、语

第九章　西方逻辑在贵州传播的价值和展望

言与认知研究中心的李德虎申报的"博弈逻辑视域下的毕节试验区旅游业发展研究";2010 年毕节地区行政公署 - 贵州大学毕节试验区循环经济研究院立项项目中,毕节学院逻辑、语言与认知研究中心的杨岗营申报的"基于博弈逻辑的大宗废旧物品循环利用政策策略与工艺路线研究——以毕节试验区废旧轮胎循环利用为例",就是逻辑应用于经济建设领域的课题。

逻辑在社会发展领域的应用主要有法律逻辑,有代表性的是带学习机制的交互认知逻辑和结果可修正的弗协调逻辑。具体而言,逻辑学在法律理论和实际司法工作方面的应用,以及逻辑学应用于立法、法律解释、刑事侦查、法律文书等方面的操作程序和方法的研究。此外,用逻辑方法分析我国法律中规定的犯罪事实和罪名确认量刑处罚之间的关系,构建数学模型模拟法庭审理、在案件事实和法律后果之间建立可行的分析程序。贵州警察学院的刘洪波等学者有较好的研究成果和实务应用案例。

附录一

贵州省逻辑学术团体机构名录

成立年代	机构名称	代表人物
1912	贵阳论理学社	王延直（仲肃）、王佩芬（梦淹）、彭述文（明之）①等
1980	贵州省哲学学会逻辑小组	张同生、于泽滨、邱觉兴、吕传汉、王明祥、丁家顺、刘宗棠等
1987	贵州逻辑学会（二级学会）	刘宗棠等
1989	贵州省逻辑教学研究会	龚启荣、杨黔福、曾庆华等
1990	贵州制约逻辑学会	林邦瑾、龚启荣、杨黔福、曾庆华、向容宪等
2003	贵州大学逻辑学硕士点	龚启荣、张学立、张连顺等
2006	毕节学院逻辑与应用逻辑研究所	张学立等
2009	毕节学院逻辑、语言与认知研究中心	张学立等
2010	毕节学院逻辑与文化研究中心	张学立等
2011	贵州省逻辑学会（省一级学会）	张学立等
2014	贵州民族大学逻辑、文化与认知研究中心	张学立、蔡曙山等
2014	贵州工程应用技术学院逻辑与文化研究中心	杨岗营、董英东、余军成
2015	贵州民族大学逻辑与认知硕士点	蔡曙山、张学立等

注：①据陈廷缜《忆三位老师——和叔、梦淹、仲肃先生》介绍，彭述文（明之）是乐群小学的创办者之一，是当时贵阳两位名学（论理学）家（另一位是王延直先生）之一。和叔先生即王宗彝先生，梦淹即王佩芬先生，仲肃即王延直先生，三人是亲兄弟。见《贵阳文史资料选辑（教师专辑）》第二十九·三十辑，第230—235页。

附录二

贵州省逻辑学会名录

一 贵州省逻辑学会首届代表大会选举产生

名誉会长、顾问名单

名誉会长：蔡曙山（清华大学教授、博士、博导、中国逻辑学会副会长）

顾　　问：王明祥、丁家顺、刘宗棠、龚启荣、曾庆华（省内）

熊明辉、杨武金、袁正校（省外）

贵州省逻辑学会首届常务理事会组成名单

会　　长：

张学立（毕节学院院长、教授、博士、博导）

副会长：

许道云（贵州大学计算机科学与信息学院院长、教授、博士、博导）

张连顺（贵州大学人文学院教授、博士）

邓玉竹（贵州师范大学历史与政治学院教授）

刘路光（贵州师范学院经济与政治学院院长、教授）

向容宪（贵阳学院政教系副教授）

秘书长：

  杨岗营（毕节学院逻辑与文化研究中心副主任、副教授、博士）

副秘书长：

  李德虎（毕节学院人文学院党总支书记、副教授）

  甘　进（贵州大学人文学院讲师、在读博士）

  吴忠权（黔南民族师范学院管理科学系副教授）

  萧　瑶（遵义师范学院政治经济系讲师、逻辑学教研室主任）

常务理事（26人，排名不分先后）：

  张学立（毕节学院院长、教授、博士、博导）

  许道云（贵州大学计算机科学与信息学院院长、教授、博士、博导）

  张连顺（贵州大学人文学院教授、博士）

  邓玉竹（贵州师范大学历史与政治学院教授）

  刘路光（贵州师范学院经济与政治学院院长、教授）

  向容宪（贵阳学院副教授）

  杨岗营（毕节学院逻辑与文化研究中心副主任、副教授、博士）

  汪学明（贵州大学计算机科学与信息学院教授、博士）

  甘　进（贵州大学人文学院讲师、在读博士）

  丁丑芳（贵州师范大学文学院副教授）

  唐玉斌（贵州财经学院马克思主义学院教师、博士）

  李贤军（贵州民族学院文学与传媒学院副教授）

  盛作国（贵阳学院社会管理学院讲师、在读博士）

  李德虎（毕节学院人文学院党总支书记、副教授）

  董英东（毕节学院逻辑与文化研究中心副主任、博士）

  颜中军（毕节学院人文学院讲师、博士）

  余军成（毕节学院逻辑与文化研究中心主任助理、讲师）

  傅于川（毕节职业学院副院长、教授）

  肖秋芳（遵义师范学院政治经济系副教授、学生处副处长）

  邬小学（铜仁学院教育系主任、副教授）

岑宏宏（兴义民族师范学院政史系讲师）

张俊祥（安顺学院政史与法律系讲师）

范国祖（凯里学院科研处副处长、副教授）

沈明霞（六盘水师范学院政法系副教授）

丁　阳（贵阳学院社会管理学院讲师）

廖　琳（遵义师范学院马列部讲师）

贵州省逻辑学会
2011 年 12 月 24 日

二　贵州省逻辑学会 2016 年学术年会暨换届工作会议选举产生

名誉会长、顾问名单

名誉会长：蔡曙山（清华大学教授、博士、博导，中国逻辑学会副会长，中国逻辑学会语言逻辑专业委员会主任委员，贵州民族大学民族文化与认知科学学院院长）

顾　　问：张明义、王明祥、刘宗棠、丁家顺、龚启荣、曾庆华、刘路光、向容宪（省内）、熊明辉、杨武金、袁正校、钱耕森（省外）

贵州省逻辑学会第二届常务理事会名单

会　长：

张学立（贵州民族大学党委书记、教授、博士、博导，中国逻辑学会副会长，中国逻辑学会中国逻辑史专业委员会主任委员）

副会长：

许道云（贵州大学计算机科学与信息学院院长、教授、博士、博导）

张连顺（贵州大学人文学院教授、博士、博导，中国逻辑学会因明专业委员会副主任委员）

杨岗营（贵州理工学院经济管理学院副院长、博士、硕导，中国逻辑学会理事、中国逻辑史专业委员会副秘书长）

刘洪波（贵州警官职业学院编辑部副主任、副教授，中国逻辑学会法律逻辑专业委员会副主任委员）

秘书长：

盛作国（贵阳学院副教授，博士生）

副秘书长：

李德虎（贵州工程应用技术学院人文学院院长、教授）

董英东（贵州工程应用技术学院逻辑与文化研究中心副主任、博士、教授）

吴忠权（黔南民族师范学院经济与管理学院院长、教授）

甘　进（贵州大学讲师、中山大学博士）

马　赛（贵州民族大学副教授）

常务理事（22人，排名不分先后）：

张学立（贵州民族大学党委书记、教授、博士、博导）

许道云（贵州大学计算机科学与信息学院院长、教授、博士、博导）

张连顺（贵州大学人文学院教授、博士、博导）

杨岗营（贵州理工学院经济管理学院副院长、教授［校聘］、博士、硕导）

刘洪波（贵州警官职业学院学报编辑部副主任、副教授）

盛作国（贵阳学院马克思主义学院副教授）

李德虎（贵州工程应用技术学院人文学院院长、教授）

董英东（贵州工程应用技术学院逻辑与文化研究中心副主任、教授、博士、硕导）

吴忠权（黔南民族师范学院经济与管理学院院长、教授）

甘　进（贵州大学讲师、博士）

马　赛（贵州民族大学副教授）

史开国（贵州师范大学教授）

唐玉斌（贵州财经大学副教授、博士）

陈祖召（贵州师范学院经济与政治学院副院长、副教授、博士）

余军成（贵州工程应用技术学院副教授、博士）

肖秋芳（遵义师范学院党委统战部部长、教授）

廖　琳（遵义师范学院副教授）

丁　阳（贵阳学院马克思主义学院团总支书记、讲师）

李　琦（贵州民族大学民族文化与认知科学学院讲师）

张俊祥（安顺学院政史与法律系讲师）

沈明霞（六盘水学院政法系副教授）

邬小学（铜仁学院经济管理学院党总支书记、副教授）

贵州省逻辑学会

2016 年 11 月 26 日

主要参考文献

著作类

蔡曙山：《言语行为和语用逻辑》，中国社会科学出版社 1998 年版。

蔡曙山、邹崇理：《自然语言形式理论研究》，人民出版社 2010 年版。

蔡曙山主编，江铭虎副主编《人类的心智与认知：当代认知科学的重大理论与应用研究》，人民出版社 2015 年版。

陈波：《逻辑哲学引论》，人民出版社 1990 年版。

杜国平主编，张学立等副主编《改革开放以来逻辑的历程》，中国社会科学出版社 2012 年版。

冯契主编《哲学大辞典》（修订本），上海辞书出版社 2001 年版。

《歌德的格言和感想集》，程代熙等译，中国社会科学出版社 1988 年版。

龚启荣：《逻辑斯谛——又称"二值数学"的数理逻辑》，贵州教育出版社 1995 年版。

桂起权、陈自立、朱福喜：《次协调逻辑与人工智能》，武汉大学出版社 2002 年版。

何向东：《逻辑学教程》，高等教育出版社 2004 年版。

赫胥黎：《天演论》，严复译，冯君豪注，中州古籍出版社 1998 年版。

《胡乔木书信集》，朱元石、李良志主编，人民出版社 2002 年版。

胡适：《先秦名学史》，学林出版社 1983 年版。

金岳霖：《逻辑》，商务印书馆 1937 年版。

主要参考文献

柯丕：《符号逻辑》，陈维翰、刘宗棠、王明祥译，贵州师范大学学报编辑部 1988 年版。

乐黛云：《跨文化之桥》，北京大学出版社 2002 年版。

梁启超：《先秦政治思想史》，《饮冰室合集》第 9 卷，中华书局 1988 年版。

梁永春：《逻辑学新编》，北京大学出版社 2005 年版。

林邦瑾：《数理逻辑基础》，中央民族学院 1983 年打印本。

林邦瑾：《制约逻辑》，贵州人民出版社 1985 年版。

林邦瑾等编著《制约逻辑导论》，贵州人民出版社 1990 年版。

刘宗棠等：《形式逻辑自学纲要》，河南人民出版社 1987 年版。

〔波兰〕卢卡西维兹：《亚里士多德的三段论》，李真、李先焜译，商务印书馆 1981 年版。

吕传汉：《逻辑代数初步》，贵州人民出版社 1980 年版。

〔美〕米黑尔·罗科、威廉·班布里奇编《聚合四大科技 提高人类能力：纳米技术、生物技术、信息技术和认知科学》，蔡曙山等译，清华大学出版社 2010 年版。

彭漪涟、马钦荣：《逻辑学大辞典》，上海辞书出版社 2004 年版。

邱觉心：《形式逻辑纲要》，贵州人民出版社 1980 年版。

沈有鼎：《沈有鼎文集》，人民出版社 1992 年版。

〔英〕苏珊·哈克：《逻辑哲学》，罗毅译，商务印书馆 2003 年版。

汪学明主编《逻辑学及其应用研究——第四届全国逻辑系统、智能科学与信息科学学术会议论文集》，贵州民族出版社 2009 年版。

王明祥、刘宗棠：《逻辑知识与题解》，贵州人民出版社 1985 年版。

王明祥、向容宪、周马利等：《普通逻辑教与学便览》，陕西人民出版社 1992 年版。

王延直纂著《普通应用论理学》，贵阳论理学社（云南印刷局代印），中华民国元年七月印行。

温公颐、崔清田主编《中国逻辑史教程（修订本）》，南开大学出版社 2001 年版。

（明）徐光启撰《几何原本杂议》，王重民编著《徐光启集》，上海古籍出版社 1984 年版。

〔古希腊〕亚里士多德：《尼各马科伦理学》，苗力田译，中国社会科学出版社 1999 年版。

杨武金：《墨经逻辑研究》，中国社会科学出版社 2004 年版。

张家龙主编《逻辑学思想史》，湖南人民出版社 2004 年版。

张清宇：《弗协调逻辑》，中国社会出版社 2003 年版。

张学立：《金岳霖逻辑哲学思想研究》，贵州人民出版社 2004 年版。

张学立：《现代逻辑导论》，贵州人民出版社 2004 年版。

张学立：《彝学研究》（第二辑），民族出版社 2012 年版。

张学立：《彝学研究》，民族出版社 2009 年版。

张学立、陈锐：《现代逻辑导论》，贵州人民出版社 2004 年版。

张学立、董英东等编《哲学逻辑引论》，科学出版社 2013 年版。

张学立、余军成主编《大学逻辑教程》，高等教育出版社 2014 年版。

张学立主编《比较视域下的逻辑探究》，中国社会科学出版社 2009 年版。

张学立主编《大学逻辑》（第二版），贵州人民出版社 2009 年版。

张学立主编《大学逻辑》，贵州人民出版社 2007 年版。

张学立主编《黔西北濒危彝族钞本文献研究》，民族出版社 2015 年版。

赵春高：《数理逻辑基础与应用》，贵州人民出版社 1986 年版。

周北海：《模态逻辑导论》，北京大学出版社 1997 年版。

周山、张学立主编《回顾与前瞻——中国逻辑史研究 30 年》，中国社会科学出版社 2011 年版。

周云之：《西方逻辑史》，山西教育出版社 2004 年版。

Cai Shushan et al., eds., *Logic, Methodology and Philosophy of Science, Proceeding of 13th International Congress*, Vol. 2, London: King's College Publications, 2011.

Cai Shushan et al., eds., *Mind and Cognition*, Beijing: People's Publishing House, 2014.

论文类

蔡曙山：《词项逻辑与亚里士多德三段论——兼复王路同志》，《哲学研究》1989年第10期。

蔡曙山：《多值逻辑的哲学意义》，《贵州社会科学》1991年第12期。

蔡曙山：《科学发现的心理逻辑模型》，《科学通报》2013年第34期。

蔡曙山：《论我国逻辑学的发展和学科建设》，《清华大学学报》（哲学社会科学版）2003年第6期。

蔡曙山：《论形式化》，《哲学研究》2007年第7期。

蔡曙山：《论哲学的语言转向及其意义》，《学术界》2001年第1期。

蔡曙山：《逻辑、心理与认知——论后弗雷格时代逻辑学的发展》，《浙江大学学报》（人文社会科学版）2006年第3期。

蔡曙山：《逻辑与认知》，《贵州民族大学学报》（哲学社会科学版）2017年第1期。

蔡曙山：《没有乔姆斯基，世界将会怎样》，《社会科学论坛》2006年第6期。

蔡曙山：《人类心智探秘的哲学之路——试论从语言哲学到心智哲学的发展》，《晋阳学刊》2010年第3期。

蔡曙山：《认知科学：世界的和中国的》，《学术界》2007年第4期。

蔡曙山：《认知科学背景下的逻辑学——认知逻辑的对象、方法、体系和意义》，《江海学刊》2004年第6期。

蔡曙山：《认知科学框架下心理学、逻辑学的交叉融合与发展》，《中国社会科学》2009年第2期。

蔡曙山：《认知科学研究与相关学科的发展》，《江西社会科学》2007年第4期。

蔡曙山：《一个与卢卡西维兹不同的亚里士多德三段论形式系统》，《哲学研究》1988年第4期。

蔡曙山：《再论哲学的语言转向及其意义》，《学术界》2006年第4期。

蔡曙山：《自然与文化——认知科学三个层次的自然文化观》，《学术界》

2016 年第 4 期。

曹发生、余泉、王驹、蒋运承：《循环 ALCN－Tbox 具有模型的条件》，《计算机学报》2008 年第 1 期。

曹发生、张维：《描述逻辑系统 UEVN 中概念的包含关系》，《计算机工程与应用》2010 年第 30 期。

曹杰生：《略论〈名理探〉的翻译及其影响》，《中国逻辑史研究》，中国社会科学出版社 1982 年版。

陈波：《中国逻辑学的历史审视和前景展望》，《光明日报》2003 年 11 月 4 日。

陈廷缜：《忆三位老师——和叔、梦淹、仲肃先生》，《贵阳文史资料选辑（教师专辑）》第 29·30 辑。

崔清田：《通识教育与逻辑》，《天津师大学报》（社会科学版）1997 年第 4 期。

邓玉竹：《二难推理在司法工作中的应用——对"坦白从宽，抗拒从严"刑事政策的质疑》，《贵阳金筑大学学报》2004 年第 4 期。

邓玉竹：《逻辑思维能力——合格教师的基本功》，《贵州教育》2000 年第 9 期。

丁家顺：《从〈论持久战〉看辩证逻辑的论证原则》，《贵州师范大学学报》（社会科学版）1992 年第 3 期。

丁家顺：《逻辑矛盾四类型辨析》，《贵州教育学院学报》（社会科学版）1998 年第 1 期。

丁家顺：《判断真假的相对性与绝对性》，《渤海学刊》1989 年第 2 期。

董英东：《单主体自认知逻辑系统》，《毕节学院学报》（综合版）2010 年第 3 期。

董英东：《多主体自认知逻辑系统》，《西南大学学报》（社会科学版）2009 年第 5 期。

董英东：《认知逻辑存在的问题及发展趋向》，《毕节学院学报》（综合版）2009 年第 3 期。

傅于川：《悖论的思维张力》，《毕节学院学报》（综合版）2006 年第

2 期。

傅于川:《悖论剖析》,《毕节师专学报》1990 年第 2 期。

葛宇宁:《侦查中的回溯推理探微》,《信阳师范学院学报》2008 年第 1 期。

葛宇宁、张四化、戚金霞:《试论法律逻辑的学科性质》,《重庆工学院学报》(社会科学版) 2007 年第 7 期。

葛宇宁、张学立:《试析亚里士多德对法律推理的贡献》,《毕节学院学报》(综合版) 2006 年第 2 期。

龚启荣:《传统概念问题的当代形式逻辑剖析》,《黔南民族师范学院学报》2005 年第 5 期。

龚启荣:《传统直言命题存在的理论问题和解决方案》,《贵州教育学院学报》(社会科学版) 1997 年第 3 期。

龚启荣:《对现行传统逻辑读本中命题逻辑推理的几点剖析》,《贵州大学学报》(社会科学版) 1997 年第 2 期。

谷先:《逻辑规律的客观实在性》,《贵阳师专学报》(社会科学版) 1991 年第 1 期。

桂起权:《从逻辑哲学观点看制约逻辑》,《武汉大学学报》(社会科学版) 1987 年第 4 期。

桂起权:《什么是逻辑哲学》,《思维与智慧》1986 年第 6 期。

桂起权:《系统间的形式等价性(可译性)与实质特异性》,《当代逻辑》1987 年创刊号。

郭世铭、董亦农:《评〈制约逻辑〉中的几个形式系统》,《自然辩证法通讯》1987 年第 3 期。

何向东:《改革与建设逻辑课程 竭诚服务素质教育》,《哲学研究》2007 年增刊。

何向东、袁正校:《关于论证的反思》,《自然辩证法研究》1995 年增刊。

胡红:《〈普通应用论理学〉的学术价值——兼论王延直逻辑哲学思想》,《重庆理工大学学报》(社会科学版) 2011 年第 11 期。

金建国、黄恒蛟:《论王延直的〈普通应用论理学〉——云南近代的第一本普通逻辑》,《云南师范大学学报》(哲学社会科学版) 1984 年第

3 期。

晋荣东:《当代中国逻辑的现代化及其问题》,《华东师范大学学报》(哲学社会科学版) 2006 年第 3 期。

鞠实儿:《逻辑学的认知转向》,《光明日报》2003 年 11 月 4 日。

鞠实儿:《逻辑学的问题与未来》,《中国社会科学》2006 年第 6 期。

李国富:《韩非的"矛盾之说"所揭示的逻辑规律》,《中共贵州省委党校学报》2005 年第 3 期。

李国富:《浅析说谎者悖论》,《中共贵州省委党校学报》2011 年第 1 期。

李黔:《广义的论证与狭义的论证》,《贵阳师专学报》(社会科学版) 1997 年第 4 期。

李祥、李广元:《"中介"谓词逻辑演算 MF 的特征问题》,《贵州大学学报》(自然科学版) 1988 年第 1—4 期。

李祥、李广元:《"中介逻辑"与 Woodruff 三值逻辑系统》,《科学通报》1989 年第 5 期。

李祥、李广元:《带等词的"中介"谓词逻辑演算 ME 的三值特征定理》,《贵州大学学报》(自然科学版) 1989 年第 4 期。

李祥、李广元:《"中介逻辑"的特征问题》,《科学通报》1988 年第 22 期。

梁发祥:《加强高校逻辑教学的思考》,《毕节学院学报》(综合版) 2008 年第 6 期。

林邦瑾:《"矛盾"命题的无矛盾形式》,《哲学研究》1981 年第 1 期。

林邦瑾:《取两种逻辑之长而舍其短——一谈制约逻辑》,《解放军报》1986 年 10 月 31 日。

林邦瑾:《数学归纳公理与内涵科学分析法》,《贵州大学学报》(自然科学版) 1994 年第 2 期。

林邦瑾:《谈一个辩证命题的形式化》,《哲学研究》1981 年第 11 期。

林邦瑾、王明祥:《普通(形式)逻辑推理应是演绎的一统天下》,《贵阳师院学报》(社会科学版) 1983 年第 2 期。

刘汉民:《法庭辩论捕捉破绽的方法》,《法学探索》1995 年第 2 期。

刘汉民：《归谬法——司法论辩的常规武器》，《贵州省政法管理干部学院学报》1992年第2期。

刘汉民：《论辩证思维与公安情报信息研判》，《吉林公安高等专科学校学报》2011年第5期。

刘汉民：《论回溯推理在刑事侦查工作中的运用》，《山东社会科学》2008年第8期。

刘汉民：《论假言推理在情报信息研判中的重要功能》，《广州市公安管理干部学院学报》2011年第3期。

刘汉民：《论类比思维在公安情报信息研判中的功能》，《吉林公安高等专科学校学报》2011年第2期。

刘汉民：《论灵感思维与刑事侦查》，《政法学刊》2009年第4期。

刘汉民：《论逻辑规律在公安情报信息研判中的功能》，《政法学刊》2011年第1期。

刘汉民：《论逆向思维在公安情报信息研判中的功能》，《湖南警察学院学报》2012年第1期。

刘汉民：《论破案中演绎推理前提的真实性》，《贵州省政法管理干部学院学报》1988年创刊号。

刘汉民：《论侦查联想思维的特征》，《河北学刊》2008年第4期。

刘汉民：《论直觉思维在公安情报信息研判中的功能》，《政法学刊》2011年第4期。

刘汉民：《识别假案的逻辑方法》，《刑侦研究》1999年第6期。

刘汉民：《突破审讯僵局的逻辑方法》，《贵州省政法管理干部学院学报》1999年第1期。

刘汉民：《刑事侦查中怎样运用隐含判断》，《思维与智慧》1991年第4期。

刘汉民：《怎样在办案中使用复杂问语》，《思维与智慧》1991年第1期。

刘路光：《分析综合的两种主要类型及其特征》，《贵州教育学院学报》（社会科学版）1989年第3期。

刘路光：《论分析综合两种不同类型的区别》，《贵州社会科学》1989年第6期。

刘路光、郑永扣：《试论辩证概念与非辩证概念的区别》，《贵州师院学报》（社会科学版）1985 年第 2 期。

刘培育：《略论中国内地高校逻辑教学》，《哲学研究》2007 年增刊。

刘培育：《中国逻辑思想史研究论略》，《南开学报》（哲学社会科学版）1981 年第 3 期。

刘宗棠：《论"承认"——逻辑论证中的一个重要因素》，《贵阳师专学报》（社会科学版）1993 年第 1 期。

刘宗棠：《论辩逻辑的复兴与创新——三论"承认"》，《逻辑研究文集》2001 年第 1 期。

刘宗棠：《论丑与逻辑——兼与刘隆民先生商榷》，《贵阳师专学报》（社会科学版）1989 年第 4 期。

刘宗棠：《逻辑与语言》，《贵阳师专学报》（社会科学版）1987 年第 1 期。

刘宗棠：《普通逻辑与符号学》，《贵阳师专学报》（社会科学版）1991 年第 2 期。

刘宗棠：《再论"承认"——关于论证的定义、特征、功能和方法》，《贵阳师专学报》（社会科学版）1997 年第 2 期。

马佩、李振江：《究竟什么是论证——与刘宗棠同志商榷》，《贵阳师专学报》1994 年第 1 期。

孟宪富、徐明良：《〈逻辑方程式的妙用〉一文漏了一个解》，《逻辑与语言学习》1985 年第 4 期。

倪荫林：《制约逻辑元思想剖析》，《锦州师范学院学报》2000 年第 3 期。

聂登国、康旺强、曹发生、王驹：《描述逻辑系统 FL0 包含推理及保守扩充》，《计算机研究与发展》2015 年第 1 期。

邱觉心：《略论传统形式逻辑概念论的问题》，《贵州民族学院学报》（社会科学版）1985 年第 2 期。

任彦圣、余良军：《"论敌"间的友谊》，《经济日报》1986 年 8 月 2 日。

盛作国：《论"两独"与"两依"——兼评〈制约逻辑元思想剖析〉》，《贵阳学院学报》2008 年第 1 期。

盛作国：《情报推理的逻辑理论工具》，《情报杂志》2006 年增刊；《贵州制约逻辑学会 2005 年学术年会暨首届全国逻辑系统专题研讨会论文集》收录，CNKI 网络出版。

盛作国：《蕴涵理论研究——从〈墨经〉到〈制约逻辑〉》，贵州大学研究生院，2008。

盛作国、龚启荣、胡红：《论蕴涵的演进——从蕴涵到制约》，《毕节学院学报》（综合版）2006 年第 2 期。

顺真：《陈那、法称"量－现量说"与笛卡儿、布伦塔诺"悟性－知觉论"之比较研究——兼论老树的"象思维"》，《杭州师范学院学报》（社会科学版）2009 年第 6 期。

苏岳：《王延直的〈普通应用论理学〉——云贵地区发现的最早逻辑专著》，《法制与社会》2008 年第 6 期。

汪天友、曹发生：《描述逻辑 FL0 循环术语集的可满足性》，《计算机工程与应用》2012 年第 14 期。

王柏鹤：《传统修辞的新逻辑剖析》，《鞍山师专学报》1986 年第 2 期。

王大海：《金岳霖逻辑哲学思想研究的突破与进展——评张学立博士的〈金岳霖逻辑哲学思想研究〉一书》，《黔南民族师范学院学报》2004 年第 5 期。

王路：《论我国的逻辑教学》，《西南师范大学学报》（哲学社会科学版）1999 年第 3 期。

王明祥：《关于词项的两个问题》，《贵州社会科学》1990 年第 4 期。

王明祥：《关于普通（形式）逻辑教科书中几个理论的修正意见》，《贵州师范大学学报》（社会科学版）1986 年第 1 期。

王明祥：《简谈"普通逻辑"的三条基本规律》，《贵阳师院学报》（社会科学版）1981 年第 3 期。

王明祥：《近十余年贵州普通逻辑研究概述》，《贵州师范大学学报》（社会科学版）1995 年第 3 期。

王明祥：《怎么既是归纳反驳，又是演绎反驳？——〈普通逻辑〉一例质疑》，《思维与智慧》1991 年第 1 期。

王明祥：《注意逻辑理论的准确性》，《哲学研究》1982年第2期。

王祥兵、张学立：《彝族传统制度文化及其影响研究》，《贵州民族研究》2017年第5期。

王向清：《王延直逻辑思想述要》，《湘潭大学学报》1997年第2期。

王向清、颜中军：《同一陈述疑难与认知价值差异》，《自然辩证法研究》2006年第12期。

王友恭：《制约逻辑诞生记——中青年学者林邦瑾的一项重大理论创造》，《人民日报》1986年8月2日。

温新：《数学证明与制约推埋》，《安顺师专学报》2000年第2期。

吴平：《"人非草木，孰能无情"完全符合逻辑》，《逻辑与语言学习》1984年第3期。

向容宪：《"侔式推论"质疑——兼析"杀人非杀盗"的命题》，《贵阳师专学报》（社会科学版）1989年第4期。

向容宪：《从"人非草木，孰能无情"看逻辑与语言的冲突》，《逻辑与语言学习》1983年第5期。

向容宪：《符号学与语言学和逻辑学》，《贵阳师专学报》（社会科学版）1998年第1期。

向容宪：《公理化方法与辩证思维上升法》，《贵阳师专学报》（社会科学版）1989年第3期。

向容宪：《略论近、现代中国逻辑科学的发展》，《贵阳师专学报》（社会科学版）1992年第1期。

向容宪：《逻辑方程式的妙用》，《逻辑与语言学习》1984年第6期。

向容宪：《逻辑规律是客观世界的规律而不是思维的规律》，《贵阳师专学报》（社会科学版）1991年第3期。

向容宪：《试谈蕴涵》，《贵阳师专学报》（社会科学版）1988年第2期。

向容宪：《谈谈语句与思维形式的对应关系》，《贵阳师专学报》（社会科学版）1985年第1期。

向容宪：《王延直〈普通应用论理学〉研究》，《贵阳师专学报》（社会科学版）1993年第1期。

向容宪：《王延直〈普通应用论理学〉再研究》，《贵阳师专学报》（社会科学版）1993年第3期。

向容宪：《形式逻辑概念论蕴含的逻辑矛盾》，《贵阳师专学报》（社会科学版）1987年第2期。

向容宪：《语言和逻辑的冲突探源》，《贵阳师专学报》（社会科学版）1986年第2期。

向容宪：《运用逻辑的"排除法"分析多重复句》，《逻辑与语言学习》1985年第5期。

颜中军：《符号·涵义·意谓——对弗雷格意义理论的几点思考》，《自然辩证法研究》2007年第8期。

颜中军：《试论弗雷格的反心理主义逻辑观》，《自然辩证法研究》2008年第8期。

颜中军、张学立：《西部地方本科院校逻辑学教学改革与创新探索——以毕节学院为例》，《毕节学院学报》（综合版）2008年第6期。

杨岗营、张学立：《中国逻辑必然推理探析——兼论"中国古代是否有逻辑"》，《学术交流》2011年第11期。

杨世秀：《关于论证、论据与"承认"——对刘宗棠、马佩先生论争之我见》，《贵阳师专学报》1994年第4期。

杨树森、吴俊明：《试论高等学校非哲学专业的逻辑教学》，《哲学研究》2007年增刊。

杨武金：《从现代逻辑的语言层次观看〈墨经〉逻辑》，《广西师院学报》（社会科学版）2004年第2期。

杨武金：《弗协调逻辑的理论意义和实践价值》，《中国人民大学学报》2005年第2期。

杨武金：《弗协调逻辑的理论渊源和历史发展》，《贵州师范大学学报》（社会科学版）2007年第6期。

杨武金：《弗协调逻辑及其理论特征》，《中共南京市委党校南京市行政学院学报》2004年第2期。

杨武金：《论悖论的实质、根源和主要解决方案——从弗协调逻辑的观点看》,《中国人民大学学报》2006年第2期。

余军成:《克里普克的历史因果命名理论探析》,硕士学位论文,西南大学,2007。

余军成:《指示词理论述评》,《毕节学院学报》(综合版)2007年第6期。

余军成、张学立:《逻辑、数学与素质教育——以毕节学院逻辑学精品课程建设为例》,《毕节学院学报》(综合版)2009年第12期。

郁慕镛:《关于我国逻辑教学的若干问题》,《南京社会科学》2000年第2期。

袁正校:《略论现代逻辑在当代高等教育中的地位和作用》,《安徽大学学报》2003年第2期。

袁正校:《面向21世纪的逻辑教材》,《中国大学教学》2000年第3期。

袁正校:《转变教育教学观念,促进逻辑教学转型——评〈关于我国逻辑教学的若干问题〉》,《西南师范大学学报》(人文社会科学版)2001年第6期。

曾庆华:《二难推理与论辩》,《贵州省政法管理干部学院学报》1997年第4期。

曾庆华:《法律条文逻辑结构分析》,《中国行政管理》2004年第6期。

曾庆华:《类比推理在刑事审判中的应用》,《贵州省政法管理干部学院学报》1997年第1期。

曾庆华:《论侦查假设中的逻辑推论》,《辽宁公安司法管理干部学院学报》2001年特刊。

曾庆华:《模糊推理在司法工作中的运用》,《贵州省政法管理干部学院学报》1995年第4期。

曾庆华:《数学命题证明形式的逻辑分析和判定》,《黔南民族师范学院学报》2005年第4期。

曾庆华:《谈二难推理的特殊破斥》,《贵州省政法管理干部学院学报》2000年第4期。

曾庆华:《谈侦查假设中的几个问题》,《贵州省政法管理干部学院学报》

1996 年第 2 期。

曾庆华：《析一份判决书的逻辑证明》，《贵州省政法管理干部学院学报》1996 年第 3 期。

曾庆华：《一篇情理相融的清代诉状》，《贵州省政法管理干部学院学报》1989 年第 1 期。

曾庆华、周祝一：《归纳推理在刑事侦查中的运用》，《法学探索》1996 年第 4 期。

曾祥云：《比较逻辑的性质、可比性原则及其价值评估》，《福建论坛》1994 年第 1 期。

曾昭式：《墨家辩学：另外一种逻辑》，《哲学研究》2009 年第 3 期。

张斌峰：《在逻辑与文化之间：张东荪的逻辑文化观》，《安徽史学》2001 年第 2 期。

张存建：《杜威的逻辑观》，《重庆工学院学报》（社会科学版）2007 年第 12 期。

张存建：《杜威的语境思想》，《重庆工学院学报》（社会科学版）2008 年第 8 期。

张存建：《杜威名称思想及其启迪》，《山西师大学报》（社会科学版）2011 年第 6 期。

张存建、武庆荣：《杜威的命题取向》，《毕节学院学报》（综合版）2008 年第 5 期。

张家锋：《非经典逻辑代数的粗糙性研究》，硕士学位论文，西南交通大学，2006。

张家锋、彭麟淋、李景云：《关于格值逻辑系统中语义归结的几点思考》，《毕节学院学报》（综合版）2011 年第 1 期。

张建军：《真正重视"逻先生"》，《人民日报》2002 年 1 月 12 日。

张金兴：《传统三段论在当代中国的新生——从〈工具论〉到〈制约逻辑〉》，《毕节师专学报》1994 年第 1 期。

张金兴：《亚氏三段论的现代逻辑改造》，《昆明师专学报》1996 年第 2 期。

张盛彬：《从"承认"到"共许"——读刘宗棠的〈论"承认"〉》，《贵阳师专学报》（社会科学版）1993年第4期。

张盛彬：《究竟什么是成功的论证》，《贵阳师专学报》（社会科学版）1994年第3期。

张四化：《比较逻辑学理论初构》，硕士学位论文，贵州大学，2008。

张维、曹发生、余泉、王驹：《描述逻辑系统ELN中概念的最小公共包含算法研究》，《计算机工程与科学》2012年第2期。

张维、侯金宏、曹发生、王驹、蒋运承：《描述逻辑系统FLEN中概念的最小公共包含算法研究》，《计算机研究与发展》2010年第6期。

张学立：《从逻辑哲学的观点看金岳霖先生的逻辑信条》，《自然辩证法研究》1997年第13卷。

张学立：《简论金岳霖对排中律的认识》，《自然辩证法研究》1998年第14卷。

张学立：《金岳霖的逻辑一元论思想探析》，《人文杂志》1998年第5期。

张学立：《金岳霖逻辑哲学思想研究的意义》，《哲学研究》2003年增刊。

张学立：《论中国传统文化的逻辑困窘与解蔽——兼论逻辑的文化相对性》，《贵州民族大学学报》（哲学社会科学版）2015年第1期。

张学立：《试论金岳霖的逻辑立场》，《山西师大学报》（社会科学版）2004年第3期。

张学立：《新近中国逻辑史研究的特点和趋势》，《湖南科技大学学报》（社会科学版）2013年第2期。

张学立：《殷海光的逻辑观》，《贵州社会科学》2004年第2期。

张学立：《重读否定命题》，《黔南民族师范学院学报》2004年第4期。

张学立、崔清田：《试析金岳霖对逻辑真的认识》，《哲学研究》2005年增刊。

张学立、丁秀菊：《金岳霖与现代逻辑东渐的历史命运》，《齐鲁学刊》1998年第5期。

张学立、董英东：《我国概率动态认知逻辑研究简况》，《燕山大学学报》（哲学社会科学版）2012年第2期。

张学立、甘进:《贵州逻辑研究三十年》,《毕节学院学报》(综合版)2010 年第 7 期。

张学立、葛宇宁:《法律逻辑的研究对象新探》,《铜仁学院学报》2008 年第 6 期。

张学立、杨岗营:《回顾与前瞻:中国逻辑史研究 30 年》,《哲学动态》2011 年第 8 期。

张学立、张存建:《从温公颐墨辩逻辑研究看中国逻辑的理论属性》,《学术界》2016 年第 4 期。

张学立、张四化:《试论比较逻辑成为独立学科的合理性》,《中州学刊》2007 年第 4 期。

赵春高:《从 2 值逻辑到 2k 值逻辑》,《贵州教育学院学报》(自然科学版)1992 年第 1 期。

郑锦霞、方稳根:《亚氏三段论的古今考察——兼论逻辑表述语言的转向》,《兰州学刊》2000 年第 5 期。

州辑:《贵州几本传统逻辑著作简介》,《安顺师专学报》1995 年第 3 期。

周建设:《逻辑学研究中的一部新作——读〈言语行为和语用逻辑〉》,《人民日报》1999 年 8 月 14 日第 6 版。

周训伟:《PROLOG 中的程序子句实现的是制约而不是蕴涵》,《当代逻辑》1987 年创刊号。

朱清时:《注重创新素质培养成功的创新型人才》,《中国高等教育》2006 年第 1 期。

朱梧槚、肖奚安:《关于模糊数学的奠基问题研究情况的综述》,《自然杂志》1986 年第 1 期。

朱梧槚、肖奚安:《中介数学系统 MM 的逻辑演算和公理集合论》(Ⅰ、Ⅱ),南京大学数学系与广州大学知识工程研究所印,1986 年。

Akermann, W., "Begrundung einer Strengen Implication," *Journal of Symbolic Logic* 21 (1956): 113–128.

Baader, F., W. Nutt, "Basic Description Logics," in F. Baader, D. Calvanese, D. McGuinness, D. Nardi, P. Patel-Schneider, eds., *The Description Logic Handbook: Theory, Implementation and Applications*, Cambridge: Cambridge University Press, 2003, pp. 47 – 100.

Belnap, N. D., Jr., "Entailment and Relevance," *Journal of Symbolic Logic* 25 (1960): 144 – 146.

Cai Shushan, "Logics in a New Frame of Cognitive Science: On Cognitive Logic, Its Objects, Methods and Systems," *Logic, Methodology and Philosophy of Science: Proceeding of the 13th International Congress*, Vol. 1, London: King's College Publications, 2009, pp. 427 – 442.

Cai Shushan, "The Age of Synthesis: From Cognitive Science to Converging Technologies and Hereafter," *Chinese Science Bulletin*, 2011, pp. 465 – 475.

Cao Fasheng, Zhang Wei, Zhang Xueli, Zhang Jiafeng, "The Relation between the Number Restriction and the Value Restriction on Fragments of ALCN," *Proceedings of the 9th International 179. FLINS Conference: Computational Intelligence Foundation and Applications*, August, Chengdu, China, 2010, pp. 882 – 886.

Gong Qirong, "Lin's Entailment Logic Symbol System can Logically Represent All Knowledge," *The Bulletin of Symbolic Logic*, Vol. 13, No. 3, Sept. 2007.

Hilpinen, R., ed., *New Studies in Deontic Logic*, D. Reidel Publishing Company, 1981.

Peirce, Charles Sanders, *Collected Papers of Charles Sanders Peirce*, Cambridge, Mass, Vol. 2; Vol. 3.

Woodruff, P. W., "Constructive Three-Valued Logic," *Journal of Symbolic Logic* 35 (1970): 1 – 183.

图书在版编目(CIP)数据

贵州逻辑史论 / 张学立等著. -- 北京：社会科学文献出版社，2020.12
 ISBN 978-7-5201-6451-1

Ⅰ.①贵… Ⅱ.①张… Ⅲ.①西方国家-逻辑学-影响-传播-贵州 Ⅳ.①B81

中国版本图书馆 CIP 数据核字（2020）第 051829 号

贵州逻辑史论

著　　者 / 张学立　盛作国　等
出 版 人 / 王利民
组稿编辑 / 宋月华
责任编辑 / 袁卫华

出　　版 / 社会科学文献出版社·人文分社（010）59367215
　　　　　　地址：北京市北三环中路甲 29 号院华龙大厦　邮编：100029
　　　　　　网址：www.ssap.com.cn
发　　行 / 市场营销中心（010）59367081　59367083
印　　装 / 三河市东方印刷有限公司
规　　格 / 开　本：787mm×1092mm　1/16
　　　　　　印　张：20.25　字　数：295 千字
版　　次 / 2020 年 12 月第 1 版　2020 年 12 月第 1 次印刷
书　　号 / ISBN 978-7-5201-6451-1
定　　价 / 168.00 元

本书如有印装质量问题，请与读者服务中心（010-59367028）联系

▲ 版权所有 翻印必究